ちくま学芸文庫

事物の本性について

宇宙論

ルクレティウス
藤沢令夫　岩田義一 訳

筑摩書房

De Rerum Natura
Titus Lucretius Carus

目次

事物の本性について——宇宙論

凡例

一、本書は筑摩書房刊『世界古典文学全集21　ウェルギリウス、ルクレティウス』（一九六五年六月十日刊行）のうち「ルクレティウス」の章を文庫化したものである。

一、訳文と解説を通じ、ギリシア・ラテン語を片カナで表記する場合、原語の母音の長短は、原則として普通名詞においてのみ区別し、固有名詞においては区別していない。例えば「デーモクリトス」「ルクレーティウス」としないで「デモクリトス」「ルクレティウス」と書く（ただし慣用的に固定している「ローマ」のような場合は例外）。

一、なおこの訳は、旧刊の岩田の訳（田中美知太郎・岩田義一訳『宇宙論』、一九五九年、河出書房新社「世界大思想全集」）を藤沢が諸般の事情が許す範囲で検討し、それにもとづいて岩田が新しく稿を改めたものである。

一、訳文中〈　〉は原典の校訂による補足、（　）は訳者による補足。

第一巻

ローマ人の母、人間と神々のよろこび、
養い親ウェヌスよ、(1) 大空の滑り動く星座の下で、
あなたは船を浮べる海に、実りもたらす大地に、いのちを溢れさせる。
生きとし生けるものは、みなあなたによってこそ
はらまれ、生れ出ては日の光を見るのだから。
女神よ、あなたが近づけば風はにげ、空の雲は
散ってゆく、あなたの足の下に技巧すぐれた大地は
甘美な花をしき、あなたのために海原はほほえみ、
大空は怒りをやわらげ、光に溢れて輝きわたる。 (五)

(1) ウェヌスはヴィーナス(英語名)、アプロディテ(ギリシア名)のことであり、ローマ建国伝説の英雄アイネアスの母である。ユリウス家(ジュリアス・シーザーの一族)の崇拝する神であり、カエサル(シーザー)は幾度も女神の肖像を金貨に刻み、彼の自宅近くのパラティナ丘にその神殿をきずいたといわれる。後出のメンミウス家もこの女神を崇拝していた。

まことに春の日の姿が現われ、命吹きこむ
西風が、枷《かせ》を離れて勢いをます間もあらず
まず第一に空の鳥が、女神よ、あなたの力に
胸をうたれて、あなたの到来を告げしらせる。
つづいて野の獣、家畜の群れが楽しい牧場をはねとび
速い流れを泳ぎわたる。このように、あなたの魅力に捕われ
あなたが導くところ、どこまでも望みにもえてみなついてゆく。
それからあなたは、海を渡り、山をこえ、激流を横ぎって
木の葉に包まれた鳥のすまい、若草もえる野原に至るまで
すべてのものの胸に甘美な愛を打ちこみ、
その欲望によってそれぞれ種族をふえさせる。
あなただけが事物の本性を支配するからには、また
あなたなくしては、光の聖なる岸辺に現われ出るものもなく、
悦ばしきもの、愛らしきものは何一つ生れないからには、
ねがわくはこの詩句を書くにあたって私を援けたまえ。
この詩は私が事物[2]の本性について書きつづり、
わが友メンミウスに捧げんとするもの。あなたは、女神よ、いつも

かの友が万事につけて勝れていることを望みたもうた。
それゆえなおのこと、女神よ、わたしの言葉に永遠の魅力を与えたまえ。
私が書いている間は、残忍な戦争ごとを
すべての海と陸とにわたって静かに眠らせたまえ、
あなただけがのどかな平和を与えて
死すべきものを悦ばせるのだから。なぜなら残忍な戦争ごとを支配する
戦いの神マルス[3]もいえざる愛の痛手に打ちまかされて、
あなたの膝にしばしば身をなげかけ、
瞳をあなたに注いで丸い首をうしろにそらし、
あなたに見とれつつ、思慕の目を愛によってやしない、

（2） ガイウス・メンミウス、前五八年の奉行。スッラの娘ファウスタ・コルネリアを妻とし、カエサルに敵対した。前五七年奉行として小アジアのビテュニアに赴くとき詩人キンナおよびカトゥルスを伴った。ローマの名門、ギリシア文化の愛好者、エピクロス派。

（3） マルス、戦争の神。一つのローマ建国伝説によれば女神ウェスタの巫女にマルスが生ませた双児、ロムルスとレムスが牝狼に育てられて大きくなりローマの市をたてたという。マルスはローマの父、ウェヌスは母と見なされた。アレス（マルスのギリシア名）とアプロディテの逢引はホメロス『オデュッセイア』第八巻二六六以下にある。

後ろに身を倒しつつ、その息はあなたの口にかかっているのだから。
女神よ、彼があなたの聖なる体にもたれているとき、
彼を抱きしめ、口から甘美な言葉をそそいで、
ローマ人に静かな平和を、栄えある女神よ、乞いたまえ。
なぜなら祖国の苦難の時には私たちは心静かに
勤めをはたすこともできないし、メンミウスの名声隠れない子孫も
このような事情では国家の安危から身を退くわけにゆかないのだから。
〔欠行〕

さてそれでは、耳をひらいて、〈賢明な心〉から
わずらいを去って、真実の教えを聞きたまえ。
かたい熱意をこめてあなたに捧げた贈物を
正しく理解せぬうちに、見さげて打ちすてないように。
私はあなたのために天と神々の最高の理法について
論究をはじめ、万物の根源を解き明かすつもりなのだから。
その根源[4]から自然は万物を生み、育て、太らせ、
その根源へとまた自然は、事物が亡びるにあたってこれを分解する。

その根源を私たちは、これから展開しようとする教えの中で、
物の素材とか生成の元とか物の種子とか呼び、
そのものをまた基本物体と名づける習わしである。
なぜならこれらのものを元にして万物は生じるのだから。

人間の生活が重苦しい迷信によって押しひしがれて、
見るも無残に地上に倒れ横たわり、
その迷信は空の領域から頭をのぞかせて
死すべき人間らをその怖ろしい姿で上からおびやかしていた時、
ひとりのギリシア人（エピクロス）[5]がはじめてこれに向って敢然と

（4）　ルクレティウスはアトムを表わすのに多くの言葉をつかっているが、それらの言葉の間にそれほどニュアンスの違いがあるようにも思えない。ヘクサメーターの詩形を使っているため、ある言葉はある格では使えないことになる。「解説」（五〇五ページ）参照。

（5）　エピクロス（前三四一—前二七一）、ギリシアの哲学者、アテナイの市民ネオクレスの子、父は前三五二年サモス島に移り、多分そこで生れ、十八歳のときアテナイにかえった。方々で哲学を学び、三〇六年アテナイで学園を開いた。その教えは現存する三つの手紙とルクレティウスの宇宙論からうかがわれる。

死すべき者の眼を上げ、はじめてこれに立ち向ったのである。
神々の物語も電光も、威圧的な空の轟きも
彼をおさえなかった。かえってそれだけいっそう、
彼のはげしい精神的勇気をかりたてては、自然の門の
かたい閂《かんぬき》をはじめて打ちやぶることに彼を向わせた。
それゆえに発剌たるその精神力は全き勝利をおさめ、
この世界の焔に包まれた防壁をはるかに遠くふみこえた。
そしてその精神によって、はかりしれぬ全宇宙を遍歴し、
そこから勝利者として帰ってきて、私たちに、何が生じ、
何が生じえないか、またどのようにしてそれぞれのものに、
定まった能力と不動の限界があるかを教えてくれた。
これによってこんどは宗教的恐怖が足の下にふみしかれ、
勝利は私たちを天にまで高めた。

しかしながら、不敬虔な教えの門にふみこみ、
邪悪の道を進むなどとかりにもあなたが思いはせぬかと
私はあやぶむ。かの宗教こそかえって

邪悪、不敬虔の行為をたびたび犯したのである。
たとえばアウリス[6]の、辻の神アルテミスの神殿を
勇士の華、ギリシア軍の首領たちが
イピゲネイア[7]の血でむごたらしくも汚したように。
彼女のゆいあげた処女の髪に飾りの紐がまかれて
両頰へ同じ長さに垂れさがると同時に、
そして祭壇の前に父親が悲しみながら立ち、
彼のそばに剣をかくした祭司がひかえ、
彼女の姿をみて人々が涙をながしているのに気づくとともに
畏れに言葉もなく、彼女は膝をついて地にたおれた。

(6) トロイアに船出する前にギリシア勢が集結した所。ボイオティアにあり、エウボイア島に向いあっている小港。

(7) ミュケナイの王アガメムノンとその妻クリュタイメストラとの長女。アウリスに集結したギリシア勢は風がないためトロイアに向け船出できなかった。占い師カルカスはアルテミスに長女イピゲネイアを捧げれば船出できると告げたため、アガメムノンはアキレウスの嫁にするといつわってイピゲネイアを呼びよせ、犠牲としてアルテミスに捧げた。アイスキュロス『アガメムノン』、エウリピデス『アウリスのイピゲネイア』。

そしてあわれな少女には、長女としてはじめて王に
父親の名をあたえたことも、いまは何の援けともならなかった。
すなわち、男らの手に捕えられ、おびえつつ祭壇のもとに
連れて行かれたが、それも犠牲《いけにえ》の古式が行われたのちに
婚礼の高らかな歌にともなわれて行くためではなく、
咎もないのにいたわしくも、とつぎ行くべきそのときに、
艦隊に幸《さち》よい船出をたまわらんものと、みずからが
悲しい犠牲として、父の手にかかって死んで行くためであった。
宗教はかほどまで悪を唆《そその》かすことができたのだ。

あなたといえどもいつの日かは、占い師らの
威《おど》し文句に負けて私たちから離れ去ろうと求めるかもしれぬ。
まことに彼らこそは、なんとたくさんの夢物語をこしらえることが
できることか。それらの物語はあなたの生き方を引っくり返し
あなたの全運命を恐怖でかき乱すかもしれないのだ。
しかしそれも無理のないことだ。なぜなら人間たちが
その苦痛にも確かに終りがあることを知ったなら、何とかして

宗教と占い師たちの威かしに抵抗できたかもしれない、
ところが今はこれに抵抗する手段も能力もないのだから。
なぜなら人は死後に永劫の責苦を恐れなければならないからだ。
もともと人は知らないのだ。魂の本性が何であるか、
肉体といっしょに生れたものか、それとも肉体が生れるときに外からはいりこむのか
また私たちが死ぬ時いっしょに分解されて亡びるのか、
それともまたオルクス(8)というあの世の暗黒や果ない深淵を見にゆくのか
それとも神意によって、他のさまざまの動物の中に宿りこむのか。(9)
わがエンニウス(10)はそう歌っている。彼こそは始めて
楽しいヘリコン山(11)から常緑の葉であんだ冠をとってきた人であり、

(8) イタリアの古い下界の神であり、下界（冥府）を意味する。

(9) ピタゴラスの輪回転生説。

(10) 前二三九―前一六九。ローマにおける詩歌の父、カラブリアの人。ギリシア文化の中で教育をうけ、ラテン語を学び、ローマ軍の百人隊長となり、サルディニア戦役に従った。カトー、スキピオ・アフリカヌス等の友人。断片が伝わっている。

(11) ギリシアのボイオティアの山（約千七百メートル）、ムーサの女神たちの神殿がある。

その冠はイタリア人の間にかくれないものとなった。
しかしそれでもエンニウスはアケロン[12]の国の存在を
不滅の詩によって説きあかしているのだが、
そこにとどまっているのは人々の魂でもなく、体でもなく、
おどろくほど青白い影のごときものであるといい、
そしてそのなかから栄光つきないホメロスの姿が現われて
塩からい涙をながしながら、万物の本性を
物語りし説明しはじめたといっている。
それゆえに天上の現象について、日や月の運動は
どんなふうにしておこり、また地上では物事は、
どんな力によって行われるか、その理由をよく
知らねばならない。それとともに鋭敏な推論によって
とくに魂および精神の本性は何からできているか
また病気をやんで眠れぬとき、また眠りに埋もれているとき
私たちの眼前にありありと現われて心を驚かしたあげく、
すでに死に亡んでその骨が大地に抱かれている人々を、
まぢかに見たり聞いたりするような思いを私たちに抱かせるものは、何なのか知らねばな

らぬ。
ギリシア人のこの解し難い発見がラテンの詩句では
明確に表わしがたいことに私は心づかないわけではない。
とくに、われわれの言葉がとぼしく、事柄が新奇なため
新語に多くたよらねばならないのだから。
しかしながら、あなたのそなえている美徳と
快い友情にかけた私の悦ばしい期待とが私を説きふせ
どんな骨折りにもたえ、静かな夜々を眠らずに
私に探求させるのだ。どんな話をしどんな歌をもってすれば
あなたの精神のために明るい光をかかげ、隠された秘密を
奥底まであなたに見極めさせることができるかを。

(12) もともとはギリシアの南エピルス、テスプロティア地方にある川。その上流は深い渓谷を流れ、数カ所において地下にかくれている。そのため下界に導くものと信じられた。後一般に下界、冥府の呼び名となる。

それゆえ精神のこの恐怖と暗黒とを追いはらうものは
太陽の光線でもなく、白日の輝く矢でもなくて
自然の形象とその理法とでなければならない。
それの原理を私たちはこのことから始めなければ[13]ならない、すなわち
無からはたとえ神意によっても何物も生れないということ。
まことに恐怖が死すべきものどもすべてを捕えて離さぬのも
地上と天上において見られる多くの現象が、
その原因をなんとしても知ることができずに
神々の意思によってなされると信じられているからである。
それゆえ無からは何物も生じえないことを知るなら、その時は、
私たちが探究しているものをすでにより正しく、これからは
見きわめることになるだろう。すなわち物はそれぞれ何からつくられ、
どんなふうにして、万事は神々の働きなしに生じうるかを。

なぜならもし無から物が生じたならば、すべての物からすべての種類のものが
生れることが可能となり、何物も種子を必要としなかっただろうに。
まず海からは人類が、大地からは鱗ある魚類が生れ、

そして空からは鳥類が飛びでてきただろう。
牛やその他の家畜や、あらゆる種類の野獣たちが
きまりもなしに生れ出て、耕地や荒地をしめただろう。
それぞれの木になる果実が一定していることもなく、互いに入れ替り、
あらゆる木があらゆる実を生じることができただろう。（一六五）
じっさい、それぞれのものに生成の元がないとしたら、
それぞれにきまった母親が存在しうるだろうか？
だが実際にはすべてのものは一定の種子から生じている以上、
それぞれのものは、それぞれの素材と基本物体を内にもつものからこそ
生れ出て光の岸辺にやってくるのである。（一七〇）
そしてすべてのものが生れえないのはこのこと、
すなわち、それぞれきまったものには別々な能力があることによるのである。
さらにまたなぜばらの花は春に咲きいで、穀物は夏に熟し、
葡萄は秋の招きに応じて実るのを私たちは目にみるのか？
それぞれ固有の時期に物の定まった種子が合流しあった時にこそ（一七五）

(13)「無からは何物も生れない」はパルメニデス以来の原理である。

生れ出でるものははじめてその姿を現わすからではないのか？
そのとき、季節がやってきて大地は生命に溢れ
傷つき易いこの若いものを安全に光の岸辺にもたらすのではないのか？
もし無から物が生ずるなら、一定の期間もおかず、
また都合の悪い季節にも、突然生れ出ることだろう。
なぜなら都合の悪い時期には生成の会合から遠ざかることのできる物の元素がそもそも存
　在しないのだから。
さらにまた物が大きくなるのに、種子の会合のための
ひまもいらなかっただろうに、もし無から大きくなることができるなら。
そして小さい子供からふいと若者ができ、
また大地からは突然木が飛びだしただろうに。
こんなことが何一つとして起らないことは明白である。すべてのものは、
きまった種子から生長するものとして当然、少しずつ大きくなり、
大きくなって種を保存するのだから。それゆえあなたは
物はそれぞれ固有の種子から大きくなり養われることをさとるだろう。
それに加えて適度の雨がふらなければ
大地もたのしい実りをもたらさないし、

さらに食物がなければ自然といえど動物の種族を
ふやし、その生命を守ることもできないだろう。
それゆえ元素もなしに物が存在できると考えるよりも、
言葉に字母があるように、多数の物に
共通な多くの物体があると考える方がまさっている。
さらにまたなぜ自然は次のような巨人を生みえなかったのか、
その足で大海を浅瀬のごとくに歩いてわたり、(14)
その手で大きな山々を引きさくことができて
その命は数多《あまた》の世代を生きぬくような巨人を。
それは、物が生じるためには一定の素材がきめられてあって、
そこから生じうるものは変らぬからではないのか？
それゆえ何物も無から生じえないと認めるべきである。
なぜなら物には種子が必要であり、その種子によってこそ
それぞれは生み出されて、空気の軽い微風の中へもたらされうるのだから。

(14) キュクロプス（『オデュッセイア』第九巻四八一）は大きな山の頂きをちぎってオデュッセウスたちに投げつける。

最後に、耕された畑は荒地にまさり、人手が加われば
その収穫はより豊かになるのを私たちが見るからには、
そこから明らかに分ることは、地中に物の元素があって、
私たちは鋤《すき》の刃で肥沃な土壌をほりかえし
土くれを耕しては、これを発芽へと促すということだ。
しかし、もしも元素がないならば、私たちが働かなくても土地はすべて
ひとりでに遥かに肥沃になるのを目にみそうなものである。

これにくわえて、自然は各々の物をその元素に再び
分解するだけで、物を消滅させて無に返すことはない。
もしものがそのすべての部分にわたって死すべきものであるとしたら、
いずれも私たちの目から突然消えうせて消滅したであろう。
なぜならその部分を分離したり、その結び目を
ほどいたりする力など少しもいらないだろうから。
ところで実際は物はみな不滅な種子からできているのだから
ある力がこれをおそってその物を打ちくだき
または透間《すきま》を通って侵入してこれを壊さぬかぎり

自然はいかなる物の終末をも人目に触れさせない。
さらにまた、もし年古《ふ》りて歳月とともに消え去るものが、
その素材まですっかりすりへらし跡形もなく滅びるのであれば、
ウェヌスはどこから動物を、その種族ごとに生命の光の中に
連れかえし、それを技巧すぐれた大地は
どこからその種ごとに飼料を与え、そだて太らすのか？
海底にわきでる泉や、遠く外から流れこむ川は
どこから海水を補うのか？　アイテール(15)はどこから天体を養うのか。
死すべき物体からできているものは、無限の年代と
過ぎ去った日々とがすべて消耗しつくしているはずなのだから。
もし過ぎ去った年代のその間に、何かを基にして
この世界がたえず作り直されてきたならば、そのものは
たしかに不滅の性質を与えられているに違いない。
それゆえに何物も無に帰ることはできないのである。
さらに、もし不滅の素材が万物を保持することなく、

(15)　上層の透明な空気（ほぼ成層圏）をさすが、空をもさす。

結合によってゆるく、あるいは緊密に織り合わされていなかったとしたら、
すべてのものを同じ力と原因とが無差別に破壊したであろう。
じっさい、接触ですら十分に死の原因となりえたことだろう。
なぜなら、そもそも不滅の体をもつものは何もなく、そのものの
結合を分解するにはそれぞれ特定の力が要るということはないのだから。
だが実際には、元素は互いに様々の異なった仕方で
結合し、そしてその元素は不滅のものであるからには
それぞれの結合を解くに充分なだけ強い力に出会うまで
物は全体を損じることなく存続する。
それゆえにいかなる物も無に帰ることはできえない、
ただ分離によって物質の元素に帰るだけである。
さいごにまた、雨は、父なるアイテールが
母なる大地の膝にふりそそぐとき、消えうせる。
しかしそこから、つややかな穀物が生え出で、木の枝は緑にもえ、
木の幹も成長し、果実で重くなる。
これによってさらに人間も、野の獣も養われ、
これによって市は子供たちで楽しくさかえ、

木の葉に包まれた森には至るところ新生の鳥がさえずり、
これによって脂ののった家畜は楽しい牧場にけだるく
身を横たえ、乳汁はふくらんだその乳房から
ほとばしって白く光り、これによってまた生れたばかりの
子供は濃い乳に幼い心をうたれつつ、まだかよわい
手足で軟かい草の上をはしゃぎ戯れる。
それゆえ、私たちの目にするものすべては、完全に消滅するのではない。
なぜなら自然はあるものを他のものから作りかえるだけであり、
他のものの死なくしてはいかなるものの生をも許さないのだから。

さてそれでは、物は無から作られることはできないし、
また生れたものは無にかえることもできないことを示したのだから、
物の元素を目で見ることができないからといって
私の言葉をかりそめにも疑ったりしないために、
目にはみえないがたしかに存在するとあなた自身が
認めざるをえないような物体が、ほかにもあることを学びたまえ。
まず第一に風の激しい力は海原をむちうち、

大きな艦船を破壊し雨雲を吹きちらし
ある時はすさまじい旋風となって平原をかけぬけては
大木をまきちらし、さらには木々を裂く嵐によって
山々の高嶺をさいなむ。かほどまでするどい哮《たけ》りをたてて
怒り立ち、威嚇的な唸りとともに狂い廻るのが風なのだ。
それゆえ目に見えないが風の物体が存在し、
そのものこそ、海も陸もまた空の雲さえも吹きはらい、
また突然旋風でいためつけて引っさらってゆく。
風が吹きすぎ破壊をひろめるその仕方は、
軟かい本性をもつ水の流れが、大雨の後、高い山々から
たぎり落ちる急流のために勢いを増し、一瞬のうちに
みなぎる泥水と化しつつ流れゆく時と変りない。
それは樹々の残骸や枝切れ全部をまきこんで流れ、
堅固な橋といえども急激に押し寄せる水の力を
支えることはできない。それほどはげしく、奔流は
大雨に乱れ狂って強力な勢いで橋の礎石に打ち当る。
そしてものすごい響きとともに破壊を与え、大岩を波の底に

ころがしこみ、流れを邪魔するものはなんでも破壊してしまう。
こうして、風の吹き方もまたこれと同じでなければならぬ。
それは激流さながらに、どの方向へでも押しすすんでは、
さえぎる物をつきとばし、攻撃をくり返して吹きたおし、
ある時は渦巻く旋風となって物みなをひっさらい、
また旋回する竜巻きとなってあっという間に運び去る。
それゆえに、目には見えないがあくまで風の物体は存在するのだ。
なぜなら風はその営みおよび仕方において大きな水の流れに
匹敵するのが見られるし、水は明らかに物体からできているのだから。
さらにまた私たちは様々なものの香をかぐけれど
鼻に何かがくるのを見分けもしないし、
熱の放射も目に見えないし、冷たさを目で
捕えることもできないし、さらにまた声を見分けることもない。
しかしこれらはみな感覚を刺激できるのだから
物体的な本性をそなえているのでなければならぬ。
じじつ、触り、また触られることは、物体でなければできないのだから。
さらにまた波をうちくだく岸辺にかかった着物はしめるが

それをひろげて日にほせばまたかわく。
しかし水がどんなふうに布にとどまっているのか、
熱のためどんなふうに逃げてゆくのか見えもしない。
それゆえ水は、目ではどうしても見えないほどの
小さな粒子になって飛び散っているのである。（三一〇）

指にはめた指環は内側からすりへってゆき
雨だれは石をうがち、曲った鋤先は鉄で
できてはいるが土くれの中で知らぬまに細ってゆく。
また私たちは歩道の敷石が群集の足に踏まれて
すりへっているのを認める。それから市の
門のそばの青銅の像は、通りすぎる人たちが挨拶して
触れるために、その右手が細くへっているのを示している。
つまりこれらのものは、すりへらされて細くなるのが人目につくのだ。（三二五）

しかしその時その時にどれだけの粒子が逃げて行くのかは
私たちの視力の嫉妬ぶかい本性がその姿をとざして見せてくれない。（三三〇）

さいごに月日と自然とが少しずつ物に付け加えるものは、
その太らせかたの緩やかなため

いかに目をこらしても見破ることができない。
さらにまた年代とともにやせて細ってゆくものも、
また海の上につきでた岩が浸蝕する塩のために侵されて
それぞれの時にどれだけのものを失うかも、見わけることができない。
それゆえ目に見えない物体を用いて自然はその営みをはたしているのだ。

しかしまた、万物は物体によりどこもかしこも透間なく詰められ
保たれているのでもない。なぜなら物の中には空虚が存在するから。
このことを理解しておくことは、多くの場合にあなたの役にたち、
あなたはさまよいながら物の総体について疑ったり、またいつまでも
たずね求めたり、私の言葉を疑ったり、しないですむだろう。
それゆえ、触りえない、物のない場所すなわち空虚が存在する。
もし存在しなければ、物はどのようにしても動くことは
できないだろう。なぜなら物体のつとめは
邪魔し抵抗することなのであり、その性質がすべてのものにいつも
そなわることになるだろうから。したがって何ものも前へ進むことはできないだろう。
場所をゆずるきっかけというものを、何ものも与えないだろうから。

しかるに実際には、海に、大地に、またはるかなる空の高みに
多くのものが種々様々なふうに動くのを私たちは
眼前に見るのである。これらのものは、もし空虚が存在しないなら
休みない運動をとりさられるだけでなく、
また生れてこの世に存在するということも全然ありえないだろうに。
なぜならいたるところ物質が密につまって静かに止まっているだろうから。
それからまた、どれほど物が透間のないものと思われても、
次のことからそのものは透間のある物体からできていることをみてほしい。
岩や、洞窟の中を滑らかな水はしみとおってゆく
そしてみな雫をゆたかにしたたらせる。
食物は動物の全身にゆきわたり、
樹々は成長して時が来れば果実をもたらすが
それは養分が根の末端から幹をとおりすべての枝々をとおり、
全体にくまなくゆきわたるためである。
声は壁を貫き、閉ざされた部屋にまでとびこみ、
きびしい寒さは骨にまでしみわたる。
このことは、それぞれの物に通りぬけることをゆるす空虚なるものが

存在しないときにはけっして見ることはないだろう。
さらにまたあるものが他のものより形は大きくなくても
重さでまさるのを私たちが目にするのはどうしてなのか？
羊毛の玉の中に、鉛の中にあるのと同じだけの物体があるならば
当然同じだけの重さがあるはずだ。
なぜならすべてのものを下方に押すのが物体の性質なのだから。
それに反して空虚の本性は重さのないものなのである。
それゆえ大きさは等しいのに、より軽くみえるものは
その中により多くの空虚があることを明示している。
これに反してより重いものはその中により多くの物体があり
その中に空虚がより少ないことを示している。
だからして私たちが賢明な推論によって探求しているそのものが
物の中にまじっていることは疑う余地がない。そのものをこそ私たちは空虚というのである。

このことについて、ある人たちがこねあげた説があなたを真実から
そらさぬように、それに対して私は機先を制しておかねばならぬ。

彼らはいう、鱗ある魚たちが前へ泳いで行くとき水はしりぞいて
水の中に道がひらけるのだ、なぜなら魚がうしろに
場所をあけ、退いて分れた水はそこに流れ集まってくるのだから。
このように他のものも、どれほどぎっしりつまっていても、
互いの間で動いて場所を変えることができるのだと。
この説は全部が明らかにあやまった推論にもとづいている。
なぜなら魚たちは、もしその前に水が空いた場所を与えておかなければ
そもそもどこへ進むことができようか？　そしてもし魚が
進むことができなければ、波はどこへ退くことができようか？
それゆえに、すべての物体から運動をとりさるか、それとも
物には空虚が混じっていて、その空虚からすべての物は運動の最初の
きっかけを与えられると言うか、どちらかでなければならぬ。
さいごにまた二つの広い物体が合わさっていて、そこから
もし勢いよく飛びはなれる時には、物体と物体の間にできる
空虚はすべて空気が占めるにちがいない。
そしてその空気がまわりからどれほど速く吹いてながれこんでも
一時に全空間をみたすことはできないだろう。

なぜならその風は次々と一つ一つの場所を占めていって
しかるのちその空間全体をふさぐことになるのだから。
もしかしてある人が、物体が飛びはなれる時には
空気が圧縮されるからそうなるのだと思うなら
その人は間違っているのだ。なぜならそうすると以前に存在しなかった空のところが生じ、
以前にあった空のところはみたされるのだから。
そのような風にして空気が密になることは不可能だし、
たとえ可能としても、空虚なしでは、自ら圧縮して
各部分を一つに集めることは不可能だと私は思う。

そういうわけで、どれほどたくさん口実をかまえて言いのがれても
あなたは物の中に空虚があることを認めないわけにはゆかないのだ。
そして私はほかにもまだ、いろいろの証拠をあげることによって
私たちの言葉に信頼を集めることもできる。
しかしながら賢明な精神にとってはこの少しばかりの足跡でも十分であって
これによってあなたは残りのことを自分で知ることができるだろう。
なぜなら、ちょうど犬たちが一度足跡をたしかめて

一歩をふみ出せば、あとは鼻をきかして、山をさまよう野獣らの
木の葉におおわれたねぐらをしばしば見つけ出すように、
あなたもまたこのような事柄について一つのことから次のことへと
独力で発見しながら、ついには真理のあらゆる隠れ家へふみこんで
そこから真理を引き出すことができるだろうから。 (四〇五)
しかしもしあなたがぐずぐずしたり、この主題からしりごみしたり
するのであれば、メンミウスよ、あなたに次のことを心から約束しよう。
深い泉からなみなみと汲むように、甘美な舌は私のゆたかな胸から
あり余る真実をこれからそそぎ出すことであろうと。 (四一〇)
そのために何か一つの問題についてさえ、私の詩句がその
すべての論証をあなたの耳に伝えつくさないうちに、
老年が手足にものうく忍びこんで、私たちの内なる生命の門を
解き放してしまうのではないかとおそれるほどなのだ、と。 (四一五)

さてしかし、始めた仕事をふたたび言葉で織りつづって行こう。
全自然は、それだけで独立にあるものとしては、二つのものから
なりたっている。すなわち、一つは物体、一つは空虚であり、 (四二〇)

前者は後者の中に置かれ、そこにおいて様々に運動する。
なぜなら、一方の物体が独立に存在することは、人々の共通の感覚が
示すところであり、そして感覚への信頼がまず確実に立てられなければ、
かくれた事物について何かを精神の推論でたしかめようにも
その手がかりとして頼れるものがなくなるだろう。
他方さらに、私たちが空虚と名づける場所や空間が
もしないとしたならば、物体はどこにも位置することができないし
またどちらへも全然動いて行くことができないだろう。
これはすでに少し前にあなたに示したところであった。
さらにまたすべての物体からきりはなされ、
また空虚とも異なるといえるもの、
いわば第三の存在として発見されるものは存在しない。
なぜなら存在するものはいずれも、それ自身何物かでなくてはならない。
もしそれがたとえ軽微な接触にせよ、接触をゆるすものならば、
それが存在するかぎり、多少なりとも物体の数を増大させてふやし
物体の総数の一つに加わることになるだろう。
またもしそれが接触できないものならば、それは他の物がその中を

通過するのをどの部分によっても妨げることができないのだから、
つまりは私たちが虚空間と呼ぶものにほかならないことになるだろう。
さらにまた、それだけで独立に存在するものはみな、何かに対して
働きかけるか、または他のものに働きかけられて自らが作用を受けるか、
またはその中で物が存在しうごくための場であるだろう。
しかし作用を与えまた受けることは物体なくしては何物にも不可能だし、
そしてまた、もののない空虚でなければ場所を与えることもできない。
それゆえに、空虚と物体のほかに第三の独立の存在として、
物の数に入るものは何もありえない。
私たちの感覚の中にいつか入るようなものとしても、あるいはまた
誰かが心の推論によってとらえうるようなものとしても。

なぜなら名をもつものはすべて、上の二つのものに結びついている
特性であるか、またはたまたま起るものであるかを見出すだろう。
結びついた特性とは、致命的な解体なしにはその物から
取り去ることも互いに分離することもできないようなもの、
例えば石にとっての重さ、火にとっての熱さ、水にとっての流動性、

すべての物体にとっては接触性、空虚にとっては接触不可能性。
これに反して、隷属、貧困、富裕、
自由、戦争、協調、その他一般に、それがやって来ても
去って行っても、物の本性はそのまま安全にとどまるようなもの、
これらのものを私たちは、それにふさわしく偶然の出来事と呼ぶ慣わしだ。
同様に時間もまた、それ自身で独立に存在するものではなく、
物それ自体が基となってそこから、過去に何がなされ、つづいて現に
何があり、さらにこれから何が起るかの感覚が生じるだけである。
それにまた、何びとも事物の運動と静止から切りはなされた
時間そのものを感知しないことを認めねばならぬ。
さらにまた、テュンダレオス[16]の娘ヘレネが奪われ、トロイアの国民が
戦争により征服されたという出来事があると言われるとき、注意すべきは、

(16) ラケダイモンの王であり、ヘレネ、クリュタイメストラおよびディオスクロイの父、しかしヘレネの真の父はゼウス、母はレダであり、ヘレネはミュケナイの王アガメムノンの弟メネラオスの妻となり、後トロイアの王子パリス（アレクサンドロス）に連れ去られてその妻となり、トロイア戦争が起った。戦後はメネラオスのもとに帰った。

それは実際にはその民族の人々にたまたま起った出来事であるのに、
ただ過去の年月がその人々を呼んで返らぬかなたへ連れ去った
という理由で、出来事だけがそれ自身で存在すると認めるよう強制されぬことである。
なぜなら、何であれ起ったことは、あるいはその国々にとっての、
あるいは場所そのものにとっての、偶然の出来事と言えるのだから。
だからしてもしも物の元素が少しも存在せず、
万事がなされる場である場所、すなわち空間もまた存在しない時には
テュンダレオスの娘の美しい姿がもえたたせた恋の炎が
プリュギア[17]のアレクサンドロス[18](パリス)の胸の中にもえひろがって、
残酷な戦争の名高い決戦の口火をきることもなかったであろうし、
また木馬[19]がトロイア人の目をぬすんで夜ギリシア人を
腹からだしてトロイアの城砦ペルガモンを焼打ちすることもなかったろうに。
それゆえあなたはすべて出来事というものは例外なく
物体と同じ在り方でそれ自身独立に存在するのではなく、
また空虚の在り方と同じ仕方で語られるのでもないことが理解できよう、
むしろそれらを物体および、万事が営まれる場所の
出来事と呼ぶ方が遥かに正しいであろう。

物体のうちで、そのあるものは物の元素（アトム）であり、
他のものは元素の結合によって構成されたものである。
ところで物の元素たるものは、どんな力もこれを消滅させることができない。その緊密な固さによって最後まで勝ちぬくからである。（四八五）
たとえ、そのような緊密な固さをもつものがこの世の事物の中に
何か見出されうるとは、信じがたいように見えようとも。
じじつ空から落ちる雷は物音や人声と同じく
家々の壁をつらぬき、鉄は火の中で白熱し、（四九〇）
岩ははげしくもえさかる炎によってとびちる。
黄金の固さが灼熱のためにゆるぎ解けると同じく

(17)　小アジアの中西部。
(18)　註（16）参照。
(19)　オデュッセウスの計事によって木馬が作られ、その中にギリシアの勇士をかくしたままトロイア軍の前に残してギリシア勢は立ち去り、木馬はトロイア軍の城砦に引きこまれ、夜その木馬からでたギリシアの勇士たちは立ち帰ったギリシア勢とともにトロイアを陥落させた。

青銅の氷も炎にまけて溶融する。
熱さ、骨をさす冷たさも銀の中をつらぬいてゆく。
なぜなら、型のごとく盃を手にささげ持って、液体の雫が上から
注がれるとき、私たちはそのどちらをも感じるのだから、
それほど事物の中には、ほんとうの緊密さはないようにみえるのだ。
しかしながら、正しい推論と物の本性とが強制するからには、
私がわずかな詩句によって、緊密にして不滅な物体からなるものが
存在することを説明するまで、注意して聞いてくれたまえ。
そのものこそは物の種子でありまた元素であって、それを基にして
万物の全体が形づくられてあるということを、私は教えているのだ。

まず最初に、二つの互いに似てもつかぬもの、
すなわち物体と、万事がその中で起るところの場所との、
二つの本性が存在することが見出だされたからには、
そのどちらもそれ自体で他をまじえずに存在するのでなければならぬ。
なぜなら、空虚と名づけられる、もののない空間があるところ、
そこには物体は存在せず、さらに物体が場所を占めているところ、

そこには空虚はけっして存在しないからである。
それゆえ基本物体（アトム）は緊密にして空虚を含んでいない。
さらにまた、生みだされたものの中には空虚が存在するから
そのまわりに充実した元素が存在しなければならない。
また正しい推論によっては、いかなる物も、空虚を
その体によって隠し、また内に含んでいるとは証明できない、
もしその空虚を包んでいるものが、透間《すきま》ないものであることを認めなければ。
さらにまた、素材（アトム）の結合体をのぞいては
物の中の空虚を包むことのできるものはありえない。
それゆえ素材（アトム）は、隙のない緊密さをもっているため、
他の物体が分解するときにも、不滅でありうるのである。
それからまた空虚なるものが少しも存在しないとしたら
宇宙はぎっしり詰ったものとなるだろう。反対に
場所を塞ぎみたすある定まった物体が存在しないとしたら、
宇宙はもののない空虚だけとなるだろう。
それゆえたしかに物体（アトム）と空虚とは分離して交互に
存在する、なぜなら宇宙は全くつまってもいなければ

全くからでもないのだから。それゆえつまった空間から
からの空間を区別するある定まった物体が存在する。
そのものは外部からの衝撃をうけて分解することも
できないし、また貫通されてことごとく崩壊することも、
またその他いかなる試練をうけてゆらぐこともありえない。
このことはすでに少し前、あなたに示したところであった。
なぜならば、何ものも内に空虚を含まぬかぎり、押しつぶされたり、
砕けたり、断ち切られて二つに裂けたりすることはありえないし、
また水やしみとおる冷たさやさし通す火を吸収することも
できないだろうから。これらによってこそ万物は滅びるのだが。
そしてそれぞれの物が内に空虚をより多く含んでいれば
それだけ一層上にあげたものにより内から攻められ動揺する。
それゆえに基本物体が空虚をふくまずぎっしり詰ったものであること
先に証明したとおりであれば、それは永久不滅なこと必然的である。
さらにまた物の素材（アトム）が永久不滅ではないとしたら
これまでにすべてのものは皆、無に帰しているだろう、
そして私たちの見るものがいずれも無から再生してきただろう。

しかるに先に証明したように、無からは何も生れないし
生れたものは無に帰ることはできないのだから
元素は不死なる物体からなりたっているにちがいない。
そしてすべてのものはその最期とともにそれに分解し、（五四五）
かくて物の再生のために素材（アトム）が補給されるのである。
それゆえ元素は透間のない単一なものである。
そうでないとしたら、無限の過去からの年代をこえて
消滅せずに残り、物を再生することは不可能である。（五五〇）

次にもし物が破壊されるに当って何らの限界も自然により
与えられていなかったとしたら、すでにこれまでにものの素材は
過去の年代の破壊にあって衰退してしまったあげく、
一定の期間のうちにその素材から生れて生涯の最盛期に
達することのできるものは、何もなかったことだろう。（五五五）
なぜならどんなものといえど再生されるよりは
より速やかに解体するのを私たちは目にするのだから。
それゆえに、すぎ去ったすべての時間の、無限に長い歳月が

これまでにかき乱し解体し破壊しはてたところのものは、
もはやけっして残りの期間に再生されることはありえないであろう。
しかしながら、実際には疑いもなく、物の破壊には一定の限界が
存在する。なぜなら私たちがこの目で見るところでは、
それぞれの事物は再生され、また生涯の花盛りに達するための
定まった期間が種族に応じてそれぞれに与えられているのだから。
これに加えて、素材の物体（アトム）はこの上なく緊密な固さを
もってはいるが、しかしすべての軟かくできているもの、
すなわち空気、水、土、火等がどのようにして生じるか、
またそれぞれどんな力によって動くかということは、ひとたび
物の中に空虚がまじってあるからには、説明可能なのだ。
これに反して、物の元素が軟かいものだとすると
堅い火打石や、鉄は何からできているのか
説明できないだろう。なぜならすべての自然は
その基底の始めを全く欠くであろうから。
それゆえ、緊密に詰った単一さゆえに強力な物体（アトム）が存在し、
それらがより密に結合することによってすべてのものは

引きしまり、強い力を発揮することができるのである。
さらにまた、たとえ物の破壊に限界がないとしても、
〔生成が続くためには〕あらゆる種類の事物の物体が
無限の過去から今まで生きのび、それらの物体は何らの危険にも
かつてさらされることなく、今なお残っていなくてはならない。（五八〇）
しかるにその性質は壊れやすいのだから
無限の年代をこえ、これまで数限りない衝撃をうけて
なお存在しうることはこのことと一致しない。

それから、物にはその種ごとに
成長および生存の限界が存在し、
それぞれの物は自然の法則によって、何をなすことができ
そして何をなすことができないかが定められており、（五八五）
そしていかなる種も移り変らず、すべては不変なのだ。
例えば様々の鳥たちがみな秩序正しくその体に
その種固有の特徴があることを示しているほどなのだ。
それゆえにまた、うたがいもなく、それらは不変な素材の物体を（五九〇）

もっていなければならない。なぜならもし物の元素が
何らかの仕方で屈服して移り変ることが可能なら、
何が生じえ、何が生じえぬか、また
それぞれにいかなる仕方で一定の能力が存在し、
不動な限界があるかということもまた、不確かとなるだろうし、
また動物の種族もその種ごとに親たちの性質、風習、
生活様式、運動をかほどたびたび再現することはできないだろう。

それから、私たちの感覚ではすでに識別できない、その
物体（アトム）には、その種ごとにぎりぎりの極点ともいうべきものが
存在するのだから、その極点は部分をもたずに存在し、
最小なものであり、そしてそれ自体切りはなされて
存在したことはかつてなく、これから後もありえないだろう。
なぜならそれ自身他のものの基本的な一部分であり、
そこから他の同類の部分が順序よく次々とつながって
密集体をつくり、物体（アトム）の本性をみたしているのだから。
その部分は、それ自体では存在できないのだから、

固着していて、そこからはいかにしても引きはなせない筈である。
それゆえに元素は透間のない単一なものであり
最小の諸部分がしっかりと密着しつつつながってできており、
それらの部分がただ寄り集って合成されたものではなく、
むしろはるかに、不滅な単一性によってこそ強力なのであり
自然はそれから何ものをも分離し取り去ることを許さず
それぞれの物のために種子を保存するのである。
さらにまた、最小のものが存在しないなら、いかに小さな物も
なお無限に多くの部分からできているだろう。
なぜなら半分のその半分もまたいつもその半分をもつ
だろうし、これを止めるものは何もないだろうから。
そうすると物の総体と最小のものの間にはどんな違いがあるのだろうか？
へだてるものは何もない。なぜならいかほど総体が
無限に大きくあろうとも、最小のものでさえも、同じく
無限に多くの部分からできているだろうから。
しかし真実の推論はきっぱりとこれを否定し、心がそれを
信じうることを認めない以上、あなたは屈服して、

部分を何も持たぬ最小者の存在を認めなければならぬ。
そしてそのような最小者が存在するからには、かの元素もまた、
堅固で不滅な性格をもちつつ存在することを認めなければならない。
それからもし万物の作り手である自然が
すべてのものを最小部分に分解するのを常としたら、
自然はそれから何物をも作り直しえないだろう。
なぜなら、そのものは部分をもたないため
生成の素材（アトム）が必要とするもの、様々な結合、
重さ、衝撃、会合、運動、すなわち、
万物の運行を営むもの、をもつことができないのだから。

それゆえに、万物の素材は火であり、
火だけから万物はできていると考えた人たちは
明らかに正しい推論からはなはだしくそれていると思われる。
ヘラクレイトス[20]はその人たちの指導者としてまず戦いを始めた。
彼は分りにくい言葉のゆえに、真実を探求するまじめな
ギリシア人の間でよりも、愚かな人々の間で有名である。

なぜなら、馬鹿な者ほどわけのわからぬ言葉の中に
見つけだす秘密を讃嘆し、愛撫し、
耳に優雅にひびくもの、快美な音調に
いろどられたものを真実と思いなすのだから。

ところで、なぜかほど多種多様なものが存在しうるのか、私は尋ねたい、
もしただ一つの純粋な火からそれらの事物がつくられているとしたら。
熱い火が濃くなろうと薄くなろうと、何の役にも
たたないだろう、もし火の各部分が、火全体が
すでにもっているその同じ性質をもっているなら。
なるほど部分が凝集されれば熱はきびしくなるし、
引き離されて分散すればよわくなるだろう。
しかしこのような原因から起りうると思われるものは
それだけのこと以外にはない、ましてかほど多種多様なものが
濃い火および薄い火から生じうることは決してありえない。

(20) 前五〇〇年頃在世。小アジアのエペソス生れの哲学者。

もし物にまじって空虚があるとさえ考えれば
火が濃くなり、あるいは薄くなることも可能であろう。
けれども彼らはそこに自説に反する多くのことを認めながら、
物の中に純粋な空虚を残すことを嫌ったため、
高みに登ることを恐れて、真実の道を見失っている。
そしてまた物から空虚を取りさるときには
すべてのものがこり集って一体となり、
何物をも急激には発射できないことを悟らない。
実際には、ちょうど熱い火が光と熱とを放射することから分るように、
火はけっして緊密に固まった諸部分からできてはいない。
しかしもしかりに、火は別の仕方で凝集により消され
その物体を転換することができると彼らが信ずるのであれば、
そしてどこまでも徹底してこの考えをおしすすめるならば、
疑いもなくすべての熱は消滅して全く無に帰し、
すべて生れるものは、無からこそ生じることになるだろう。
なぜならばどんな物でも転換してその限界からでてゆく時
それはただちに以前に存在したものの死なのだから。

したがって、それらが生じるためには何ものかが無傷のまま
存続しなければならぬ。さもなければ万物はすっかり無に帰り、
おびただしい物が無から再生してさかえるだろうから。
だから実際には、ある最も確定した物体（アトム）が存在して、
つねに同一の性質を保存するのであるからには、
そのものの退去または付加および配列の変換によって、
物はその性質をかえ物体も変化するのだから、
物のもつその基本物体は明らかに火の性質をもつものではない。
なぜなら、もし全体が火の性質を保持するとしたら
そのあるものが分離し、退去しようと、他のものが付加しようと、
また配列が変換しようと何にもならないだろうから。
それらのつくるものはみな、どのみち火より外のものではないだろうから。
いや、思うに、真実はこうなのだ。すなわちある物体（アトム）が
存在し、それらの会合、運動、配列、位置、形が
火を作りだし、しかも配列がかわればその性質を変える。
それ自身は火にも似ていず、また他のいかなるもの、すなわち
感覚に向って物体を送りだし、その接近によって

私たちの感触にふれうるいかなるものにも似てないのだと。

さらに、この同じヘラクレイトスの主張するように、万物は火であり、
火にあらずしては何ものも真実には物の数に入らぬと言うのは、
狂気のきわみであるように思われる。
なぜなら彼は感覚から出発しながら感覚に戦いをいどみ、
それを揺がす。その感覚にこそすべての信頼がかかっており、
それによってこそ、彼自身が挙げた火は、彼に知られたのに。
なぜなら彼は感覚が火を正しく知ることを信じながら
それに劣らず明晰な他の物を正しく知るとは信じないのだから。
これは私にはたわごととも狂気のさたとも思われる。
私たちは何にたよればよいのか？　感覚そのものよりも確実な
いかなるものが存在して、私たちに真と偽とを判別させるのか？
さらにまた、火の存在を否定して他のものを残すよりも、
他の一切を取り去って特にただ火のみを残す見解の方を選ぶのは、
いったいどのような理由によるのであろうか？
どちらの主張も同等に気違いじみているように思われる。

それゆえに物の素材は火(21)であり、
万物の全体は火から作られうると考えた人、
物が生成するための基本は空気である(22)と
考えた人、または水がそれ自体だけで物を
かたちづくる(23)と考えた人、または地が万物を生みだし、
すべての存在に転換する(24)と考えた人たちは明らかに
真実から遥かにかけへだたっていると思われる。
これらの人々の外に、物の根源を倍にして、
火に空気を、水に土を、加える(25)人、
および、すべての物は四つの物から生ずる(26)と信ずる

(21) ヘラクレイトスの説。
(22) アナクシメネスおよびアポロニアのディオゲネスの説。
(23) タレスの説。
(24) ペレキュデスの説。
(25) キオスのオイノピデスの説ともいわれる。

人たちがある。すなわち火、土、風、雨からと。
この人たちの首領としてアクラガス[27]のエンペドクレス[28]がいる。
シケリア[29]の島はその三角形の岸辺の中に彼を生み、
その島をめぐって深い入江に寄せてはかえすイオニア海[30]の
紺青の波からは潮のしぶきがとび散り、
狭き海峡に流れを速める海は波を立てつつ
イタリアの国の岸辺をその島の縁から分けへだてている。
そこにおそるべきカリュブディス[31]の大渦があり、そこにアイトナ[32]の
唸りがあって、その炎の怒りをふたたび集めては、
今ひとたびと力をこめその咽喉《のど》から火を吐き出し、
焔の閃光を天までとどかせんとおびやかしている。
この国には人間にとって偉大で驚嘆すべきことが多いようにみえ、
よき物産に富み、人の力により幾重にも防衛されており、
訪れて見るべき国と言われてはいるけれども、
この人にまさって光栄あるものは何もないし、
より聖なるもの、より驚嘆すべきもの、より親愛なるものももってない。
まことにその歌が神のごとき彼の胸から出て高く

響きわたり、その崇高な発見を世に示している様は
彼が人間の生れであると信ぜられないほどである。

しかしながら彼も、また先にのべた、

(26) エンペドクレスの説。
(27) ローマ名はアグリゲンツム、現在ジルジェンティ。シシリー島の西南部にありエンペドクレスの誕生生地。シラクサに対抗する強力な都市であった。人口八十万に達したときもあった。ギリシアの詩人ピンダロスは世界最美の都といっている。
(28) 前四四四年頃を中心に在世。富裕な名門の出、市の民主政治のためにも尽した。二つの詩の断片が残っている。その一つ『自然論』はヘクサメーターで書かれ、ルクレティウスの『宇宙論』の手本となったものである。
(29) シシリー。
(30) イタリアとギリシアの間にひろがる海。
(31) シシリー島とイタリアの間のメッシナ海峡にある渦、それと向いあってスキルラの岩がある。潮流が六時間ごとに交替し非常に流れが速いため渦がたくさんでき、古来難所にかぞえられている。そこをオデュッセウスが通り抜ける話が『オデュッセイア』第十二巻にある。
(32) エトナ火山。シシリー島東部にあり、高さ約三千メートル。その噴火口にエンペドクレスがとびこんだという伝説がある。

彼よりも数段低くはるかに劣る人々も、
なるほど霊感によって巧妙に数多くの発見をしたものの、
そしてデルポイ(33)の巫女《みこ》がアポロン(34)の三脚台と月桂樹によって
語るお告げなどよりも、もっと神聖ではるかに確実な推論により
心のいわば内陣から解答をとり出して与えはしたものの、
しかし万物の根源については失敗をおかし、正にその点において
痛ましくも、大いなる人々は大いなる破滅に落ちたのである。
まず第一の理由は、物から空虚を取り去りながら
しかも運動を想定し、また軟かく粗なるもの、
空気、太陽、雨、土、動物、穀物などを残しながら
しかもそれらの体の中に空虚をまぜなかったことである。
第二の理由は、物の分割に限界があることを
全然考えず、破壊に休止があること、さらにまた物の中には
何か最小のものが存在することを認めなかったことである。
物にはそれぞれその極点、すなわち私たちの感覚に最小と
見えるものが存在することを私たちは知っているのだから、
このことからあなたは推測できよう、目に見えないものも

極点をもち、その極点が最小のものにほかならないということを。
これに加えてまた、彼らは万物の根源として、
生れ出て全く死すべきものと私たちに見えるような
軟かいものを考えている。（七五五）
そうとすれば物の総体はすべて無に帰り、無からこそ
万物は再生して花をさかせねばならないだろう。
このどちらも真実からどれほど遠く隔っているかは明らかであろう。
ついでまた、それらのものは、様々な仕方で争い、また互いに
相手を毒しあっている。それゆえに会戦してあるいは壊滅し、（七六〇）
あるいは散乱するであろう。あたかも荒れすさぶ嵐によって、
電光や雨や風が飛び散るのを私たちが見るのと同じように。

(33) ギリシアのコリント湾の近くのパルナッソス山の南斜面にあり、古代ギリシアにおいて最も古く、最も神聖な神託所。その巫女は月桂樹の葉をかんで神懸り状態になって神託を告げたという。

(34) ゼウスとレトの子、アルテミスと双子兄弟。光明、医術、詩歌、音楽、予言の神。おもな付属物は竪琴、弓、月桂樹。デルポイにその神託所がある。

さらにまたもしすべてのものが四つのものから作られ
そしてまたその四つのものに分解するならば、どうして
それらの物を万物の根源とよぶことが可能であって、逆に
それらからできたものを根源と考えることは不可能なのか？
なぜならそれらは互いに他の物から生れ、その外見を変換し、
互いにその全性質をかえる、しかも永遠にそうなのだから。
しかし、もしかりに、火と、土と、空気の微風と、
水の露とが会合し、その会合の中でそれらの
性質は少しも変らぬと考えるとすれば、
それらのものから何物も作られないだろう、
動物も、木のように息せぬ物も。
じっさいその場合は、様々の塊の会合の中でそれぞれが
自分自身の特性を示し、空気は土とまじってあり、
火は水とならんで存在しているのが見られるだろうから。
しかし物が生成されるとき、それらの物の根源になるものは、
目にみえぬかくれた性質を帯びなければならない。
さもなければ、生成されるものが独自の性質をもって存在するのを

妨げ反対するようなものが、そこに現われることだろう。
まことに彼らは天上とその火にまでさかのぼり、
こう考える。まず最初に、火は空気の微風に変換し、
それから水が生れ、水から土がつくられ、
逆に土からすべてのものが変換して生れ、
まず水、ついで空気、ついで火が生ずる、
そしてこれらは互いに変換することをやめずに
空から地に、地から空の星まで移り行きつづけると。
しかし物の根源たるものは、けっしてそのようなことがあってはならぬ。
なぜなら、万物がことごとく無に帰してしまわないためには、
何か不変不易なものが残っていなければならぬから。
なぜならある物が転換してその固有の限界から出てゆく時
それはただちに前に存在したものの死なのだから。
それゆえに、私たちがすぐ上に挙げたようなものどもは
変換を受けるのであるから、それらはさらに、絶対に転換しえない
他のものから成り立っているのでなければならない。

さもなければ万物はのこる所なく無に帰るだろうに。
それよりはなぜこう考えないのか、すなわち、そのような
不変の性質のある物体が存在して、それがかりに火を作るとすれば、
その同じものが、ほんのわずかの入れ替りによって、
またその配列と運動が変ることによって、今度は空気の微風を作り出し、
同じやり方で他のすべての物が互いに変換できるというふうに。

「しかしながら事実の明らかに示すところでは、」とあなたは主張するだろう
「万物は土から栄養をとり空気の微風の中に成長する、
そして季節がほどよい時期に雨をゆたかにほどこし、
密雲からふりそそぐ雨をうけて草木がゆらぎ、
太陽が自分の役目として、暖め熱を与えることがなければ
穀物も草木も動物も成長することはできないだろう。」
なるほど疑いもなく、乾いた食料と軟かい水とが私たちを
養ってくれなければ、肉体は失われて生命もまた
筋肉と骨の隅々から脱落しつくすだろう。
なぜなら疑問の余地なく、私たち人間をはじめ他の様々のものも、

それぞれ特定のものによって維持され養われているのだから。
しかしそれはたしかに、多くの物に共通な多くの元素が
多くの仕方で物の中にまじっているからこそ、様々な物が
それぞれ様々な物によって養われるのである。
そして元素は同じでも、それが他のどのようなものと結びついて
どのような位置におかれ、そしてどのような運動を互いに
やりとりしているかが、しばしば非常に重要である。
なぜなら同じものが空、海、陸、太陽を作り、
その同じものがさらに穀物、草木、動物を作り、
ただそれぞれ別のものと別の仕方で混ぜられて運動しているのである。
現にあなたはこの私たちの詩の中のいたるところで、
多くの言葉のうちに多くの共通な字母を見るだろう。
しかも詩句と言葉とは意味と音の響きとによって
互いに異なっていることを認めねばならない。
これほどのことを字母はただ順序の変換だけでなしとげている。
しかも物の根源なるものは、さらに多くのものを具えて
それによって様々なものをみな作ることができるのである。

さて次にアナクサゴラス[35]のホモイオメレイア[36]なるものを吟味しよう。
この名はギリシア人の名づける所で、私たちの国語では
言葉の乏しいため言い表わすことのできないものではあるが、
しかしその事柄そのものを言葉で示すことは難しいことではない。
まず第一に、物のホモイオメレイアと称するものについて
彼の考えているのは、たとえば骨は極小細微な
骨片からつくられ、また極小細微な
肉片から肉はつくられ、血もまた
多くの血の滴が集って生じることである。
さらに彼の考えによれば、金の細粒から金はでき、
細微な土がつもって土となり、火は細微な火から、
水は細微な水から集ってできている。
そして他のものについても同様な仕方で想像し考えている。
にもかかわらず彼は、物のいかなる部分にも空虚が存在することを
認めないし、物体の分割に限界があることを許さない。
それゆえにどちらの論点においても彼は上述の

人たちと同じく誤りを犯していると私には見える。
それに加えて、彼は物の根源を余りにも脆いものとして考えている、
もしもそのような、普通の事物そのものと似た性質をそなえ、
同じように苦しみを受けて滅んで行き、その滅亡を止めるものは
何もないようなものが、そもそも物の根源ならば。
じっさい、それらの物のうち何が強力な圧迫の下で堪えぬいて、
まさに破滅の歯の直下で死を逃げきることができるだろうか？
火か、水か、それとも風か？　そのうちの何なのだ？　血か、それとも骨なのか？
何物もないと私は思う。なぜなら、私たちの目の前で、
何らかの力にまけてありありと、亡んで行くものと同じく、
万物は一つのこらず死すべきものとなるだろうから。
しかるにものは無に帰ることができず、また無から

(35)　前五〇〇—前四二八頃。小アジアのクラゾメナイ生れの哲学者。前四八〇年アテナイに来て哲学を教えた。ペリクレスの師友であった。

(36)　「ホモイオ」は等しい、「メレイア」は部分、から来た言葉。部分が全体に、そしてまた互いに似ていること。

生じえないことには、先に証明したことを私は証人にたてよう。
さらにまた、肉体をふとらせ養うのは食物なのだから、
明らかに私たちの血管や血や骨などは、
〈それ自身と異なった種類の物質からできていることになるだろう。〉（八六〇）
あるいはもし彼らが、食料はすべて混合した物体からできており、
その中に微細な筋肉の粒子や骨片や、さらには血管や
血の雫さえも含んでいると主張するなら、
今度は食物の方が固形のものも液体のものもすべて、
それ自身とは異質のものからできたものと考えることになるだろう。（八六五）
つまり骨や、筋肉や、血漿や血液がまじったものと。
さらにまた土から生ずるものが土の中に
含まれているならば、土が異質のもの、すなわち
土から生ずるものからできていなくてはならない。
この論法を他にもうつせば同じ言い廻しがまた適用されるだろう。（八七〇）
もし木の中に焔や、煙や灰までも隠れているなら、
木はそれ自身と異質のものから、すなわち木から生じるところの
それら異質のものからできていなくてはならない。

〔欠行〕
ここにおいて、言いのがれるための僅かな途が残されている。
それはアナクサゴラスが自分のためにとった途であって、
すべての物がすべての物の中にかくれて混在しているが、
しかし特定の一つのものとして見えるのは、それの成分が一番多く、
一番前面にあってより目立つからだと考えることである。
この考えはしかしながら真実の推論から遥かにへだたっている。
なぜなら、もしそうなら穀物もまた、石の恐ろしい力で
砕かれる時、血のしるしや、その他私たちの体の中で養われる
何かあるものを、しばしば示すことがあってもよい筈だろう。
同様な論法でいけば、草もまた石と石との間で
すりつぶされる時、その草から血が流れ出、
また水から、羊の乳房からでる乳に
似た味の甘美な雫がほとばしり、
また疑いもなく、しばしば土くれを砕くとき、
各種の草々、穀物、葉がその中に
細かに散らばってかくれているのが見え、

さいごに木の中には、それを砕いた時、灰、煙、
細微な火が隠れているのが見えるはずである。
だがそんなことは何一つ起らぬことを事実が明らかに教えている以上、
物が物の中にそのような仕方で混在しているのではなくて、
多くの物に共通する種子（アトム）こそが様々の仕方で
物の中にかくれて混在しているのでなければならぬ。

「けれども、しばしば深い山々では」とあなたは言うだろう、
「はげしい南風がふきたてる時、しばしば
高い木々の隣りあう梢が互いにすれあって、
ついには火が焰の花をさかせて燃えあがる」と。
しかし疑いもなく、木の中には火が存在するのではなく、
火の種子となるもの（アトム）こそが多くあって、それらが
摩擦により集中したとき、森に火を生ぜしめるのである。
ところでもしでき上った焰が森の中に潜んでいるとしたら、
火は一瞬もかくれていることはできず、
森全体をやきつくし、草木を灰にしてしまっただろう。

だから今こそあなたは、少し前に言ったことが分るだろうか、
すなわち、しばしば非常に重要なことは同一群の元素が
どんなものと共にあり、どんな配置をとっているか、
相互にどんな運動をやりとりしているかということを、
そしてその同一のものが互いに少し転換すれば
火と木[37]をつくるということが？　同じように言葉そのものも、
私たちが別々の音で木を示し火を示すとき、
字母がほんの少し互いに変換されているだけなのだ。
それで、もし明らかに目にみえる事物の中にあなたが見てとるものが
生成しえないと考えて、むしろ物の元素がその物と
同一の性質をもつというふうに考えるならば、
その推論によって、物の根源は消滅してしまうだろう。
そして人間の元素はひきつる高笑いに身をゆすって笑ったり
塩からい涙で顔と頬とをぬらしたりすることだろう。

(37)　火 IGNIS, 木 LIGNUM.

さてそれでは残りのことを理解し、もっと明晰な話に耳をかしたまえ。
それがどれほどとらえがたいことなのか私は心づかないわけではない。
しかしながら光栄への大きな希望がバッコス[38]の杖で私の心を鋭く打ち
同時に私の胸の中にムーサ[39]にたいする甘美な愛をうちこんだのだ。
その愛によっていまや私の心は生き生きと力をふきこまれ、
何人の足もまだふんだことのない、ムーサの道なき国を
私は遍歴する。人手のつかない泉に近より、その水を
くむのは楽しく、また新しい花々をつみとって、
ムーサの女神たちがかつて何びとの額をも飾ったことのない領域から
栄ある花冠を私の頭に求めるのは楽しいことである。
なぜならまず第一に私は重大な事柄について教え、宗教の
厳しい鎖から人の心を解放することに努めているのだから。
第二には暗黒に包まれたものごとについてかくも明らかな
詩を作りそれらすべてにムーサの魅惑を与えるのだから。
そうすることもまた、全く理由のないこととは思われない。
すなわち医者が子供にいやなにがよもぎを
飲ませようとする時まず盃のまわりのふちに

蜂蜜の甘い琥珀《こはく》色の液をぬって
子供たちの疑うことを知らぬ年頃が唇まで
あざむかれ、その間ににがよもぎのにがい
液を飲みほし、あざむかれても害をうけるのではなく、
かえってこのような処置により回復して元気になる、
ちょうどそのように私もいま、この教えが非常にしばしば
それを学んだことのない人々にはあまりにいとわしく思われて、
大衆はこの教えからしりごみするがゆえに、ムーサの女神の
快くひびく歌をかりてこの教えをあなたに述べ、
いわばムーサの甘い蜜で包もうと望むのだ。
もしかしてこのような仕方によりあなたの心をこの歌に
つなぎとめ、その間にあなたが事物の本性すべてについて
その形式と構造をみきわめることができればと。

(38) ギリシア名ディオニュソス。

(39) あるいはミューズ。詩歌、文学、音楽および舞踏を司るギリシアの女神たち。第六巻九四行のカリオペは叙事詩のミューズ。

ところで私は物の元素はもっとも緊密につまったものであり、
年代にも負けず永遠に飛び続けていることを示したのだから、
いまこそ、その全体には何らかの限界があるのか
ないのか、説明しよう。同じようにまた、すでに発見した
空虚、すなわち、その中で万事が行われるところの
場所つまり空間は全く有限なのか、それとも
無限に広くかつ深く広がっているのか吟味しよう。（九五五）

さて現に存在する全体はいかなる方向においても
有限ではない。なぜならもし有限ならそれは限界をもっている筈だから。
さていかなる物でも、それを限るものがその向うにあって
それより遠いところは私たちの感覚もとどきえないので
ないかぎり、端をもつとは思われない。（九六〇）
ところで総体の外には何物も存在しないことは認めなければならない、
それゆえ、その総体（宇宙）は端をもたない。それゆえ境界もないし、限界もない。
それのいかなる区域にあなたが位置しているかも問題ではない。（九六五）

誰かがどんな場所を占めているとしても、なおあらゆる
方向に無限な全体を残すことになるのだから。
さらにまた存在する全空間が有限であると
考えてみよう、もし誰かが宇宙の
最端まで走り、最端にたって空とぶ槍をなげるとすれば、
その槍はたくましい力にひねられてとび、
投げられた方に向って遠く遥かにとんでゆくと思うか
それともそれを邪魔し、妨げうるものが何かあると思うか？
あなたはそのどちらかを認めえらばなければならない。
どちらを認めるにしてもあなたは逃げ道を失い、
宇宙は際限もなく広がっていることを認めざるをえなくなる。
なぜならその槍が、投げられた目標にとんで行きそこに到りつくのを
妨げるものが何かあるにしても、あるいはその外へ
とび出して行くにしても、限界から出たことにはならないのだから。
このようにして私は追求してゆき、あなたが宇宙の端を
どこにおこうとも、問いつづけるだろう、その槍は結局どうなるのかと。
その結果は、限界はどこにも存在しえず、槍の逃げ道は

たえず先から先へと延びてゆくことになるだろう。
さらにまた、全宇宙の全空間がいたるところで
確定した境界によってとざされ、限られているなら、
物の元素がその密に詰った重さによって
いたる所から底に向ってすでに流れこんでおり、
大空の屋根の下ではいかなることも営まれず
それどころか大空も太陽の光も全くなかったことだろう。
なぜなら全物質が限りない昔からすでに底にしずんで
堆積して静止しているであろうから。
しかしながら今もみるごとく、物の元素には静止は少しも
与えられていない。なぜなら、どこにも底が存在せず、
従ってそこにいわば流れこみ、座をしめることができないのだから。
あらゆる事物は常にいたるところで、不断の運動の中で
いとなまれており、物の元素は無限の空間から
かりたてられ、下から補われているのである。
さいごに私たちの目の前で、物が物をかぎっているのが見られる。
空気は丘をかぎり、山々は空気をかぎり、

陸は海を、逆に海は陸全体をさかいしている、
しかしながらすべての物を外から限るようなものは何一つ存在しない。

それゆえに、場所の本性および無限の空間は、
まばゆい電光がその道程を永遠にわたって
間断なく前進しようとも、通過できるものでもないし、また
進んだからとてその道程を短くできるものでもない。
それほど大量の物が限界もなく
あらゆる方向にひろがっているのである。

その上また物の総体それ自身が限界をもちえないように
自然は定めている。なぜなら自然は物体が空虚により、
空虚が物体により境されるように要求しているからだ、
その結果空虚と物体とが交互にあって宇宙を無限に
しているか、あるいは、もしその一つが境をしないなら、
ただ一つの本性だけで限りなくひろがることになろう。
〈しかしもし空間が有限であれば、数限りなく物の元素を

含むことはできないであろう、そしてもし物が有限だとすれば〉
海も陸も大空の明るいひろがりも
死すべき人類も、また神々の聖なる体も
時の一瞬すらながらえないだろうに。
なぜなら物の素材はその会合から追放され
広大な空虚の中に解離されてしまうだろうから。
それどころか、集って何物かを創造などしなかったろうに、
なぜなら分散されてしまって集合できないのだから。
なぜならそれぞれの物の元素がその配列に並んだのは疑いもなく、
ある計画にもとづいてでもなく、先をみとおす精神によってでもなく、
またそれぞれの元素がいかに運動するかを予定していたのでもきっとない、
ただ多数の元素があらゆる仕方で位置をかえ、
全空間を無限の過去から衝撃をうけてかりたてられ
ありとあらゆる種類の運動と結合とをこころみて
そして、さいごに到達した配置こそ、
今全宇宙を形づくっているものであり、
そして全宇宙は多数の年月をこえて保たれていたからこそ

ひとたび都合よい運動に投げこまれると、
その結果、河川は豊かに流れて、満ちることない海に
水をおぎない、大地は太陽の熱をうけて収穫を
新たにし、動物の種族は生れでて花とさかえ
滑りゆくアイテール(40)の火は生きつづけるのだ。
このようなことは、どんなにしてもありえないことなのだ、
もし無数の物質が無限の空間から次々に生れてき
失われたものを適時に補うものでないとしたら。
なぜなら動物が食料を絶たれたとき、その生命が
肉体をみすて流出するように、そのように万物は、
何らかの理由によって物質（アトム）がその軌道から外れて
補給をやめるやいなや、解体してしまうであろう。
また外部から全面にわたってくる衝撃は、物質（アトム）のどんな集合でも、
その全体を保たすことはできない。
じっさい衝撃がしげく加わって、一部ではそれをおさえ、

(40) 天体（日、月、星等）。

その間に他の物質（アトム）がきて、全体としては補いがつくこともありうる。
しかしながら、時には、はね返り、それと同時に
元素が結合から離れて自由に運動できるために、
脱出のための空間と時間とを豊富に与えるようにも強いられる、
それゆえ、またまた、多数の物質が生れてこなければならない。
そしてまた衝撃そのものも豊富であるためには
物質（アトム）の限りない大量が至るところ必要なのである。

ここで、次の説を決して信じてはならない、メンミウスよ、
その説では、すべてのものは宇宙の中心に向ってゆき、
それによって世界は外部からの衝撃をうけないで
存在し、どこからみようと、上と下とが分離する
こともありえない、すべては中心に向うのだから。
（もしあなたがどんな物でもそれ自身の上に立ちうると思うなら）
そして大地の下側にある、重さあるものはすべてまた、
上向きに大地に向い、さかだちして静止する。
ちょうど水の中にうつって見える物の像のように。

そしてまた同様な論法で、動物が逆立ちして
歩きまわりながら、大地から下の空中に落下しないこと、
私たちの体がひとりでに空の高みに
飛びあがらないのと同様なのだと説く。
彼らが太陽をみている時、私たちは夜空の星を
ながめ、そして彼らと交互に、空の季節を分かち
彼らの昼とひとしい夜をすごすのだと。
しかしこのような誤りを誤って受け入れるのは愚かな者である。
彼らは物をまちがった推論で理解しているのだから。
なぜなら、中心はけっして存在しえないのだから、全宇宙が無限である以上は。
たとえ中心があったとしても、それだからといって
物が何か他の理由で遠く反発されるよりも、
中心にとくに止まっていることは不可能であろう。
じじつ、すべての場所および空間、すなわち空虚は、
中心においても、中心以外においても等しく、重さあるものに
たとえそれらがどこに向うにせよ、路をゆずるにちがいない。
また物体がそこに達すると、重さのもつ力を失って

空虚の中にたちどまりうる場所も存在しない。
当の空虚なるものは、何物をも妨げず、かえってその本性の
要求するように、他の物に路をゆずろうとつとめるのだから。
それゆえ、上のような仕方によって、物が
中心への欲望にまけて結合を保つことは不可能なのだ。

それからまたその説では、必ずしもすべての物が
中心に向うのではなく土および水、
ほぼ土のような物質からできたもの、海の水、
および山から落ちる大きな流れ等だけであり、
これに反して、軽ろやかな微風、および
熱い火は中心から遠ざかり、
そしてすべてをとりまくアイテールが星の光できらめき、
太陽の焔が紺青の空を通して養分をとるのは
つまり熱が中心から脱出しながら、その所でみな結合するからであり、
またさらに、木々の高い梢が緑の葉でおおわれるのも
大地から少しずつでも養分が供給されるからであり、

〔欠行〕
さもなければ、翼ある焔のように、世界の防壁が突如として
広大な空虚をつらぬいて解体し脱出するだろう。
そして他のものまでも同じようにしてその後を追うだろう。
あるいはまた雷のとどろく大空の高みが上から崩れおち、
大地が私たちの足の下で突然崩れ去り、
すべてのものが、物体を解きはなす、天地の混沌たる
崩壊の中に、空虚の深淵をこえて逃げさり、
一瞬のうちに何物も残らなくなるだろう、
荒涼たる空間と不可視の元素の外には。
なぜなら、まずどこかある部分で物体（アトム）が足りないと考えるなら、
その部分は万物にたいして死の門となるだろうし、
そこを通って物質の全集団は外に逃げだすだろうから。

こうしてあなたは以上のことをたいした苦労もなしに理解するだろう。
なぜなら、一事は一事につづいて明るくなり、不可視の夜といえど
あなたが自然の究極を見きわめることなしには、あなたから道を

取去らないだろうから。それほどに事実は事実に光明を点ずるであろう。

第二巻

楽しいことだ、大海のおもてを嵐がふきまくる時
陸地にたって他の人の大きな難儀を眺めることは。
人の苦しみが楽しい悦びだからというのではなく、
わが身がどんな禍を免れているかを知るのが楽しいのだ。
また楽しいことだ、平原に展開された大きな激戦を
わが身の危険なくして眺めることは。
しかしながら何にもまして甘美なことは賢人たちの
教えによって守られた静かな高台にたち、
そこから他の人々を見下ろし、彼らがあちらこちらと
あてもなく生活の道を探しもとめ、
天賦の才を競い、出生の高貴を争い、
また夜を日についで比類なき労苦を重ねて、
権力の極みにのぼり、世界を手にいれようとするのを見ることだ。
ああ、いたましい人間の精神よ、ああ、盲目の心情よ、

生命の何という暗黒のうちに、どれほどの危険のうちに
生涯というこの瞬間は過ぎ去ることか！　あなたは見ないのか？
人間の本性が叫び求めるものは、ただ苦痛を
肉体から遠ざけ、悩みと怖れとを去って、その心で
悦ばしい感覚を楽しむことだけなのを。
それゆえ肉体の本性にとってはごく僅かのものが
苦痛をとり去り、しかも
多くの悦びを与えてくれるのに十分なのだ。
しかも人間の本性そのものはそれ以上の恩恵を求めはしない、
たとえ黄金の青年像が室の中にたち、
右手に燃えるランプを捧げ
夜の宴に光明をみちあふれさせなくても、
住み家が銀で輝き、金できらめかなくても、
竪琴が天井高き黄金色の広間に響き渡らなくても、
やわらかい芝生に友とともに互いに身をよこたえて
水流る岸のほとり、高き木の枝陰にあれば
多くの費えを用いなくても楽しく体を養う。

ことに気候はほほえみ、めぐる季節が
緑の草を花々でかざる時には。
もえる病熱は体から去りはせぬ、たとえ
色どり美しき衣に、また輝く深紅の衣に身を悶えようと
平民の衣をまとうた時より、より速やかには。
それゆえに、財宝とても私たちの体には何の益にもならず、
また家柄の高貴も、王国の栄光とても同じことなのだ、
それゆえ精神にとってもそれらは何の益にもならないと考うべきだ、
もしあなたが、マルスの野[1]に軍団がわきたち、
武器をととのえ、まけず劣らず勇みたち、
大勢の援軍と騎兵隊とによって固められ
模擬戦を展開するのをたまたま見るとき、
〔艦隊が立ちさわぎ、ひろびろと展開するのを見るとき〕
迷信がこれらの光景におびえ、あなたの心から
おののきながら逃げだし、死への恐怖が去って胸から

（1）ローマ市の北東部にあった練兵場。

悩みを解放し、憂いを消してくれるというならいざ知らず。
もしこのことが笑うべき、おかしきことであることを知るならば、
またじっさいに、人間の恐怖と執拗な心労とは
武器の響きを恐れず、残忍な矢を恐れず、
大胆にも王たちや、世の権力者の間にもとどまり、
黄金のはなつ閃光をも敬わず
深紅の衣[2]のまばゆい栄華をも畏れないとしたら、
それを追い払う力のあるのはひとり理性だけであることをなぜ疑うのか、
まして人間の生活が全く、暗黒の中に悩んでいる時には。
なぜなら子供たちが目の見えない暗闇の中で何もかにもに
恐れおののくように、そのように私たちは光の中にあって、
子供たちが暗闇の中でおそれ、あるように思いなすものよりも
さらに怖れるにあたらぬ物を時折り怖れるのだから、
それゆえ精神のこの恐怖と暗黒を追いはらうものは
太陽の光線でもなく、白日のきらめく矢でもなくて
自然の形象と理法とでなければならない。

さてそれでは、ものを生みだす物質の素材（アトム）はいかなる運動によって
さまざまな物を生成し、生成したものを解体するか、
またいかなる力によってそれをなすよう促されるか、
それらはいかなる速度を与えられて広大な空虚の中を
運動するのか説明しよう、あなたは私の言葉に心して耳を傾けたまえ。（六五）
さて素材（アトム）が透間なく詰って互いに一体とならないことはたしかである。
なぜなら私たちの見るところ、どんな物も小さくなり、
またすべての物は長い年代にわたっていわば流れ去ってしまい
万物は私たちの目から、長い年代のため隠されてしまうのだから。（七〇）
とはいえ全体としては無傷で、もとのままと見られる。
なぜなら、基本物体（アトム）は、それが離れ去ったものを
細らせ、それが付け加わったものを太らせ、
かれは老いしぼませ、これは花咲かせ、同じところに、
とどまらないのだから。こうして物の総体はたえず（七五）

（2）数種の貝からとれる染料を用いて染められたもので、ローマでは極めて珍重され、権力と栄華の象徴となった。この染料でそめた羊毛一ポンドは約千デナリしたといわれる。

新たにされ、死すべきものは互いにやりとりして生きてゆく。
ある種族のものは栄え、ある種族のものは衰え、
つかの間に生あるものの世代は移り替り、あたかも
リレーの走者のごとく生命の松明《たいまつ》を次々に渡してゆく。(3)

もし元素（アトム）が静止しており、静止していながら物の
新しい運動をうみだすことができると考えるなら、
あなたは真実な推論から遠く隔たっているのだ。
なぜなら、空虚の中を彷徨《さまよ》うからには、物の元素（アトム）は悉《ことごと》く
それの重さか、それともまた他の元素（アトム）からの衝撃によって
運動するにちがいないのだから。実際度々正面から衝突して
すぐに様々な向きに飛び散るがそれは少しも驚くにあたらない。
なぜなら元素は非常に固く、
重く、強いし、何物も後から引きとめないのだから。
すべての物質の粒子（アトム）が運動していることをよく理解するために
全宇宙にはどん底とでもいうものが存在せず、
基本物体が止まる所もありえないことを思い出したまえ。

なぜなら空間は端もなく、限界もなく、すべての方向に
広大に広がっていることは、私が長々と示したことであり、
また確かな推論によって証明されているのだから。
このことは確かなのだから、いかなる静止も、深い
空虚の中にある基本物体には与えられないことは明らかだ、
かえって絶え間ない様々な運動によってかりたてられ、
あるものは衝突しては広い間隔をとってはねとび
あるものは衝撃をうけてせまい距離をとび交う。
密な会合によってつめこまれ、
からみあったその形のためさまたげられて、
せまい透間をはねまわるものは
いずれもかたい岩根とか、冷酷な鉄の
元素とか、その種のものを作りあげる。
この外に少数だが、もっと遠くまで広大な空虚を
さまよい、さらに遠くにとび散り、また大きな

（3） プラトンの『法律』第六巻七七六Bにも見られる比喩。

間をおいてとび帰ってくるものは、稀薄な空気と
太陽のまぶしい光を私たちに与える。
その外にまた多数の元素が広大な空虚の中を彷徨《さまよ》うている、
それらは物の結合から投げだされ、他のものにうけいれられ
同じ運動をすることの一度もできなかったものである。
このことの似姿と像とは、すぐいって聞かせるように、
常に私たちの目の前に存在している。
家の暗がりにさしこんだ太陽の光線が
日光を注ぎこむとき、よく見たまえ、
無数の細かな粒子が無数の仕方で、空虚の中で、
光線の光をあびてまざり合っているのが見えるだろう、
しかもたえざる戦いを戦っているように、
群れになっては戦いつづけ、たえまない
会合と分離とに刺激されて休止をしらない。
このことから物の元素（アトム）が広大な空虚の中をたえず運動している
ということがどんなことであるか推測できるだろう。
少なくとも小さなものが大きなものの見本を与え、

その物の概念のしるしを見せてくれるかぎりは。
日の光の中で動きまわっているのが見える
この粒子にもっと注意してほしい理由は、
そのような混乱が物質（アトム）の、目に見えないかくされた
運動の伏在を示してくれるからである。
じじつ多数の粒子がそこで目にみえない衝撃を
うけては道をかえ、はねかえされては後がえりし、
ある時はこちらに、ある時はあちらに、いたるところで、あらゆる方向に向うのが見える。
この彷徨は明らかにすべて元素（アトム）によるものだ。
まずはじめに元素（アトム）はそれ自身によってうごく。
その次に元素の小さな結合から生じ、
元素の力にいわばもっとも手近なものが
元素の見えざる衝撃をうけて動きだし、
そしてもう少し大きなものを叩く。
このようにして運動は元素（アトム）から生じ、少しずつ
私たちの感覚にまでたっしてき、そしてついには、
日の光の中に認められるかの粒子まで運動する、

どのような衝撃をうけてそうなるかは目にみえないけれど。

さてそれでは、物質の粒子にはどんな速度が与えられているのか、
メンミウスよ、次のことから少しの言葉で分るだろう。
曙が大地の上にま新しい光をふりそそぎ
さまざまな鳥の群れが人里はなれた森の軽やかな空気の中を
飛びかいながら、そこを透きとおった鳴き声でみたす時、
その時昇ったばかりの太陽が、どれほど急激に
すべてのものに光をそそいで包んでしまうかは
誰の目にも明白すぎることである。
しかし太陽の送りだすその熱やその透明な光は
なにもない空虚の中を進むのではない、いわば空気の波を
きって進むだけ、それだけ進みがおくらされる。
しかも熱の粒子はひとつびとつになってではなく
互いにもつれあって一塊になって進んでゆく、
そのために互いに引き戻しあい、その上に
外からも邪魔され、進みがおくれる。

しかしながら、密につまった単一な元素が、何もない
空虚の中をすすむとき、外からそれをさまたげるものは何もない。
そしてその部分は不可分の一体をなしており、
一体として、はじめに定めた方向に運動するのだから、
速さにおいてまさっているのは正に当然であり、
太陽の光よりもはるかに速く進み、
太陽の閃光が空をかけまわるその同じ時間に
はるかに長い空間の距離を走りすぎる。

〔欠行〕
元素の一つ一つを追求して、各々の現象が
どのようにして生じるかを見ることは……ない。

しかしながら、これに反してある人たちは物質の本性を知らず
神々の意志なくしては自然といえども人間に
都合よいように骨折って、季節を移りかわらせ、
穀物を実らせ、さらにその他の楽しみを作ることは
不可能だと信じる、そしてその楽しみに死すべきものを

生命の導き手、聖なる悦びが導き、誘い、赴かせ、
ウェヌスの巧みによって子孫をのこすようにいざない、
人類の滅亡をすくうのだと信じる。人間のために神々が
すべてを作ったと彼らが思いなすなら、すべての点について
真実の推論から全く離れていると思われる。
なぜなら、元素がどんな物であるかを知らないとしても、
このことを私は空の現象からあえて確かめることができ、
またその他多くのことから説明できるのだから、
すなわち決して、私たちのため、神々の意志によって
世界の本性は作られたのではないことを。それは全く欠陥だらけなのだ。
そのことはもっとあとで、メンミウスよ、明らかにしよう。
いまは運動について言い残してあることを説明しよう。

ところで今こそ私の考えでは、物質的な物はいずれも
自分の力で下から上に動いたり、進んだり
しないことをあなたに確信させる時であろう。
それについて焔の粒子があなたに惑《まどわ》しとならないように。

まことに焔は上にと伸び、上にと大きくなり、
ゆたかな穀物も、草木も上にと伸びてゆく、
重さあるものは本来すべて下に向うものなのに。
火が家々の屋根にとびうつり、すばやい焔で
丸太や梁をなめるときにも、それを強いる力もなしに
自らすすんでそうするのだと思ってはならない。
私たちの体からふきだした血が高くほとばしり、
血しぶきとなる時とても同じなのだ。
また水が丸太や梁をどんな力で撥ねかえすか
見たことはないか？　丸太をまっすぐに水中深く
押しこみ、遥かに強い力で苦労して押しつけるほど、
強く丸太は上にはねかえされ
半ば以上水の外にはねとぶほどなのだ。
しかしこれらのものが、本来なら、なにもない空虚の中では、
みな下に向うことを誰も疑わないと思う。
それと同じように、焔もまた圧されて空気の微風の中を
立ちのぼるのにちがいない、たとえ重さそのものは、

本来下に落とそうと努めはしても。
夜空を高くとぶ火（流星）が、
自然が運動を与えたその方向に、
長い尾をひくのを見たことはないか？
星や星の群れが大地に向って落ちるのを見たことはないか？
太陽さえも天頂からあらゆる方向に
熱を放散し、地面に光をそそぐ。
それゆえにまた太陽の熱も大地に向ってふってくる。
また雨脚を斜めに横ぎって電光のとぶのが見られる。
ある時はこちらから、ある時はあちらから、雲の切れ目を
火が飛びかう。火の本性は総じて大地に向っておちる。

こうしたことにつきあなたに知ってほしいことがある。
つまり粒子（アトム）が空虚をとおってまっすぐにそれ自身の
重さのため下に向って進む時、時刻も全く確定せず
場所も確定しないがごくわずか、その進路から、
外《そ》れることである。少なくも運動の向きがかわったといえるほどに。

もし外《そ》れないとしたら、すべての粒子（アトム）は下に向って、
ちょうど雨滴のように、深い空虚を通っておちてゆき、
元素（アトム）の衝突もおこらず、衝撃も生ぜず
こうして自然は何ものをも生みださなかったであろうに。

もしかして、ある人がより重い粒子（アトム）は空虚を通って
より速く進むゆえに上の方からより軽い粒子（アトム）に
ぶつかり、そのようにして生じた打撃が、
ものを生みだす運動を生ずることが可能だと信ずるならば
その人は真実の推論から遥かにへだたっている。
じっさい水の中を、また稀薄な空気の中をおちてゆく物は、
その重さにおうじて落下を必ずはやめるはずである。
それは水の物質と稀薄な空気の本性とが
どんな物をも平等におくらすことができず、
より重いものにより速く負け路をゆずってしまうからだ。
しかしながらこれに反してまったくの空虚はどんな所でも
どんな時にも、どんな物にも逆らうことはできない。かえって

その本性の欲するように、ひたすら道をゆずりつづける。
それゆえすべてのものはたとえ重さがひとしくなくても
ひとしい速さで静かな空虚の中を運動するはずである。
従って、より重いものが上からより軽いものにぶつかり、
衝突がおのずから生じて、運動をかえ、それによって
自然が万物を運行させるということは不可能である。
それゆえに、粒子（アトム）はかえすがえすも少し垂直からそれるに違いない。
それもごく僅か、さもなければ斜の運動を考えているように思われ、
それは真実が退けるところであろう。
なぜなら誰の目にも明白なことと見えるように、
重いものは、それ自身では、上から落下する時、
斜めに進みえないのだから、少なくも認めうる限りは。
しかし垂直な道から全然それないと
見きわめることのできる者が誰かあろうか？

さてそれでは、もしすべての運動はいつもつながり、
古い運動から新しい運動が、一定の順序で生じ、

もしまた元素がその進路からそれることによって、
宿命の掟をやぶる新しい運動をはじめることなく、
原因が原因に限りなくつづくとすれば、
地上の生物のもつ自由な意思はどこからあらわれ、
いかにしてこの自由な意思は宿命の手からもぎとられたというのか？
人はその意思によってこそ、よろこびの導くところに進み、
さらにまた時を定めず、所もはっきり定めないで
心のおもむくままに運動を逸《そ》らすものではないか。
なぜなら疑いもなく、各人自身の意思が、これらのことに
きっかけを与え、それから手足に運動がひろがるのだから。
瞬間的に柵をひらいても、馬の力はどんなに、
待ちこがれていても、その心の望むほど
急速にはとびだせないのをあなたは見ないか？
そのわけは体全体の物質がすべて刺激をうけ
その刺激が手足のすみずみまで行きわたって
心の欲求を努力して追いかけねばならないからだ。
それゆえ運動の始めは心臓によって起され、

まず精神の意思によって進み、
それからさらに全身と手足とにゆきわたることが分る。
それは私たちが外の人の強い力でつよく
推されて前に進むのとは似ていない。
なぜならその時には、全身にあるすべての物質は
私たちの意思に反して動き進むことが明らかなのだから。
そしてやっと意思が全身に働いてそれを引きとめるのだ。
それゆえ今こそ分るだろう、たとえ外からの力が多くの人々を
強く押し、むりやりに進ませ、しばしば
走りださせても、私たちの胸の中にはそれに反対し、
抵抗できるものが何かあるということが。
そのものの思いどおりに物質はしばしば
体と手足とを通じて向きをかえられ、また
前に押されたとき、ひき戻されて落着く。
それゆえに物の種子（アトム）においても同じく認めなくてはならない、
衝撃や重さの外にも何か運動の原因があり、
そのものから私たちの意思する能力が生ずることを。

なぜなら無からは何物も生じえないのだから。
なるほど重さがあれば衝撃は、外力と同じようには
万事をなすわけにはいかない。しかし精神自身が
万事をなすのに内的な強制をもたず、
また征服されたもののように無理強いされることがないのは
所と時とを定めないで起る
元素（アトム）のわずかな逸《そ》れのためである。

ものの総体はかつては今よりももっと密でも、
もっとまばらであったわけでもない。
なぜなら何かがそれを増大させたり、それから消失することはないのだから。
それゆえ今元素（アトム）がなしている運動は
はるかに昔にも同じであったし、
これから先にも今と同じように行われるだろう。
そして生れつけているものは同じ条件のもとに
また生れ、存在し、自然の掟によって、
ゆるされるだけ、成長し、さかえるだろう。

そしていかなる力も物の総体（宇宙）をかえることはできない。
なぜなら、宇宙の外に何かが存在し、そこにある種の
物質（アトム）が逃げてゆき、またそこから新しい力が生れて
宇宙の中にわりこみ、万物の本性をすべてかえ、
運動もくつがえすということは不可能なのだから。

ところで何も驚くには当らない、なぜに、
物の元素はすべて運動しているのに、
何かあるものがそれ自体動くのを除けば
全体は全き静止の中にとどまっているように見えるかは。
なぜなら元素（アトム）の本性はすべて私たちの感覚のとどかない
はるか下にあるのだから。それゆえに、元素そのものをあなたは
見分けることができない以上、それの運動も分らないのが当然なのだ。
私たちが見知ることのできるものさえも、遠くはなれると、
時にはその運動をかくしてしまうのだから。
じっさいたびたび、丘の上の楽しい牧場にはんでいる
羊の群れは新しい露のきらめく牧草に

いざなわれてゆるゆるとはってゆき、食いたりた
子羊は戯れはしゃいで、角を突きあわせる。
これらすべても遠くのわれわれの目には一つに溶けあって
緑の丘の上に白いものが立ち止まっているように見える。
さらにまた大きな軍団がその進軍によって
平原をみたし、模擬戦を展開する時、
そこから閃光が天にまでたっし、あたりの大地はみな
青銅の光に輝き、人々が力強くふむ足の下からは
地響きがわき、山々はときの声を
あびては、人の叫び声を空の星座まではねかえし、
騎兵隊はまわりを駆けめぐっては、突如として
中央をつきぬけ、はげしい攻撃で平原をゆるがせる。
それでいてしかも高い山の上のどこかに立てば
これらすべてはじっと動かず、野の中の一つの光彩のように見える。

さてその次に、万物の根源（アトム）はどんなものであり、
その型においてどれほど大きな差異を示しているか、

どれほど多くの形に分れているかを聞きたまえ。
それは似た型の元素が数少ないからではなくて、
すべての元素が皆が皆同じ型をしてはいないからである。
それは驚くには当らない。なぜなら元素は大量にあり、
すでに示したように、限界もなく総和も存在しないのだから
すべてがすべて等しい姿や似た形を
もったものばかりでないのは当然なのだ。
さらにまた、人間の種族、物いわずして泳ぐ
うろこもつ魚の種族、楽しげな家畜、野獣のむれ
さまざまな鳥たち、悦ばしげに水辺を訪れ、
河岸、泉、湖のあたりにつどい、
道なき森にむらがり飛びまわる鳥たち。
これらのうちどれか一つを種族ごととってみよ、
いずれも仲間どうし違った形をもつことを見出だすだろう。
さもなければ子供は母親を、母親はまた子供を
見分けることができないだろうに。しかしかれらにはそれができること、
人間に劣らず仲間どうし知り合っていることをわれわれは見る。

じっさい神々の美しく飾られた神殿の前の、香くゆる
祭壇のもとに子牛が犠牲として殺され、熱い血の流れを
胸からふきだしながら、たおれることがたびたびある。
子をとられた母親は緑の牧場をあるきまわり、
大地にしるされた裂けた蹄の跡をさがしもとめる、
失われた子供をどこかに見つけることができるかと、
あらゆる所を目でしらべ、立ちどまっては葉のしげった森を
歎きの声でみたし、また子牛を失った悲しみに身を
つらぬかれて牛小屋を何度もたずねる、
やわらかい柳も、露を含んで生き生きとした牧草も、
岸まであふれて流れる川も、その心をそらせ、
思いがけなく襲った悩みを忘れさせることはできない、
楽しく餌をはんでいる他の子牛をみても
気をそらせ憂いをとくことはできない。
それほどまでに見知っているわが子のしるしを求めるのだ。
それからまたふるえ声でなく若い子山羊は角のはえた
母親を、角つきあわす子羊は羊の群れを見おぼえている。

こうして、自然が要求するように、
それぞれがつねに自分がのむ乳房にと走って行く。
さいごにどの穀物をとっても、同じ種にぞくしながらも、
いずれもみな互いに似ているというわけではなく。
その形の間にはある差異があるのが分るだろう。
そしてまた海がやわらかな波を寄せ、深い入江の
渇いた砂をうつところには、大地の膝に貝類が
画をかいており、私たちはそれにも同じような差異を見る。
それゆえに、確かに元素についても同様であるに違いない。
それは自然によって作られたものであり、人の手により
ただ一つの定まった型にならって作られたものではないのだから
そのあるものは互いに相似ぬ形をもってとびまわっているに違いない。

心の推論により容易に謎を解くことができる、
なぜ電光が地上の松明《たいまつ》から生ずる火よりも
はるかに深くものをつきぬくかを。
なぜなら雷から発する天上の火は

遥かに小さな形からできていて微細であり、そのため
木から生れ、松明から生ずる地上の火が通りえない
細い穴をも通りぬけることができるからなのだ。
さらにまた透明な角《つの》ちょうちんは光を透すが雨をはね返す。
どうしてなのか、もし光の粒子（アトム）が
人を養う水の粒子（アトム）より小さくないとしたら。
葡萄酒はいくらでも速く、こし器を通って流れるのを
われわれは見るが、反対にとろりとしたオリーブ油はなかなか透らない。
それは疑いもなく、より大きな要素からできているか、
あるいはひどく鉤《かぎ》型をし互いにからみあっているために、
元素の一つ一つがそう直ぐには
離ればなれになって一つずつ
それぞれの孔を通って流れることができないからなのだ。
さらにまた、蜂蜜や牛乳の液体は
口に入って舌に快い感じをあたえる。
これに反し、苦いにがよもぎや、舌をさす、

せんぶりはそのいやな味で口をゆがませる。
このことからたやすくわかるように、感覚に快くふれるものは
滑らかで円い元素からできているし、
これに反し、苦くかつ辛く思われるものはみな
ひどく鉤型の元素によって、もつれ、からみ合っており
それゆえに、むりやりに押し通って私たちの
感覚をいため、体につき入ってくるのである。

さいごに、接触して感覚に快いものと不快なものとは
皆違った形の元素からできていて、互いに戦っている。
歯ぎしりする鋸《のこ》のだす鋭い恐怖の響きが
音楽家のすばやく動く指先が弦をうって
かなでる調子よいメロディと同じく
滑らかな元素から生じるのだと思わないように。
また気味の悪い死体を焼く時と、キリキア[4]の
サフランを今しも劇場にふりまいた時、また
パンカイア[5]の香料を傍《かたわら》の祭壇にくゆらせている時とでは、

似た形の元素が人の鼻をつくと考えないように。
あるいはまた、目を養いこえさす美しい色彩が
瞳を刺激して涙を流させるものや
いまわしい姿のためにいとおしく醜くみえるものと
相似た種子（アトム）からできていると思わないように。
まことに、感覚をやわらげるものはみな
その元素に何らかの滑らかさがなければ生じなかったし
これに反し、不快で粗野なものは
その物質がざらざらしてなければ生みだされなかった。
また滑らかであるともいい切れず、さりとて
まがった切尖をもつ完全な鉤型ともいえず
むしろわずかに突起した角をもつために
感覚をいためるよりはむしろくすぐるようなものもある。
その種のものには、酒石酸とおおぐるまの味とがある。

（4）小アジアの地中海に面した一地方。
（5）アラビアの東にある、香料にとんだ島。

それから熱い火と冷たい霜とがそれぞれ違った仕方で歯を具え
肉体の感覚をかみさくことは、両方に
触ってみればすぐにはっきりすることである。
触ること、まことに触ることこそ神々の聖なる意思にかけて、
肉体の感覚である。それは外部のものが中に入りこむとき、
あるいは肉体の内に生じたものが肉体を傷つけるとき、
または、ウェヌスの創造的作業によってとび出し、悦びを与えるとき、
あるいは衝突によって元素が体の中でみだれ動き
互いにかきたてあって感覚を混乱させる時に生ずる。
これはあなた自身で体のどこか一部を手で
うってみればすぐに経験するとおりなのだ。
それゆえに元素の形は互いに遠くへだたっているに違いない、
だからこそさまざまの異なった感覚を生みだすことができるのだ。

さらにまたわれわれに固く密に思われるものは
いっそう緊密に鉤で結ばれ合った諸粒子からなり、
枝のようなそれらの粒子によって、固く締めつけられているはずだ。

その種のものの第一線にはまず、
打撃をものともしない金剛石、
そして堅い火打石、それから固い鉄の強靭さ、
閂に抗ってきしみ叫ぶ青銅がある。
これに対し、流動体からなる液体は、より滑らかで
より円い元素からできているのでなければならぬ。
じじつ一握りのけしの実は水と同じように流れやすい、
それはつまり、円い球はすべて互いに引き留め合うことがなく
わずかの動揺により水と同様転がり落ちて行くのだから。
さいごに、瞬間に消散するのを目にするところのもの
煙とか、雲とか、焔とかは、たとえそのすべてが
滑らかで円い元素からできていないとしても
からみ合った元素のために拘束されることもないはずだ、
それゆえそれらは人の体をつきさし、岩にしみ通ることができるが、
しかしまた互いにからみ合うこともない。それゆえ感覚によって
鎮められるものは、からみ合った要素からではなく、
鋭くとがった要素からできていることが容易に分るだろう。

しかし海の汗のように、流体でありながらしかも
からいものがあるのを見ても、少しも驚くに及ばない。
〔欠行〕
なぜならそれは液体だから、滑らかで円い元素からできており、
それに苦痛のもととなるざらざらした粒子がまぜられているのだから。
この元素は鉤をもち、からみあっているはずがない。
それは明らかに、円く、同時にざらざらとしており、
転がることと同時に感覚をいためることができるのだ。
そして滑らかな元素にざらざらした元素が混合していて、
その混合から塩からいネプトゥヌス[6]の体（海水）ができていることを
いっそうよく分ってもらうために、両者を分離し、甘い水だけを
別に見出す方法がある。すなわち、海水をたびたび大地を
通らしてこすと、軟かになって溝に流れこむ。
なぜならいやな苦みの元素は、ざらざらしているため、
土によく吸着され、地表に残されるのだから。
このことを教えたのだから、それにつながって

信じられることを続けて述べよう。それは物の元素（アトム）の
形の差異は有限だということである。
もしそうでないということにすると、またしても
ある種子（アトム）は無限に大きな体をもたねばならないことになる。
なぜなら、どれか一つの粒子のもつ狭いわく組を考えてみると
そのわく内で形の差異が数多くあることは不可能だから。
たとえば一つの基本物体（アトム）が三つの最小部分から、
あるいはもう少し多くの部分からなっていると想像してみよ。
一つの粒子（アトム）のすべての部分を
上に、また下におき、右のものを左に移し、
各々の配列がその粒子（アトム）全体にどんな形の輪郭を
あたえるか、あらゆる仕方で試みてみよ。
その上さらに形を変えようと思えば別の部分をもってきて
付け加えねばならないだろう、そしてこれにつづいて
上と同様にして新しい配列には

（6）海の神、ポセイドン。

他の部分が必要となるだろう、もしさらに形をかえようと思えば。
それゆえ形の新しさには粒子（アトム）のかさの増加が
伴う。したがって種子（アトム）の形には
無限の差異があると信ずることは不可能なのだ。
そうでなければ、巨大な種子（アトム）が存在することになるだろう、
そのことはすでに不可能だと私がさきに示したとおりである。(7)
もしそうでないとすれば、あの異邦人の衣裳も、テッサリアの
貝からとれる色で染められたメリボイア(8)の輝く深紅も、
ほほえみかける魅惑にみちた孔雀の黄金の種族も
新しい色彩に席をゆずってしまうだろう。
そして没薬《もつやく》の香、蜂蜜の味はみすてられ、
白鳥の歌も、アポロンの琴の奏《かな》でる美しい歌も
同じように圧倒されて黙ってしまうだろう。
なぜなら次から次へともっと優れたものが現われてくるだろうから。
そしてよりよいものが次々に現われるのと同じように
あらゆるものは逆に悪い方へ退化することが可能であろう、
すなわち次々にともっと厭わしいものが現われるだろう、

鼻にとっても、耳にとっても、また舌の味覚にとっても。
しかしそのような事物は存在せず、物には一定の限界があり
その範囲はどちらの方向にも限られているのだから、その素材にもまた
一定有限な形の差異しかないことを認めなければならない。
それからまた、火から冬の霜までその距離は
有限であり、逆にはかっても同じである。
なぜならすべての熱さと冷たさ、なまぬるさは二つの端の
間にあり、順々にならんで全体をみたしているのだから。
つまりそれらは限られた差異を与えられて創られているのだ、
なぜならどちらの側にも対の境界により画されているのだから、
こちらからは火により、あちらからは冷たい霜によって。
これらのことを教えたのだから、それにつながって
信じられることを続けよう、それは互いに相似た

(7) ギリシアの北部地方。
(8) テッサリアの町。ペリオン山およびオッサ山のふもとにあった。

形の元素はかぎりなくあるという
ことである。じじつ形の差異は有限
なのだから、似た形のものは限りなく
なければならない。もしそうでなければ物の総体は
有限となるはず、それが不可能だということはすでに
詩句にのべて証明した。その際物質の小粒子は
たえず衝撃をあらゆる方向から与えながら
無限の空間からやって来て物の総体を保ちつづけることを示した。
すなわちある種の動物は外のものよりずっとまれであり、
その繁殖力がより小さいことを知っているが
外の地方や遠い国ではその種のものも
数多くあり、数をみたしているのである。
たとえば、四足の動物のまず第一にあげられる、
蛇のような鼻をもった象は、インドには無数にいて
象牙の防壁をつくり、敵がふかく浸入してくることを
許さない。そこにはそれほど数多くこの動物はいるけれど、
わが国にはきわめてまれにしか見ない。

しかしながらそのことを承認するために、何でもよい
そのもって生れた体において全く独得なものがただ一つだけあり、
それに似たものは全地上に一つもないとしてみよう。
しかもなおそれがはらまれ生れ出るための素材が
無限に多くないならばそれは生れることもできず、
そしてまた大きくなり、育つこともできないだろう。
なぜなら、ただ一つのものを生みだしうる粒子（アトム）が
全宇宙に有限個しかないと仮定すると、それらはどこから、
どこで、どんな力によって、またどんなふうにして、
この広大な素材（アトム）の大海で、他種の素材（アトム）の
混乱の中で、出合って結合するのであろうか？
結合する方法はないと思われる。
そして、たとえば、大きな難破が数多く起った時
大海が腰掛、肋材、帆桁、
船首、帆柱、泳ぐオールを投げちらし、
こうして大地の岸辺いたるところ漂いつく艫《とも》の飾りが見られ、
死すべき人間どもにいましめを与える——

不実な海の罠と力と欺きとを心して避けよ、
またおだやかな海原の魅惑が人目をあざむくほほえみを
投げかけていても、けっして信じてはならないと。
ちょうどそのように、もしひとたびある種の元素を有限だと
思うなら、それらの元素は様々の方向に押し寄せる物質の波浪のため
あらゆる時を通じて散乱し、投げ散らされねばならないだろう。
そして集められて一つに結合することも、
結合の中に留まることも、成長して大きくなることも不可能だろう。
だがそのどちらも可能なことを明らかな事実は示している、
つまり物は生みだされ生れたものは大きくなりうることを。
それゆえどんな種類をとっても物の元素（アトム）は明らかに無限にあり、
それによってすべての物は補給されるのである。

それゆえ、ものを破壊する運動が永久に勝ちのこることも、
生あるものを永遠に墓の下に埋めることもできないし、
さらにまたものものを生みだし成長させる運動が
ものを創造してはこれを永久に保存することもできはしない。

このように相匹敵して、無限の過去から
元素（アトム）の戦が戦われているのである。
ある時はこちらに、ある時はあちらに、ものの生命力は
勝利をえ、また同じように敗れ去る。葬式には
この世の光を見てあげる幼な児たちの産声がまじらないことはなく、
また、日に夜がつづき、夜に暁がつづくこともない、
痛ましい呱々《ここ》の声に交って、死と黒い葬いとを送る
悲嘆の声がきこえないでは。

ここで次のこともまた心の中によく封をして
忘れずに憶えておくべきである。すなわち
明白にそれと分る性質をもったものは、どれ一つとして
ただ一種の元素からできているものはなく、他の種子（アトム）を
まじえないものはないということである。
そして何であれ、自分のうちにより多く力と機能とをもつものほど
それだけ多くの種類の元素と
多様な形をもつことを示している。

まず第一に大地は、水の基本物体（アトム）、すなわち、
冷気を転がしだす泉たちが涯しない海にたえず補っているもの
を含み、また火の燃えだすもととなるもの（アトム）もふくんでいる。
なぜなら大地は多くの場所で熱くもえているし、
アイトナ[9]の爆発は地底からの火によって荒れ狂っているのだから。
さらにまた、大地は人類にゆたかな穀物や、
たのしい樹木をあたえるもの、山野をさまよう
野の獣に、水の流れ、木の葉の茂り、
楽しい牧草をあたえるもの、を含んでいる。
それゆえに神々の大いなる母、野の獣どもの母、
そしてまた人類の母とこの大地だけがよばれている。

この母なる大地を古代ギリシアの博識な詩人たちは
馬車の中の玉座にいまして二頭立てのライオンを御するとうたったが、
それは大地が空気の空間に懸っていて、大地が大地の上に
座をしめることはできないと教えるためであった。
馬車に獣らをつないだのは、どれほど荒々しい子でも

両親の心遣いには従って、気を和らげるはずだという意味であった。
そして胸壁の飾りある冠をかむらせた。なぜなら、
高台に防壁を具えた大地は都市を守るから。
そのような飾りをいまやほどこされ、広い大地の国々を通って、
人々に怖れをあたえつつ母なる神の像ははこばれ進んでゆく。
彼女を古い儀式を守るさまざまな民族は
イダ[10]の母とよび、プリュギア人の一隊を
従者として付け加える。なぜならその国にはじめて穀物が生え
全世界に拡まったといわれるから。
不具の祭司をさらにつけ加える。それは、母なる神の
神意をおかし、両親に恩知らずであることが露われたものは
その生きた血統をこの世の光の中にうみだすに
ふさわしくないと告げしらすためである。

(9) 第一巻註(32)参照。

(10) プリュギア(小アジア)の山。大地母神あるいはキュベレの崇拝はプリュギアに発したといわれる。それと似た崇拝がクレタ島にもあり、後にそれが混同された。

張ったタンブリンは手のひらにうたれて響き、凹みあるシンバルは
像のまわりに鳴りわたり、ホルンはしわがれた音色でおびえさせ、
そしてプリュギアの調べに合せて空《うつ》ろなフルートは人の心をかきたてる。
さらに、はげしい怒りのしるしとして武器が先払いする。
恩知らずの心や、群集の不敬の胸を
女神の神意をかしこみ、恐れさすために。
このようにして、女神が大きな都市から都市へと乗り込んでゆき
黙しつつ死すべき人間たちに無言の祝福をあたえるやいなや、
人々は青銅と白銀とでその過ぎゆく道をしきつめ、
なみなみと賽銭《さいせん》を納め、ばらの花を雪とふらせて
母なる女神とそのお供の一隊をおおいつつむ。
その時武器を手にした一隊、ギリシア人がクレタ人と
呼んだ人々が現われる。彼らがプリュギア人の間でおどり、
血に悦び調子にあわせてとびはね、
首の動きとともに恐ろしい[11]羽根飾りをうちふる時、
彼らは昔クレタ島でゼウスの産声をおおいかくした
と伝えられるディクテのクレタ人をあらわしている。

その時幼な児のゼウスのまわりに少年たちは武器をとり　（六三五）
軽快な踊りをつづけ、調子にあわせて武器をうちあわせ、　（六三七）
[11]クロノスが彼をとらえて口に入れ、母の胸に
いえざる傷手を負わせるのをふせいだという。
大いなる母を武器をもった人々がお供するのは
そのためなのか、それともその女神が、人は武器と　（六四〇）
勇気とをもって父祖の国を守り、両親にとっては援けとも
飾りともなるように戒めていることを現わしているためであろう。
以上のことはどれほど巧みに作られていようとも
真実からは遠くへだたっている。　（六四五）
なぜならすべて神々の本性はそれ自身で全き平安のうちに
不死の生命をうけていて、人間世界のことからは
遠くはなれて関わりないはずだから。

（11）　クロノスは妹レアを妻としたが、自分の子によって支配権を奪われることを恐れ、生れる子を次々に呑みこんだ。これに怒ったレアはゼウスを孕んだときクレタに赴き、ディクテの洞穴でゼウスを生み、ゼウスはそこでひそかに育てられた。

まことに神々はすべての悩みをはなれ、危険を知らず、
自分の能力だけによって力強く、人の助けを何一つ求めず、
その心を奉仕によって捕えることも、怒りによって動かすこともできないのだから。
大地は確かにいつの時にも感覚をもっていない、
そして多数のものの元素をもっているからこそ、
多数の仕方で多数のものを日の光のもとにもたらすのだ。
それで、誰かが海をネプトゥヌス、穀物をケレス[12]と
よぶことにし、葡萄酒という本来の名前よりも
バッコス[13]の名をつかうことを望んだとすれば、
大地を神々の母とよぶことを認めてもよい、
ただし真実には自分自身の心が
おろかな迷信にそまるのを許しさえしなければ。

このようにして、しばしば同じ一つの野原で
草をはみ、同じ空の屋根の下で同じ一つの川の流れに
喉をうるおしながら、深い毛に覆われた羊の群れと、
戦をおそれぬ馬の一族と長い角ある牛の群れとは、

みな違った形をして生きており、両親の性質を
うけつぎ、それぞれの種族に応じた生き方をくりかえしている。
それほどにどの一つの草にも多様な素材（アトム）が含まれており、
どの一つの川にもそれほど多様に含まれている。
それから、どの一つの動物をとってみても
それは骨、血、血管、熱、水、肉、筋から
できている。それらはみな違う形の
元素からできていて遠く異なっている。
それから焔に焼かれて燃えるものはいずれも
たとえほかには何を含まなくても、その体の中に
火をはき光をはなち、火花を飛ばし
灰をひろく撒きちらしうるものを貯えている。
さらに他のものを、同じような推論で次々に見てゆけば、
いずれもその体内に多くのものの種子（アトム）を隠し、

(12) ギリシアのデメテルと同一と見られた。
(13) 葡萄酒の神。

さまざまな形（アトム）を含んでいることが分るだろう。
それから、色と味と香とを、ともに具えたものを多く
見いだすだろう。まずはじめに大部分の果物がある。
それらは、それゆえ、さまざまな形（アトム）からできているに違いない。
なぜなら臭いは色が入って行かないところから体の中に入りこむし、
同様に色と味とはそれぞれ別々にはいり感覚に達するのだから。
それゆえ元素の形は互いに異なっていることが分るだろう。
つまり違う形（アトム）が集って一つの塊りを作り、
さまざまな種子（アトム）がまじりあって物ができているのだ。
じじつこの私たちの詩そのものをみても、いたる所で
多くの言葉に共通する字母があるのを見るが
しかしそれぞれの行や単語は互いに異なる字母から
できていることを認めなければならない。
それは、共通な文字が少数しかないという意味ではなく、
あるいは全く同じ文字からなる語が二つないというのでもなく
一般にそれらが皆が皆互いに同じではないということである。
このように他のものについても、多くの物に共通な元素が

数多く含まれていて、しかも全体としては互いに
遠く異なっていることが可能なのだ。それゆえ人類も
穀物も、ゆたかな樹木もそれぞれ違う粒子（アトム）から
できているといわれるのも当り前なのだ。

しかしながら、すべての元素があらゆる仕方で結合できると
考えてはならない。そうでないといたる所に怪物が現われるだろう。
半人半獣の姿が現われ、時には
生き身から高い枝が生えだし、
多くの地上の動物の手足が海中の動物に結合し、
醜い口から焔を吐くキマイラ(14)さえ、すべてを
生み育てる大地の上にはぐくまれるのが見えるだろう。
これらのことが何一つ生じないことは明らかである。なぜなら、
すべてのものはきまった種子ときまった母から生れ、
成長してその種族を保存することを私たちは見るのだから。

(14) ライオンの頭、竜の尾をもつ怪物。ベレロポンが天馬ペガソスにのって空からこれを殺した。

それには明らかに一定の原則がなくてはならない。
なぜならすべての食物から、それぞれに適した粒子だけが
分れて手足の中に入ってゆき、身体の一部となって
適当な運動をもたらす。これに反し性質に合わないものは
自然によって地上にすてられるのが見られるし、さらに多くのものは、
打撃をうけて目にみえない粒子（アトム）になって体から逃げてゆく。
それらは体の一部となることもできず、体の中に入って
生命の運動に合致し、またそれを繰り返すこともできない。
しかし生きた物だけがこの法則に従うのだと思わぬように。
同一の原則がすべてのものを限定しているのである。
なぜなら生みだされた物がいずれも互いにその
全性質によって異なっているように、いずれのものも
違う形の元素（アトム）からできているにちがいない。
それは似た型の元素が数少ないからではなくて、
すべての元素が皆が皆同じ型をしてはいないからである。
さらにまた、種子（アトム）が異なるため、その間隔、道、結合、
重さ、衝撃、会合、運動も違ってなければならない、

その違いによってこそ、いろいろな動物の体が
区分されるだけでなく、全海洋と陸地が分かたれ、
全天空が大地から離され支えられているのだから。

さあ、君よ、私がたのしく骨折って探し求めた言説を
ききたまえ。君の目の前に白く輝いて見えるものが
白い元素からできているとは、けっして思わぬように。
あるいは黒いものが黒い種子からできていると思わぬように。
また他のどんな色に染まっているものであっても、
物質の粒子がそれと似た色に染まっているから
その色をもつのだとは信じないように。
なぜなら物質の粒子というものはおよそどのような色にせよ、
その事物に似ている色も似ていない色も、全くもっていないのだから。
それではその粒子は精神によって理解できない
と思うなら、それは大きな誤りである。
なぜなら盲目に生れついた人は、かつて日の光を見たことはないが、
それでも、この世では始めから、彼にとっては色のない物を

手ざわりで感じ知るのだから。
それゆえ物はたとえ何の色をもってなくても
私たちの心に感知されることは明らかだ。
じじつ私たちでも目に見えない暗闇の中で
物にさわるが、そのものの色は少しも感じない。

この点について私はいいのがれのないように証明したのだから、つぎには……を教えよう。
〔欠行〕
じじつどんな色でも全く移り変るし、〈そしてどんなものでも色が変るものはそれ自身も
変ることになる。〉
しかし元素（アトム）にはけっしてそのようなことはあってはならない。
なぜなら万物がことごとく無に帰ってしまわないためには
何か不変のまま存続するものがなければならないのだから。
なぜなら何ものでも転換してその限界からでてゆく時
それはただちに前に存在したものの死なのだから。
それゆえ物の種子（アトム）に色をつけ加えないように。
さもなければ万物はことごとく無に帰ってしまうだろう。

それからまた、元素は色の本性を
少しももたないが、さまざまな形をそなえ、
それによってあらゆる種類の色を作りだしまた変化させる。
そしてその原因は、各種子（アトム）がいかなる元素と結合し、
どんな配列をたもち、どんな運動を
互いに交換しているかが重要なのだからと考えるなら、
このことから、すぐに簡単に説明することができるだろう。
なぜ少しまえには黒い色をしていたものが、急に
白い大理石にも似た輝きをおびうるのかが。
たとえば大きな風が海原をわきたたした時
海が大理石の光をおびた波に変るときのように。
なぜなら、たびたび黒くみえるものでも、その元素が
まぜあわされ、元素の配列がいれかえられ、
あるものが付加あるいは除去されると、
すぐに白く光ってみえることが可能なのだから。
もし海が青い種子（アトム）からできているなら

どんなにしても白くなることはできないだろう。
なぜなら、どんな仕方で青いものをかきまわしても、
白い色に変えることは不可能なのだから。
もしまた海の純粋な一つの輝きをつくり出している種子（アトム）が
あれこれとさまざまな色にそまったものであるとしたら
たとえば、しばしばいろいろ異なった形が集って
ある一つの形、たとえば正方形を作りあげるとき、
その正方形の中に違った形のあるのが
見分けられるように、そのように海の中にも
または何か他の純粋な一つの色の中にも、
互いにひどく異なった様々な色が見分けられてもよいわけだ。
形ならいろいろ違っていても、集った全体が
正方形の輪郭をとるのに何らさしつかえはない。
しかし物のさまざまな色は、そのものが全体として
単一な色をおびることを禁じ妨げるのである。
さらにまた、私たちをみちびきいざなってしばしば
元素に色をあたえさせる理由も

消えうせてしまう。なぜなら白いものは白い色からできていず、
黒いものは黒い色からできないで、様々な色からできているのだから。
じっさい白いものは黒い色から、または何か他の、
白に対立し、それを打ち消す色から生れでるよりも
無色のものから生れでる方が遥かに容易であろう。

さらにまた、色は光がなくては存在しないし、
そして物の元素は光の中には姿を見せないのだから、
それがどんな色をもつけてないのは明らかだ。
じじつ目にみえぬ暗闇ではどんな色がありえようか？
いや、光そのものの中でも色は光がまっすぐにさすか
はすにさすかによってその輝き方をかえて変化する。
たとえば鳩の首のまわりにあって、その首を飾る
羽毛が日の光をうけて色を変化させるように。
ある瞬間は輝くざくろ石の赤となり、
ある瞬間は印象をかえて青の中に
緑のエメラルドをまじえているように見える。

孔雀の尾は光をゆたかにあびて
めぐるとき同じようにして色をかえる。
これらの色は光のある衝撃をうけて生ずるのだから、
明らかに光なくしては存在しえないと考えねばならない。（八一〇）

それで、白い色を感じるという時は、瞳はある種の衝撃を受け入れ、
黒い色その他の色を感じる時には、それぞれまた違った衝撃を
受け入れるのであり、そして瞳に接触するものは、
それがどんな色をもっていようと問題ではなく、
どのような形をしているかこそが大事なのであるから、
明らかに元素にとって色は何ら必要ではなく、
元素は種々な形によって様々の接触を生み出すのである。（八一五）

さらにまた、ある一定の色の本性は一定の形（アトム）に
属してないし、一群の元素の
形はどんな色をもとりうるのだから、
それからできたものがあらゆる種類においてすべての色に（八二〇）

同等に染まってはなぜいけないのか。
時には白い羽根の鴉《からす》がとんで、
白い光をはなってもよいだろうに、
黒い種子から黒い白鳥が生れ、また何か他の
単色または雑色の種子からその色の白鳥が生れても。（八二五）

さらにまた、どんなものでも引きさかれて細かい部分に
なればなるほど、その色は少しずつ
薄れて消えてゆくのを見ることができる、
たとえば赤い衣が引きちぎられて細片になって行くときのように。
すなわち、ひときわ鮮やかな深紅やポイニキアの色（緋色）も、（八三〇）
一筋ずつむしりとられて行くと、すっかり消えうせてしまう。
それゆえ物の細片は分割されて元素にまで達しないうちに、
すべての色をはきつくしてしまうことが分るのだ。

さいごに、すべての物が音や香りを発するとは
あなたも認めはしないだろう。だからあなたは、（八三五）

すべての物に音と香りがあるとは考えていないことになる。
それと同じく、目もまたすべてのものを見ることはできないのだから、
香りがないもの、音と関係ないもの、があるように、
色なしに存在するものがあるということ、
しかも明敏な精神は、他の性質をもたないものを認めうる
と同様に、このものを理解しうることが分るだろう。

しかし基本物体はただ色だけもたないで存在する
のだと思わないように。それはまた、温かさ、
冷たさ、また燃える熱をももたないし、
音もなく、味もなく、運動している。
その外固有な香をその体から発散してもいない。
マヨラナ[15]や没薬の香りよい液や
鼻にネクタル[16]を香らせるナルド[17]の芳香を
調製する時にまず探し求めるべきものは、
およそ見つけ出せるかぎりにおいて、何の臭いも鼻によこさぬ
無臭の油である。そうすればその中に香料をまぜ

いっしょに煮立てても、それ自身の強い臭気で
香料をそこなうことができるだけ少なくてすむだろう。
それと同じ理由によって、物の元素は物が生みだされる時、
それ自身の香りも音も与えないに違いない、
なぜなら元素は何物も放出することができないのだから。　（八五五）
同じ理由により、いかなる味も、また冷たさ、
きつい熱さ、なまぬるい熱、その他をも。
さらにまた、軟かいもの、くだけやすいもの、
うつろなもの、これらは死すべきものなのだから、
すべて元素とは無縁でなければならぬ、　（八六〇）
もしそうでなければ、すべての存在のより所となる
不死なる基底を物の下に置くことは不可能となり、
すべては無にことごとく帰ってしまうだろう。

(15)　欧州および西アジアに産するしそ科の植物で薬用および料理用。
(16)　ギリシア神話における神々の飲料。これを飲むと不死になる。
(17)　サンスクリット語ナラダ（香わしい）に由来し、ヒマラヤ産の甘松香の根からとった高価な香料。

さて、われわれが感覚をもつと見るものはすべて、
感覚をもたない元素からできていると認めなければならない。
はっきりと知られる明白な事実はそれを拒まないし
反対もしない、それどころか手をとって私たちを
導き、私が今いったように、生きた動物が
感覚のないものから生ずることを信じさせる。
じじつ生きた蛆虫は長雨のはてに
水を含んだ大地がくさった時、
けがらわしい糞から現われてくるのが見られるし、
また同じようにしてあらゆるものが他のものに転化するのが見られる。
水の流れ、木の葉、ゆたかな牧草は
家畜にかわり、家畜は転じて私たちの体にかわる。
そして時々は私たちの肉をくって
野の獣は力をまし、鳥は体をつよくする。
それゆえ自然はすべての食料を生きた体に
かえ、そこから動物の感覚がすべて生れてくるのである。

その仕方は、自然が乾いた木材を燃えひろがらせて
炎となし、すべてを火へと転化させるのとほとんど同じだ。
それゆえ今こそ、すべての元素がどんな配列におかれてあり
どんなものとまじって運動を交換しているかが
重要であることが分るのではないか？

それではしかし、精神に衝撃をあたえ、それを動揺させ、
そして感覚のないものから感覚のあるものが生ずることを
疑わせようと様々な考えを言いださせるものは何なのか？
疑いもなく、それは石と木と土が一つにまざっても
生きた感覚を作ることはできないということだろう。
ここで記憶に留めておいてもらいたいのは、私は、
感覚あるものをつくり出すものが集まれば何であろうとも、
そこからただちに感覚が生み出されると言うのではなくて、
まず感覚あるものを作るものがどれほど小さいものであり
どんな形をもち、さらにどんな運動をし、どんな配列にあり
位置にあるかが重要だということである。

そのようなことを何一つ私たちは木や土くれの中に見ることはない。
しかしながらこれが雨のため腐れたようになった時
蛆虫がわいてくる。それはその元素が
新しい状態によって古い配列からはなれ、
生物が生れてくるように会合するからなのだ。

〔原典二行半欠損〕

　　　　　　なぜならすべての感覚は
肉、腱、血管に結びついているが、これらのものはいずれも
死すべき体からできていて軟かいものであるのがみられるのだから。
しかし、かりに今これらが永遠に存続しうるものとしてみよう、
そうするとそれは身体の部分のもつ感覚をそなえているか
または一個の動物の全体に似ていると考えるべきである。
しかし部分はそれ自身でものを感じることは不可能だ、
なぜなら体の各部の感覚はみな体の全体に向っており
体からきりはなされた手や、または体のどの部分も
ひとりで感覚をもつことは、まったくできないのだから。

のこるところはそれらは動物の全体に似ているということである。
その場合は生きた感覚とどこにおいても一致できるために
私たちが感じるものを同じようにそれは感じるにちがいない。
それではどうして物の元素とそれは言われ、死への道を
さけることができようか、なぜならそれは生きたものであり
生きたものとは死すべきものと同一なのだから。
たとえそのことが可能としても、その結合と会合によって
生ずるものは生あるものの混乱した集合だけであろう。
たとえば人間、家畜、野獣が、互いに会合しても、
明らかに何ものをも生みだしえないように。
もしその体から自分の感覚を放出し他の感覚をうけとる
のだとしたら、とり去るものを与える必要がどこにあるのか。
その上さらにさきほど用いた証拠がある。
鳥の卵が生きたひよこに変り
土が長雨のため腐った時
蛆虫がわきだすのが見られるのだから、
感覚のないものから感覚が生れうるのは明らかだ。

しかしもし誰かが、感覚あるものは感覚のないものが
変化することによって、そこからとにかく生じうるとか、
あるいはいわば一種の出産によって出てくるとか言うのであれば、
その人には、はっきりと証明すれば十分であろう、
出産はそれに先だち結合がなくてはありえないし、
またどんなものも結合がなくては変化しえないことを。
まずはじめにどんな肉体の感覚も
その生物自身が生れる前には存在しえない。
なぜならそれまでは、疑いもなく元素はまきちらされてあって、
空気や水の流れや大地や大地から生れるものの中に保有され、
また寄り集ってお互いの間に適当な生命の運動を
形づくるに至っていないのだから。その運動によってこそ
すべてを見張る感覚が目ざめて、各動物を見守るようになるのだ。

さらにまたどんな動物でもその本性の
たええない大きな打撃をとつぜんうけると

肉体と精神の感覚はみな急激に混乱におちいる。
なぜならそのようなとき、元素の配置がばらばらにくずれ、
生命の運動は底まで妨げられ
ついに元素は、全身にわたってかき乱されたうえ、
魂と肉体をつなぐ結び目を解き、
散乱した魂をすべての穴から追い出してしまうのだから。
じっさい外から加えられた打撃はそれぞれの物を
打ち砕いてばらばらにすることよりほかに何ができようか？
またある時は、加えられた打撃がもっとおだやかであって
残っている生命の運動がその打撃にしばしば打ちかち、
打ちかっては激しい打撃による混乱をしずめ
それぞれのものをその本来の運動にふたたび呼び返し
肉体を支配している所の、いわば死の行進をおいはらい
ほとんど消えうせんとした感覚に再び火をともすこともある。
そうでないとすれば、ほとんど終らんとしたそのコースを進み
この世をさることなく、精神を引きしめ、死のまさに敷居ぎわから
ふたたび生命にたちかえることがどうして可能なのか？

さらにまた苦痛が生ずるのは、物質の粒子が
なんらかの力によって、生きた筋肉、手足にわたって
かきたてられ、自分の座の内部で混乱する時であり、
その位置にかえる時に快い悦びが生ずるのだから、
元素がどんな苦痛にもあわず、どんな悦びをも
ひとりでは味わわないことは明らかである。
なぜなら、元素は他の元素の会合からできてはいず、
元素の会合の新しい運動こそ苦痛をあたえたり、
命を養うある甘い悦び、を味わわせるのだから。
それゆえ元素はどんな感覚をももっていないにちがいない。

さいごに、あらゆる動物が感覚の能力をもつためには、
その動物をつくる元素にまで感覚を与えなければならないならば、
とくに人類だけが別に持つ構成元素とはどのようなものなのか？
その元素はきっと、身をゆすってからからと高笑いしたり、
落ちる涙の露で顔や頬をぬらしたりするだろう。

また物の混合について多くの議論をなすことも知り、
さらにすすんで、自分がいかなる元素からできているかを問うだろう。
なぜならそのものは死すべき人間の全体に似て、
それ自身もまた他の要素からできていなければならず、
さらにこのことは先へ先へと進んで止まるところがないのだから。
それゆえその結果は、ものをいい、笑い、考えるといわれるものは
それらのことをなす他のものからできていることになるだろう。
もしこのことがばかげた戯言《たわごと》であると知るならば、
そして笑いの元素からできていなくても笑うことができ、
知恵と雄弁の種子からできていなくともものを考え、
学識のある言葉で説明することができるならば
ものに感じると見られるものが、全然感覚のない種子から
作られることはどうして不可能であろうか？

かくして私たちはみな天空の種子から生れている。
すべてのものにとってそれは同じく父であり、それから滴る
水の雫を養いの母たる大地がうけとってみごもり

ゆたかな穀物、悦ばしい木々、
人類を生み、すべての野獣の種族を生み、
食料をあたえ、それによってすべてのものが体を養い
楽しい生をすごし、子孫をふやす。
それゆえに大地が母なる名をえたのは当然である。
かつて大地から出たものは同じく大地に帰り、
そしてまたアイテールの領域から送りだされたものも
ふたたび空のひろがりに送り返されうけいれられる。
そして死はものを壊しても、元素の粒子までを
滅ぼすことなく、ただその結合を分解するのみであり、
それからあるものを他のものに結びつけ、
すべてのものの形をかえ色をかえさせ
感覚をえさせ、一瞬のうちにまた失わしめる。
それゆえ同じ元素にとって、いかなる他の元素と共に、
いかなる位置において結びつき、互いにいかなる運動を
やりとりしているかが重要なことが分るだろう。
またものの表面に流れさまよい

時々現われてはすぐに消えさるように見えるものは
不滅な基本物体の性質であると考えないですむだろう。
現にこの私たちの詩そのものにおいても、それぞれの字母が、
どの字母と共にどのような配列に置かれているかが重要なのだ。
なぜなら、同じいくつかの字母が空、海、大地、川、太陽を意味し、（一〇一五）
さらに穀物、草木、動物を意味する言葉となるのだから。
全部の字母ではないにしても、大部分の字母は
同じでありながら、その置かれる位置によって意味が異なるのである。
それと同じように、物そのものにおいても素材（アトム）の（一〇一九）
会合、運動、配列、位置、形が（一〇二一）
入れ替ればそのものもまたきっと移り変る。

さて今こそ真実の説に心をそそいでほしい。
なぜなら驚くほど新しいことがあなたの耳にふれようとし
事物の新しい形相が現われようとしているのだから。（一〇二五）
しかしどんなに容易なことでも
始めは信じがたく、そしてまた

どんなに偉大なこと驚くべきことにも
人はみな少しずつ驚きを減じてゆく。
まず第一に大空の明るく澄みきった色、
空のなかに含まれるすべてのもの、あちこちと彷徨《さまよ》う星の群れ、
月およびまぶしい太陽の輝き
これらすべてのものがもし今はじめて死すべきものの前に、
思いがけなく突然現われたとしたら
これらのものよりもっと驚くべきもの、これほど人々が前もって
夢にも信じえなかったものが、何かありうるだろうか？
何もないと私は思う。それほどこれらの眺めは驚きをよんだことだろう。
しかるになんと、人はそれに見あきはてて、もはや誰も
空の明るい広がりを見あげようとも思わぬではないか！
それゆえ、ただ新しいからといってこわがり、
真理を心から投げすてないように、むしろ鋭い判断によって
よく吟味してほしい。そしてもしそれが真実とみえるなら
手をあげたまえ。もしまた間違っていたら、攻撃したまえ。
じじつ精神は理解しようと欲するのだから、この世界の

防壁の外、全空間が限りなく広がっているところ、
精神がはるかに望むところ、自由な思考がみずから
飛びゆかんとするところ、そこには何が存在するのかを。

まず始めにいうことは、いたるところでどの方向にも
また両側にも、上にも下にも、全宇宙にわたって一つの
限界もないことである、それは先に私が教え真実自身が
声高く叫び、深い虚空の本性が明らかにしているところである。
それゆえに、あらゆる方向に空虚な空間がひろがり
数しれぬ元素が深遠な空虚の全体の中を
永遠につづく運動にかりたてられ、多数の仕方で
とびまわっていながら、ただこの一つの大地と天空だけを作り、
その外にはかの大量の元素は何ごとをもなしてはいないとは
まったくありそうにも思えないことである。
ましてこの世界は自然によって作られたものなのだから。
すなわち、ものの種子自身が、自発的に、様々な仕方で、
あてもなく、むなしく、効果もなくぶつかり

そしてついに思いがけなく結合しては
ずっと、大きなもの、大地、海、空、
動物の種族の始めとなったのだから。それゆえに繰り返しいうが、
アイテールが嫉妬深く抱いている
この世界と似た、物質（アトム）の集合がどこかよそにも
また必ずあることを認めなければならない。　（一〇六五）

さらにまた物質は数多く用意されてあり、空間もその場にあり、
何ものも、いかなる原因もさまたげないのだから
きっと事は行われなしとげられるにちがいない。
それで、もし種子（アトム）が無数に、生きとし生けるものが
生涯かかってもかぞえきれないだけあり　（一〇七〇）
この世界で物の種子（アトム）を結合させた同一の力と
自然とが存在して、同じようにして、
いたるところで種子（アトム）を結合させることができるなら
宇宙の他の場所において、他にも大地があり
様々な人類、獣の種族があると認めなくてはならない。　（一〇七五）

以上のことに付け加えることは、宇宙にはただ一つのもの
ただ一つだけ生れ、ただ一つだけそだつものはなく
何らかの種に属しており、その種のものは数多くある
ということである。まず始めに動物に気をつけてみたまえ。
山をかけまわる獣の種族についても
人間の子孫についても、またものいわぬ魚類についても
また全鳥類についても同様なことが分るだろう。
それゆえに空も大地も日も月も海もその他のものも
同じようにして、ただ一つだけでなく
数えきれぬほど数多くあると認めなければならない。
なぜならこの地上にそれぞれに数多くある
すべての種族のものと同じく、それらの生命の
期間は一定しており、生れでた体からできているのだから。

このことをよく理解して忘れなければ、すぐに
自然は自由であり、高慢な主人をもたず、

神々の係りなしに自ら気ままに万事をなしていることが分るだろう。
なぜなら、穏やかな平和のうちに静かな日々をすごし
曇りない生を送っている神々の胸にかけてちかうが
誰が無限の宇宙の全体を支配し、誰が深淵の
力強い手綱をその手に握って導くことができようか？
誰がすべての天空を同時にめぐらせ
ゆたかな大地すべてをアイテールの火であたため
すべての場所にすべての時におり、
雲で闇をつくり、晴れた空を雷鳴でうちふるわせ
それから電光をとばして、しばしば自分の神殿を
ぶちこわし、また荒野にしりぞいて
あれくるい、その投げる槍は、しばしば罪あるものを
みのがし、罪なきものの命をとるのか？

この世界の創成の時からのち、海と地の始めての日、
太陽が始めてのぼった時いらい、外部から数多くの
物体（アトム）が付け加えられ、そのまわりにさらに多くの種子（アトム）が

広大な宇宙によって投げられ集められ付け加えられた。
それによってこそ海と地は大きくなることができ、
空の住居はひろがりをえ、高い屋根を
大地から遥かに高め、そして空気は高くのぼったのである。
なぜなら至るところから、ものはそれぞれ衝撃をうけて
ものの基本物体（アトム）はすべて分配され、その種のもとにかえり
水は水に帰ってゆき、大地は土の物体（アトム）によって大きくなり
そして火は火を、アイテールはアイテールをうみ
ついには万物の母たる自然がすべてのものを完成させ
その成長の花盛りまでみちびいたのであるから。
そのとき、生命の血管の中に送りこまれるものが、
流れて去るものとちょうど相等しくなるのである。
ここに至って万物はその成長を停止しなければならず
この時自然はそれ自身の法則に従って成長をとどめる。
なぜならすくすくとのびてゆき
成年への階段を少しずつのぼってゆくと見えるものは、
その体から出す物よりも多くの物をとりいれるのだから。

そのあいだ、食物はすべての血管の中にたやすく入ってゆき、
そして体がそれほどかさばってないため出すものも少なく
その年頃が口に入れるよりも多く費やすこともない。
なぜなら、たしかに多くの粒子が物から流れ去ることは
認めなければならないが、しかし成長の頂点に達するまでは、
もっと多くの粒子がつけ加えられるはずだから。
それからのち、年齢は少しずつその力と成熟した強さを
そいで行き、衰えて下り坂に向う。
じじつ、ものが大きいほど、そして広いほど、いったん成長が
とまった時は、それだけいっそう多くの粒子を
あらゆる方向にまきちらし、自分の体から放出する
そして食物はすべての血管にたやすく行きわたらなくなり、
大量のものが大きな流れをなして逃げさるに従って
それだけのものを生みおぎなうにはたりなくなる。
それゆえ、粒子が流れさって稀薄となり、外からの
衝撃によってすべてが屈服したとき当然そのものは亡んでゆく。
なぜなら、食物はついに老年をみすて、

外部からは粒子がたえまなくそのものにぶつかりつづけて
消耗させ、打撃を加えては征服して行くからである。
同じようにしてこの大きな世界をとりまく防壁もまた
攻撃をうけ、衰えやがて破滅に向ってゆくだろう。
じじつ食物こそすべてのものをたえず新たに
おぎない、ささえ、補給すべきものなのに
それがうまく行かない、なぜなら血管は十分なだけの物を
うける力がなく、自然は必要なだけの物を与えないのだから。
いや現にいまでも、その生命は破壊され、かつては
すべての種族を生み、野獣たちの巨大な体を生んだ大地も
今は生みつかれてわずかに小さな動物を生んでいる。
じっさい、私の考えでは、金のくさり[18]があって天から
地上に生きものの種族を下したのではなく、
海や岩をうつ波が生んだのでもなく
大地が生んだのであり、今なお大地はわが身で養っている。

(18) ホメロス『イリアス』第八巻一九。

さらにまた、はじめ大地は、豊かな穀物や悦ばしいぶどう園を
みずから進んで人間たちのために産み出し、
みずから甘い木の実やこえた牧草も与えたのであった。
それらは今では私たちの労働によってやっと大きくなる。
人はそれに牛や農夫の力をついやし、
鋤《すき》をすりへらして、畑からはほとんど報いられぬ。
それほどに畑は実りを与えおしみ、人の骨折りだけをましてゆく。
今となっては年おいた農夫は頭をしきりに
ふりながら大きな骨折りがむだとなったことを嘆き
今の世を過ぎ去った昔とくらべては
親たちの幸運をしばしばうらやむ。
それと同じく今は老いしぼんだ葡萄を植える人は
悲しい気持で時の進みをうらみ、世をのろい
ぶつぶつと不平をいう、昔の人達は敬虔に満ちていて
せまい地所でずっとたやすく暮しをささえた、それは
一人当りの地所が昔はずっと狭かったからなのだと。
彼は、すべてのものが少しずつ細ってゆき、長い歳月に

やつれて、棺へと向うのを理解していないのだ。

第三巻

かくも深い暗闇から、かほど眩しい光を始めてかかげ、
人生の幸福を照らし出すことができたあなた（エピクロス）よ、
私はあなたのあとを追う、ギリシア民族の栄光よ、そしていま、
深く印されたあなたの足跡に、しっかりと私の足をおく。
あなたと競うためではなくて、あなたへの愛ゆえに
あなたにならうことを願うのだから。そもそも燕がどうして白鳥と
争うことができようか、またどうして子山羊がふるえる四肢で
馬のたくましい勢いと競走してならぶことができようか。
あなたは父にして真理の発見者。あなたは私たちに
父としての教訓を与え、あなたの書物から、ああ栄光の人よ、
蜜蜂が花咲く森からすべての花を味わうように、
私たちもまた金の言葉を一つ残さず口にする、
永遠の生命にまさにふさわしい、金の言葉を。
まことにあなたの教えが神のごときその精神から生れて

万物の本性を声高く叫びはじめると、
心に巣くう恐怖は逃げ去り、世界の防壁は裂け割れて、
全空虚の中に万事が営まれるのを私は見る。
神々の力とその平安な住居とが現われる、
そこは風もゆるがさず、雲も雨をふらせず、
きびしい寒さに堅く凍った白雪が降ってこれを侵すこともない、
晴れわたったアイテール（天空）はいつもその上に拡がり、
ゆたかに光をみなぎらせてほほえんでいる。
そして自然は必要なものすべてを与え
いかなる時にもその心の平和を損なうものは一つもない。
それに反して、アケロンの国（冥府）はどこにも現われてこず、
そして大地は私たちの足の下、空虚の中で
営まれていることをすべて見分けるのを妨げない。
これらのことについて、何か神々しい歓びと畏れとに
私は捕えられる、あなたの力によって自然がかほどまで明白にされ、
あらゆる所にわたって、その被いを取り去られたことを思うと。

さて、万物の始源となるもの（アトム）がどんなものであり、
どれほどその様々の形によって異なっていて、
どのように不断の運動にかり立てられて飛びまわり、
そしてどのようにしてそれらから万物が作られうるかを
すでに教えたのだから、この次には、心と魂の本性が
いまや私の詩によって明らかにされるべきであり、そしてアケロンへの
かの恐怖が真逆様に追いやられるべきだと思われる。
その恐怖こそは、あらゆるものを死の暗黒で染めあげて
人間の生活を底の底からすっかりかきみだし、どんな悦びをも
純粋にくもりなきままにしておかないのだから。
じっさい人々は度々病気や恥辱の生活こそ
死の国タルタロス[1]よりも怖るべきものであると主張し、
魂の本性は血からできている[2]とか、または、気が向けば
風からできている[3]ことを知っているといばり、
私たちの教えなど少しも必要としないとうそぶくけれども、
しかしこれは、そのこと自身が証明されるからではなく、
すべては虚栄のための高言であることが次のことから分るだろう。

すなわち、その同じ人々が国から追われ、人目をさけて
遠くのがれ、恥ずべき罪で身をけがし、
ありとある悩みをせおいながらも命をつなごうとする、
そしてこのみじめな人々はどこに行きつくにしても、死者をまつり、
黒い羊をほふっては下界の神々に犠牲を捧げ、
きびしい境遇にあるほどなおはげしく
その心を宗教に向けるのである。
それゆえに、困難な危険の中にこそ人を見るべきであり、
逆境のうちにこそその人柄を知るべきである。
なぜならその時にこそまことの声が胸の奥底から迸《ほとばし》り、
仮面ははがれ、真実だけがあとに残るのだから。
それから、貪欲と名誉にたいする盲目的な熱望、
これこそみじめな人間に法の限界をのりこえさせ、

（1） 下界あるいは冥府、地獄。
（2） エンペドクレスの説。
（3） アナクシメネスおよびクリティアスの説。

時には悪事の仲間や部下として、夜も昼も、
はげしく骨身をけずって権力の極みに登るように
追いやるものなのであるが、人生のこの禍は
少なからず死への恐怖から養われるものである。
じじつ一般には、恥ずべき蔑みときびしい貧乏とは
楽しく安定した生活とはへだたっており、いってみれば
まさに死の門の前をさまようているものと思われている。
人々が偽りの恐怖におわれて、それから遠くのがれ
遥かに離れていたいと願いながら、
市民の血でもってその財産をつくりあげ、欲心にかられては
殺戮に殺戮を重ねその富を倍加する。
残忍にもその兄弟の悲しい葬式に歓びの声をあげ、
近親たちの食卓をいとい怖れる。
同様に、しばしばその同じ恐怖がもととなって、人々は
きらびやかな栄誉をまとって歩き廻るかの人こそ
目の前で権勢家となり、仰ぎ見られているという妬みに苦しめられ、
（それにひきかえ）わが身は闇と泥の中に転がっていると嘆く。

ある人々は彫像と名声をかちとるために亡んで行く。
そしてしばしば、死の恐怖のゆえに、人間たちは
人の世をいとい日の光をいとう心にはげしくとりつかれて、
胸を悲しませつつ自ら死を決するにいたるところまで行く、
この死の恐怖こそ様々の悩みの源であることを忘れて。
この恐怖がある人を説いて恥を忘れさせ、ある人には友情の絆《きずな》を
破らせ、一言でいえば敬虔の心をくつがえすように唆《そその》かすのだ。
じじつすでにたびたび人々はアケロンの国をさけようとして、
祖国を売りいとしい親たちを裏切った。
こういうことになるのも、目のみえない暗闇の中で子供たちが
何もかも恐がるように、そのように私たちが、明るみの中にあって、
暗闇の中で子供たちがあるように空想するものよりも、
恐れるにあたらぬものを、時折り恐れるからである。
それゆえ心のこの恐怖と暗闇とを追い払うものは
太陽の光線でもなく、白日のまばゆい征矢《そや》でもなくて、
それは自然の形象と理法とでなければならない。

まず第一に、私たちがしばしば心と呼ぶところの精神は、
生命のもつ考える力と導く力との座であるが、それは
手や足や目が一個の動物全体の部分であるのと全く同じ意味で
人間の体の部分であると私は主張する。
〈しかし多くの賢人たちの考えるところでは
心の感覚は体の確定した所に位置してなくて、
ただ体がつくり出すある生命の状態、ギリシア人がハルモニア（調和）
と呼ぶところのものであって、それは体のどの部分にも精神が
存在しないにも拘らず、私たちをして感覚をもって生きさせる、
ちょうどよい健康はしばしば体のものといわれるけれど、
その健康は健康な人のどんな部分でもないのと同様なのだと。[4]
このように彼らは心の感覚を確定した部位におかない。
その点において彼らは真実から遠くそれていると思われる。
その理由をあげよう、外からはっきり見える部分では体が
痛んでいるのに、目に見えない他の部分では悦んでいることがたびたびあり、
また反対に、逆のことがしばしば起る、たとえば
心の中はみじめであっても体は隅々まで

悦んでいる時、また同じく、病人が足は
痛んでいても頭には何の痛みもない時、など。
さらにまた、四肢がやわらかい眠りにゆだねられて、
体は感覚を失ってぐったり重く横たわっているときにも、
それとは別個に私たちの中には、その眠りの最中に
さまざまの仕方でかき立てられて、悦びの運動と
心臓のいわれなき憂いをすべて自分の中に引きうけるものがある。
ところで魂もまた四肢の中に行きわたっていること、また身体が
感覚をもつのはハルモニアによるのではないことを理解してほしい、
それは、まず第一に、体を多く切りとられても
しばしば私たちの体には生命が残ること、
次には、それと反対に、熱の粒子が少し逃げ
空気が口からでてしまうと、生命はただちに
血管をみすて骨から去ってしまうことから分るのである。
このことから体の各部分はみな同じ役目をもっている

（4）ピタゴラス派の説。

のではなく、また平等に生命を支えているのでもなく、
風と温かい熱の種子となるものこそが、四肢の中に生命を
とどまるようにさせているということを理解できるだろう。
それゆえ体そのものの中に生命を支える風と熱とが存在し、
私たちが死ぬ時、それは手足を見すてて逃げるのである。
それゆえ心も魂もその本性上、人間の体のいわば部分であることが
わかった以上は、ハルモニアという名を使うのはやめたまえ。
それはヘリコン山の高みから音楽家たちへもたらされた名前なのか、
それとも彼ら自身どこか他のところからその名称を取ってきて、
それまで固有の呼び名がなかった事柄へ転用したものなのか、
いずれにもせよ、彼らの間で使わせておけばよい。あなたは話の続きを聞きたまえ。

さて次にいうことは、精神と魂とは互いに結合していて
それから一つの本性をつくりあげ、そしていわば頭として
全身を支配しているものは思考、すなわち私たちが
心および精神とよぶものだということである。
そのものは胸の中央にしっかりと位置している。

そこにこそまことに恐れとおののきが脈うち、そこをめぐって
悦びがやさしくなぐさめる。それゆえ心と精神はそこにあるのだ。
魂の残りの部分は全身に分布されていて、
精神の意志と傾向に服してそのとおりに動かされる。
その精神はただ自分だけで知る力をもち、魂や身体が何ものかによって
一緒に動かされないときでも、自分だけで悦びをもつ。
そしてちょうど、私たちの頭や目が苦痛に攻められて
痛んでいても、体全体がそれと共に苦痛に苛まれることは
ないように、同様に心はしばしば自分だけで苦痛を感じたり
悦びに元気づいたりする。たとえ手足と体に行きわたっている魂の
他の残りの部分が、何ら新しい感覚に刺激されなくても。
しかしながら精神がはげしい恐怖にうたれると
体じゅうのすべての魂もそれに共感し、
全身にわたって汗が流れ色は青ざめ、
舌はもつれ、声はきえうせ、
目はかすみ、耳は鳴り、手足の力がぬける(5)のを私たちは目にするし、
ついには心の恐怖のため、しばしば倒れる人があるのを

私たちは見る。このことから誰にも容易に分るように
魂は心に結ばれており、心の力にうたれると
すぐに体を刺激しておしうごかす。

この同じ推論は精神および魂の本性が物体的な
ものだと教える。じじつそれは手足を押し動かし、
眠りから体をひきおこし、顔色をかえさせ、そしてまた
人の全身を支配し、向きをかえると見られ、
しかもそれらのことは何一つ接触なくしては起りえないし、
さらにまた接触は物体なくしては不可能であるのだから
心および魂は物体的なものだと認めるべきではないか？
さらにまた心は肉体とともに痛みをうけ、私たちの体の
中にあって、肉体と感覚をともにすることが知られている。
もし武器の怖ろしい力が骨や筋肉をきりさいて
つきいれば、たとえ生命にかかわるほどでないにしても
力がぬけ、大地に快く倒れ、大地に倒れると
心の混乱が生じ、そして時にはあたかも

起きあがりたいようなぼんやりした気持がつづく。
それゆえに心の本性は物体的なものでなければならぬ、
なぜなら物体的な武器の打撃によって痛みをうけるのだから。

それでは論を進めて、その精神はどのような物体（アトム）からなり、
どのような構造のものであるかを言葉で説明しよう。
まず始めに、それはきわめて微細であり、きわめて
小さな物体（アトム）から作られていると私はいう、そのとおりだと
いうことを悟るには次のことに注意すればよい。
すなわち、精神が自ら思い描いて何かをしはじめるよりも
もっと早く行われるようなものは何もみられない。
それゆえ、心はその本性が人の目に
はっきりとみえるいかなるものよりも速やかに動く。[6]
しかるに、心がそれほど動きやすいとすれば、それはきわめて円く

（5）サッポーの『頌歌』第一巻二にほとんどこれ（一五四―六行）と同じ言葉が見出される。
（6）心は何よりも速いことはホメロス、タレス以来認められていたらしい。

きわめて小さな種子（アトム）からできていなければならぬ。
だからこそわずかな衝撃によってすぐ動くのである。
じじつ水はきわめて小さな衝撃をうけても動き流れるが
それはきっと廻り易い小さな形（アトム）からできているためだ。
これに反し蜂蜜の本性はもっと動きにくく、その液体は
もっとねばっこく、その運動はもっとゆるやかである。
なぜならその物質の全体は、それを形づくる物体（アトム）が
疑いもなくそれほど滑らかでもなく細かくまるくもないために、
互いにもっと強く絡み合っているのだから。
現に、けしの実を高くつんだ山は軽くかすかな風によっても
その峰から吹きくずされるのをあなたは見るだろう。
それに反し、石や麦の穂の山はそうはできない。
それゆえ、物体は細かく滑らかであればあるほど、
それだけ動きやすい性質をあたえられるし、
逆にどんなものでも、重さが大きく、ざらざらとして突起を
もっているほど、それだけ安定しているのである。
だからいま、心の本性はきわめて動きやすい

ということが分った以上、それは非常に小さく、
滑らかで丸い物体（アトム）からできているのでなければならぬ。
この知識はあなたにとって、よき友よ、多くの場合
役にたつだろうし、また都合よいことがあるだろう。
次のこともまた、精神の本性がいかにかぼそい
組織からなり、おしこめれば、どれほどせまい所に、
おさまってしまうかを明らかに示すだろう。
すなわち、死の静かな安らぎが人をとらえ、
そして精神と魂の本性とが去った時、
その人の全身から、その見掛けにおいても、重さにおいても
なんらへったとは見られない。死は生命を司る感覚と
あつい熱の外にはすべてのものを残すのである。
それゆえ魂の全体はきわめて小さな種子（アトム）からできていて、
血管や肉や筋肉にひろがって結びついているのでなければならぬ。
なぜならそれが全身からすっかり去ってしまっても
体の外側の輪郭は不変のままのこるし、
重さもまた少しもへらないのだから。

それと同じ例は、葡萄酒の芳香が消えうせた時、
または香料の甘美な精気が微風の中に散りさった時、
または何かあるものから風味がぬけた時である。
そのもの自身はそのためにより小さくなったとは見えず
重さから何かがとり去られたともみえない。
疑いもなくそのわけは、風味も香りも多数の細かな種子（アトム）
からできていて、それぞれの物の全体に行き渡っているからだ。
そういう次第で精神と魂は、それが逃げても重さは少しも
とり去られない以上、本性上きわめて小さな種子（アトム）から
つくられていることを、重ねて知ることができるのだ。

しかしその本性は単一のものだと考えてはならない。
事実まさに死なんとしている人からは、何かかすかな風が
熱をまじえてにげてゆき、熱は空気をともない去る。
そして空気を含まない熱など存在しない。
魂の本性は稀薄なのだから、きっとその中には必ず
空気の元素がたくさん動いているのでなければならぬ。

それゆえ心の本性は三つのものからなることが分った。
けれども、これらが全部集っても感覚を生むには十分ではない、
なぜならそのどの一つとして、感覚をもたらす運動と（心）の
思いめぐらす考えとを生み出しうるとは、心は認めないのだから。
それゆえ、これらのものにつけ加えて、何か第四の本性もまた
存在しなければならない。そのものは全く名前をもっていない。
そのものよりももっと動きやすく、もっとかすかなもの、
もっと小さくもっと滑らかな要素（アトム）からできているものはない。
そのものが最初に感覚の運動を手足の中に伝えるのだ。
なぜならそれは、小さな形（アトム）からできているために、最初に
動かされるのだから。それから熱と風の目にみえぬ力がその運動を
受けとり、ついで空気が、それからすべてのものが動き出す。
つまり血がかきたてられ、それからすべての肉が
強く刺激をうけ、さいごに骨と髄の端々にたっする、
よしやそれが悦びであろうと、またその反対の激しい痛みであろうと。
しかしそこまでは苦痛も無暗には入ってこないし、身をきる
痛みも侵入しない。もしくればすべてはかき乱されて

ついには生命のあり場所もなくなり、魂の部分は
体のすべての孔から逃げてしまうだろう。
しかし通常は体の表面近くでその運動はとまる。それゆえ
私たちは生命を保つことができるのである。

さてこれら四つのものが互いにどのようにして混ざりあい、
どんな仕方で結合して働いているかを説明したいと望んでいるが、
国語の貧しいため心ならずも押しとめられている。
けれども、手短かにふれうるかぎりは、要点を述べることにしよう。
すなわち、それらをかたちづくる元素は自らの運動によって、
互いに入りくんで動いているため、どれか一つが単独に切り離されたり
その能力が他から空間的に区別されて働いたりすることはありえない。
むしろそれらはただ一つの物がもつ多くの力のようなものである。
例えば、動物たちのどのような肉の中にも、いたるところに
香りとある種の熱と風味とがあるが、しかしそれらすべてからは
全体としてただ一つの肉片ができ上っている。
ちょうどそれと同じように、熱と空気と風のかくれた能力とは、

かの動きやすい力と共に、互いに混ざって一つの本性を作り上げている。
この第四の力は運動の始めを自分から他のものに分ち、
そこから感覚の運動が初めて肉全体を通じて起るのである。
すなわちこの第四の本性は、全く奥深くかくれひそんでいて、
私たちの体の中でこれよりも深く秘められたものはなく、
魂の全体に対して、そのまた魂にあたるものである。
ちょうど私たちの四肢と全身の中に、精神の力と魂の能力が
まじえられてありながら、微細で僅少の物体（アトム）から
できているためにかくれて見えないのと同じように、
この名のない力は小さな物体（アトム）からできているため
かくれて存在し、そしていわば魂の全体に対してさらに
そのまた魂にあたるものとして、全身を支配しているのである。
同じようにして、風と空気と熱も四肢全体を通じて、かならず
互いに混じり合って働き、そして互いに他のものに対して
より下にひそんだり、より表面に出たりしているが、結果としては
それらのすべてからある単一のものができているとみられる。
そうでなければ熱と風が引きはなされ、さらに空気の力も

引き離されて感覚を滅ぼし、別々に分けられて感覚を解体させるだろう。
心にはさらに熱が――心が怒りに沸き立ち、激しい焔が
目からきらめく時に帯びるところの、かの熱が具わっている。
心はまた、恐怖に伴う冷たい風をも多くもっている。
それは四肢を恐れにおののかせ、体をふるわせる。
そしてまた穏やかな空気の状態をももっている。
それは静かな胸、おちついた顔色にともなう。
しかしその胸ははげしく、心は怒りやすく、たちまち激怒に
沸きたつものたちには、熱の占める割合が多いのである。
この種のものにはまず第一にライオンの荒々しい力がある。
ライオンはしばしば呻きつつ、その唸り声で胸をひき裂き
怒りの波を胸の中にとどめておくことができない。
これに反し鹿の冷たい心には風が多くあり
こおった風をより速く筋肉内にふきおこし、
それによって手足に身震いを生じさせる。
しかし牛たちはもっと穏やかな空気によって生きるのを本性とし、
点火された怒りの松明が煙をあげて、暗い霧の陰をみなぎらせつつ、

かれらを余りにはげしくかり立てることはけっしてないし、
また恐怖の冷たい矢に貫かれて動けなくなることもない。
つまり牛は上の二つ、鹿と荒々しいライオンとの間にある。
人間たちの種族もこれと同様である。どれほど教育がある人々を
平等に洗練したとしても、人それぞれが初めにもっていた
心の性質の痕跡はやはり残るものであるし、
また欠点を根こそぎ引きぬくことも不可能だというべきで、
やはり、ある人はすぐにはげしい怒りにとびこみ
ある人は恐れによってすぐ心をいため
第三の人はある種の事を度をこして穏やかにうけ入れる。
そしてほかの多くの点においても、人間の性質と
それに伴う習慣とは、種々様々に相異なっていなければならぬ。
それらについては、いま私はその隠れた原因を
示すこともできないし、それらの多様性を生みだす
元素の形のすべての名をみつけることもできない。
ここではっきりいえることは、学問によって追い払いえない
性質の痕跡はごく僅かしか残っていないので、

私たちが神々にふさわしい生活を
送るのを妨げるものは何もないということである。

かくてこの心と魂の本性は全身によって守られており、
それ自身も体の守り手、そのいのちの大元である。
なぜなら心と体とは共通の根によって互いにからみあい
破滅なしには引き離しえないことは明らかだからだ。
たとえば乳香の塊から、その本性を破壊することなしに、
その芳香だけを引き離すことはたやすいことではない。
それと同じく精神と魂の本性を全身から、すべてを
解体しないで引き離すことはたやすいことではない。
それほどまでに、生れた始めから心身はその元素をからみ合せ、
互いに共通の生命を与えられてつくられているのである。
そのいずれも他のものの力なしには、体の能力も
心の能力も別々に自分だけで感覚できないのは明らかであり、
むしろ両者からの共通の運動によって私たちの肉の中に
感覚が点火され、かき立てられるのである。

さらにまた、体は自分ひとりだけでは、けっして生れもせず
育ちもせず、死んだ後永らえるともみえない。
すなわち、水は与えられた熱をしばしば放出することがあっても、
そのために自分自身が破壊されることはなく、
無傷のまま残るけれども、しかし、私は言う、見すてられた体は
けっしてそのようには魂の分解を堪えることはできずに、
破壊されてすっかり滅び、腐りはてるのである。
このようにして、そもそもの誕生の時よりこのかた、
いな、母親の体の中、子宮の中にやすらっているときからすでに、
体と魂とは互いに結合しつつ生命の運動を学んでいるのだから、
病気と破滅なしには分離が起ることは不可能である。
それから分るように、いのちの大元が結びあわされている以上、
それらの本性もまた一つに結びあわされている。

さらにまたもし誰かが、体がものを感じることを否定して、
全身に混在している魂こそが、感覚と呼ばれる運動を
うけとるのだと信じているとするならば、

その人は明白な事実と真理に戦いをいどむものである。
なぜなら、体の感覚とは何であるかを誰が一体説明できるだろう、
もしも事実そのものが私たちに明らかさまに示し教えたことがそれでないとすれば。
「しかし、魂が逃げさってしまうと体は感覚を全くなくしてしまう。」
そのわけは、生存中自分に固有のものではなかったものを
体が失い、さらに多くのものを息を引きとる時失うからである。

さらにまた、眼は何ものも見ることができない、目を通して
心こそが、扉が開かれた場合のようにものを見るのだという主張は、
眼の感覚が私たちに教えるところに反するが故に支持しがたい。
じじつ眼の感覚は私たちを導いて、瞳こそがものを見るのだと
気づかせる。とくに、私たちはしばしばまぶしいものを見ることが
できないが、これは私たちの眼が光にくらまされるからなのだ。
眼が扉にすぎなければこのことは起らない。扉とはそこを通して
私たちが見るものにすぎないから、開かれても扉は痛みを感じはしない。
その上またもし私たちの目が扉の役をするとすれば
目をとり去ると門そのものがとりはらわれるわけだから、

心は一層はっきりと物をみわけるに違いないと思われる。

ここであなたはすぐれた人デモクリトスの聖なる意見が
示すところを受けいれることはけっしてできないだろう。
彼は体と心の元素は一つ一つに離れ
互い違いに並んで手足を織りあげているという。
魂の構成要素（アトム）は体や肉をつくっている要素よりも
はるかに小さいが、同様に他方では数においてもすくなく、
手足の中にまばらに分布している。
それで少なくも次のことは保証できる、すなわち、
私たちにぶつかったとき体の中に感覚の運動を
ひきおこすことのできる最小の物体、ちょうどその物体の大きさと
同じ大きさの間隔を保ちながら、魂の元素は分布しているのだと。
なぜなら、時々私たちは体に埃のついているのを感じないし、
白墨の粉がふりかけられて手足にくっついているのも知らない、
また夜には霧が見えないし、道を行きながら蜘蛛《くも》の
網にかかっても、その細い糸に気づかないし、

頭の上にそのしなびた網がおちても知らない。
また鳥の羽毛や植物から飛んでくる冠毛などの、
ふつうはあまりに軽くてなかなか落ちてこないものを感じないし、
どのような這いまわる動物の歩みでも感じるというわけには
行かないし、ぶよその他の昆虫が私たちの体におく足あとを
一つずつすべて感じることもできない。
私たちの体の中でそれほど多くのものがまず動かされたのちに、
四肢を通じて体の中に入りまじっている魂の種子（アトム）が
それらの体の元素（アトム）の受けた衝撃を感じはじめ、
上に述べた間隔の中でぶつかり合いながら、動きを共にし、
結合し、そして逆にまたはねかえることができるのである。

そして精神は魂の力よりも、よりつよく生命の関門を守り、
生命を保つうえでより大きな支配力をもっている。
なぜなら、精神と心がなくては一瞬といえど手足の中に
魂の幾分なりともとどまっていることはできず
すぐそのあとに従ってついて行き、風の中へとちらばり、

冷たくなった手足を、死の冷たさの中に残すのだから。
それに反し心と精神さえ残っていれば人は生きている。
たとえ四肢はすっかり切りとられ傷ついた胴体となって
魂が体の廻りからとりさられてしまっても、なお
生きており、生命をもたらすアイテールの風をすいこむ。（四〇五）
全部とまでゆかないが、大部分の魂がとりさられても
人はやはり生の中にとどまり生にしがみついている。
たとえば、眼の外部が傷つけられても瞳さえ無傷のままで
残っていれば、視力は生きているように。――少なくとも
眼球全体をいためてしまって、瞳のまわりをすっかり切りとり
瞳だけをはだかで残すようなことがないかぎりは。（四一〇）
そのようなことは瞳も眼球も共に破壊せずにはできないことだから。
それにたいして、もし眼のその中心部がいくら僅かでも
きずつけば直ちに光はきえうせ暗闇がおとずれる、
輝く眼球の他の部分がいくら無傷であっても、仕方がない。
このような緊密な約束によって魂と精神とはいつも結合しているのだ。（四一五）

さてそれでは、生あるものの精神とその軽やかな魂とは
生れそして死ぬものだということを知ってもらうために
楽しい骨折りを長くつづけて探究し発見したことを
あなたの生涯にふさわしい歌にしてしめすことにしよう。
あなたは一つの名前で上の二つのものを一緒に考えたまえ、
私が、それが死ぬものであると教えながら魂という言葉を選んで
使う時、精神のことも含めて言っているのだと思ってほしい。
なぜなら、かの二つは互いに結んで一つになっているのだから。

まずはじめに、魂は小さな物体（アトム）からできていて
稀薄なものであり、それをかたちづくる元素は
水の液体や霧や煙よりもずっと微細であることを教えた——
なぜなら動きやすさの点ではるかにまさり、
より小さな原因に打たれて動かされるのだから。
事実それは煙や霧の像によってさえ動かされるのだから。
たとえば私たちが正体もなく眠りこけ、祭壇から
蒸気が高くたちのぼり、煙がひろがるのを夢に見る時のように。

疑いもなく、そのようにして私たちを訪れるのは物の像なのだから。
さてそういうわけで、容器がこわれたとき水があちこちに流れ去り
液体が逃げ散るのをあなたは目にするのだから、　（四三五）
そして霧や煙も空気の中に散って行くのであるから、
魂もまたひとたび人間の体から離れて去ったときには、
それよりも遥かに早く散って消えうせ、ずっとすみやかに
基本物体（アトム）に解体すると信じなければならない。
じじつ体は、いわば魂のいれものであって、　（四四〇）
何かの原因によってうちこわされたり、また血管から血が
稀薄になるとぬけて、それを保持することができない以上
その魂が私たちの体よりもずっと稀薄な
空気によって一つに集められるとどうして思えようか。

さらにまた心は体とともに生れ、ともに育ち
ともに年とってゆくのを私たちは感知する。　（四四五）
じっさい幼い時は体が軟かく、かたまらないで
よちよち歩くように、心の判断も同じようにしっかりしない。

そのあとで力が強くなり壮年に達すると
考える能力ももっと大きく、心の力ももっと大きくなる。
そののち体が年月の強い力によって
うちくだかれ、体力がよわり、手足が元気を失うと
才知の働きはにぶり、舌はもつれ、精神は決断を失い
何もかもが一時に不足し失われて行く。
それゆえにまた、魂の本性も、煙のように
高い空の微風の中に解体してしまうに違いない。
それは私が教えたように、体とともに生れ、ともに育ち、
また同時に歳月につかれて弱ってしまうのだから。

それにつけ加えて、私たちは体そのものが恐ろしい
病気や、たえがたい痛みを患うように
心もまた、たえがたい痛みを患うのを見る。
それゆえに心は死にもまたあずかるのが当然である。
しかも精神は体の病気の時にしばしば遠く彷徨《さまよ》いだし
病人は正気を失って譫言《うわごと》を口走り、

時には重い昏睡のため深いはてしない （四六五）
眠りに陥り、目も首もたれてしまう。
そして廻りに立って顔や頬を涙で
ぬらしながら、この世に呼びかえそうとしている
人々の声もきこえず顔も見えなくなる。
それゆえ、病気の感染がこのように精神の中に侵入するからには、 （四七〇）
精神もまた解体するものと認めなければならない。
なぜなら苦痛と病気とは共に死のつくり手であるから。
私たちはそのことをこれまで多くの人々の死によって知っている。 （四七三）
次に、葡萄酒の強い力が人間の中にはいって行って、 （四七六）
その熱が血管の中にちらばりひろがったとき、
手足のけだるい重さがつづいて起り、よろめきながら足はもつれ、
舌はろれつが廻らなくなり、心は重く湿り、
眼はおよぎ、叫びからすすり泣きへ、さらに口論へとすすみ、 （四八〇）
その他これらに伴う同じ種類のことがなおつづく。
いったいこれらのことは、もし葡萄酒の強烈な力が体の内部で
魂をかき乱すからでないとしたら、なぜ起るのであろうか？

しかるに何であれ、かき乱され妨げられる可能性のあるものは、
もしもう少し強力な原因が入りこんでくるならば、
残りの生涯を断ち切られて滅んでしまうことを示している。
さらにまた、しばしば私たちの目のまえである人は
病気の急激な力におそわれて、雷にうたれたかのように
地にたおれ、そして泡をふき、うめき、手足をふるわし、
正気を失い、筋肉をかたくのばし、身をねじり、息を
不規則に喘《あえ》ぎ、身を転々と投げ出して手足を疲労させる。
疑いもなく病気の力によって全身の魂が引きさかれ、
かき乱され、泡をはくからなのだ。その様は塩からい海原に
強い風の力がふきあれて波がたぎり立つようだ。
そして呻き声がしぼり出されるのは、肢体が苦痛に
攻められるため、また一般に声の種子（アトム）が
吐き出され、いわば通りなれている鋪装道路のような
口を通って、一塊りになって外へ出されるためなのだ。
正気が失われるのはなぜかといえば、それは精神と魂の力が
かきみだされ、そして私の言ったように、かの同じ毒のために

引き裂かれたうえで、別々に分れたまま投げまわされるからなのだ。
それから、すでにして病気の原因が退き、いたんだ体からできる
鋭い体液がその隠れ家に帰ってしまったならば、
そのときはじめて病人はよろめきながら立ち上り、
少しずつ正気づき、魂をふたたびとりかえす。
それゆえ精神と魂とは、体の中でさえこのようにはげしい
病気に翻弄《ほんろう》され、みじめにも引き裂かれて苦しむのだから、
どうしてそのものが体もなしに、囲いのない空気の中で
はげしい風にたえ、世をすごすことができると思えようか。
そして心は病気の体と同じく、医術によって直したり、
変えたりできるのを私たちは知っている、そのこともまた
心が死すべきものとして生きていることを示している。
なぜなら心をかえようと試みたり、
または何か他の本性をかえようと求める人は
部分を付け加えたり、配列をかえたり、
全体から、少しでもよい、何かを取りさらねばならない。
しかるに不死なるものは、その部分をいれかえたり、

付け加えたり、僅かでも失うことを許さないのだから。
事実どんなものでも変換されて自分の限界からでてゆけば
それはただちに前にあったものの死なのである。
それゆえ、病気にかかるにしても、医術によって変えられるにしても
心は、私が教えたように、死すべきものの印を示している。　　（五二〇）
間違った推論にたいしてはそれほどまでに
真実は立ちはだかり、その逃げ道をふさぎ
両刃の否定によってその間違いを認めさせる。　　（五二五）

次に私たちはしばしば、人が徐々に死んで行き
手足の一つ一つごとに生命の感覚を失って行くのを見る。
まず最初に両足において指と爪とが鉛色になり、
次いで足と脛《すね》とが死に、さらにそのあとで体の他の部分に
少しずつ冷たい死の足跡が行きわたる。　　（五三〇）
魂の本性はこのように引きさかれて去り、けっして全体が無傷のまま
一挙に出て行くのではない以上、死すべきものとみなされねばならぬ。
だがもしかしたらあなたは、魂は四肢を通じて自分で自分を

内部へ引きこみ、その諸部分を一カ所に集めることができ、
そのゆえに手足のすべてから感覚を取り去るのだと思うかもしれない。
しかしもしそうだとしたら、そのように魂の多量が集中した箇所は
それだけ大きな感覚をもつのが見られなければならぬ。
そのような箇所はどこにもないから、疑いもなく上述のように、
魂はばらばらになって外へ飛散し、従って消滅するのである。
さらにまた一歩ゆずって、間違いであるとは知りながら、
少しずつこの世の光をみすててゆく瀕死の人の体の中で
魂が一かたまりに集中できると譲歩してみても
やはり魂は死すべきものだと認めなくてはならない。
そして微風の中にちらばって死のうと、またその部分を
よせ集めて気を失ってしまおうと変りはない。
なぜなら感覚はその人間の全身から次第次第に失せてゆき
生命の残りは体の隅々までいよいよ少なくなってゆくのだから。
さて心は人間の特定な一つの部分であり、一定の場所に
固定して座を占めている、それはちょうど耳や目やその他

生命の舵をとる他の感覚と同じである。
そしてまた手や目や鼻が人間から切りはなされて
別々ではものを感じることも、存在することもできないで
すぐに弱って滅んでゆくように、そのように
精神もまた体と人間そのものなしに、それだけでは
存在しえない。なぜなら体は心のいれもの、あるいは
もっと緊密な関係にあるものとみられるのだから、
事実心と体は緊密に結合しているのだから。

それからまた、体と精神との生命力は
互いに結合してこそ、栄え、生命を楽しむのである。
体なくしては精神ひとりの本性は生命を支える運動を
することもできず、魂なくしては体は
生きながらえて、感覚を用いることもできない。
目はその根から引き抜かれ、全身から離れて自分だけでは
何ものをも見ることができない、そのように魂と精神とは
それ自身では明らかに何事もなしえないと思われる。

疑いもなく、血管や肉、筋肉や骨の中にいりまじって
全身によって魂はかこまれており、
大きい間隔をおいて自由にとびまわることはできない。
それほどせまく閉じこめられているためにこそ、感覚をたもつ
運動を行うのであり、死んでのち体の外、空気の微風の中に
なげだされてはその運動を行うことはできない、なぜなら
元素はもはや同じようには囲まれていないのだから。
もし魂が空気の中でも自分自身を保持することができ、
筋肉の中や体の中で前になしていた運動を
行うことができるなら、空気は体に、しかも生きた体になるであろう。
それゆえ、ここでもまた明らかに、肉体の蔽いがすっかりこわされ
いのちの息が外に吐き出されてしまうならば、
精神の感覚と魂とは分解してしまうと認めねばならない。
精神と身体の大元はしっかりと結びついているのだから。
次に、肉体は魂の分解に堪えることができずに、たちまち
いやな臭いをだして腐りはじめるのであるから、

魂の力は深い奥底から集ってきて煙のようにひろがり
流出して行くこと、そして肉体はそのようにはなはだしい
荒廃のためにくずれながら、変化し倒れてしまうことを、
なぜ疑うのか？——ほかでもない、魂が手足を通り
体内にあるすべての曲り道と孔を通って流出してしまうため
肉体の基礎はその本来の位置からすっかり動かされるのだから。
このことからあなたは、魂の本性はばらばらに分けられたうえで
手足を通って外に出ること、外にすべり出て空気の微風の中に
泳ぎ出るよりも前に、すでに体の中においてさえ魂は
引きさかれていることを、いろいろな仕方で知ることができるだろう。
それからまた、魂がまだ生命の限界の内側に
あるのに、たびたび何かある原因によっていためられて
逃げ去り、全身からはなれ去ろうとし、
最期の瞬間におけるように、顔はやつれ、
血の気のない体から手足はすべて力なく垂れて了うのが見られる。
それはたとえば、失神するとか、気絶するとか
言われる場合のことである。そのようなとき、人々はみな

驚きあわて、生命の最後の鎖を捕えようとあせる。
事実その時、心と魂の力とはみなゆりうごかされ
この二つはその体とともに破滅しようとする。
も少しその原因がつよければ解体をもたらすこともあろう。
だから、一たび体の外になげだされ、蔽いが取り去られたとき、
その弱い魂が囲いのない外の世界にあって、
ただ永遠に生きながらえることができないばかりでなく、
一瞬の間も存在しえないことをどうして疑うのか？
事実、死につつある人は誰でも、その魂が
無傷のまま全身からでてゆくのを感じたり、
まず喉から口もとへと魂がのぼってくるのを感じたりはせずに
魂が一定の場所にあるままに消えてゆくのを感ずる、
ちょうど他の感覚もそれぞれの場所にあって消えてゆく
のを知るように。もし私たちの心が不死であるならば
死にながら自分が解体するのをそれほど悲しみはしないだろう。
かえって、外に出て蛇のようにぬけがらを脱ぎすてるのを喜ぶだろう。

それからまた、なぜ心と精神の思考力とは
頭や足または手に生じないで、ただ一つの位置に生じ、
すべての人にとって一定の場所を離れないのであろうか？
ものそれぞれには生誕のために定まった場所が割りあてられ、
そこにこそそれぞれのものは生れた後にとどまることができ、
さらにその幾つもの分れた部分がけっしてさかさまの順序に
ならないように割りつけられているからではないのか？
これほどまでに一事は一事につづき、炎は水の流れから
生れず、氷もまた火の中には生じない習いである。

さらにまた、もし魂の本性が不死なるものであり
私たちの体をはなれて、ものを感じうるとしたら、
魂は五感をもっているものと思わねばならない。
また、さもなければ私たちは下界に下った魂たちが
アケロンの国を彷徨うのを思い浮かべることができない。
それゆえ画家と昔の時代の作家とは
このように感覚をそなえた魂を画いてみせたのだ。

しかしながら体から切り離されては魂は
目も鼻も手ももつことができず、舌も耳ももつことができない。
それゆえ魂はそれ自身ではものを感じることも存在することもできない。

そして私たちは、生命の感覚が体の全体にわたって内在するのを
感じ、全体が魂をもった生きものであることを見るのだから、
もし突然何かの力が急速な一撃によって真中を切りさき
それぞれ二つの部分に分けたとしたならば、
疑いもなく、魂の力もまた分けられて
身体と共に両断されて切りはなされるであろう。
しかし分けられ、いくつかの部分に離れるものは
自分が永遠性をそなえていることを明らかに否定する。
語り伝えによれば、鎌をそなえた戦車は手当りしだいの殺戮に
たけりたって、しばしば人の手足をあまりにも突然切り離すので、
体から切断されて落ちた部分は地上でぴくぴく動き、
他方しかし戦士の心は手傷の急なため、また同時に
戦いに熱中して気を奪われているために、

何の痛みも感じないことがあるという。
すなわち彼は残る体でなおも戦いと殺戮を求めて進み、
その左手が盾もろともに失われて騎馬の群れと狂暴な鎌の只中へ
車輪によって持ち去られたことにしばしば気づかず、
また他の者は戦車によじ登って相手に迫る間に右手が落ちたことに
気づかず、さらにある人は足を失っても立ち上ろうともがき、
そばでは死にかけている足が地上で指を動かしている。
それからまた熱い、息をしている胴体から切り離された首は
残りの魂がすべてなくなってしまうまで
地上で生きた顔つきをし、目をみひらいたままでいる。
それからまた、もし気がむけば舌をゆらゆらさせ、尾を
怖ろしげにたて、長い体をもつ蛇の両部分を
刀で多数の部分に切り離せばよい。そうすると、
その切られたものすべてが新しい傷のため、それぞれ別々に
身をねじまわし、毒液を地面にまきちらし
頭の方は口を開いて自らの尾の部分を求め、やけつくような
傷の痛みに攻められて、嚙んで押えようとするのがみられよう。

それゆえ、その各々の部分のすべてに魂があると
私たちはいうべきか？　しかしその推論では一つの生きものが
その体のすべての部分に魂の全体をもっていたということになる。
そうとすれば前に体といっしょに一つであった魂は分たれたのだ。
それゆえ、いずれも死すべきものと考えねばならない。
なぜなら同じように多数の部分に切りさかれたのだから。

さらにまたもし魂の本性が不死なものであり
私たちが生れる時に、体の中に入りこんでくるものなら、
なぜ私たちは以前の過ぎ去った生のことをも憶えていることができず
以前にあった出来事の跡を何も記憶してないのか？
なぜなら、もし精神の能力があまりにも変化を受けたがためにこそ
昔の出来事の記憶がすっかり失われたというのであれば、
そのような状態は死とそれほど違わないと私は思う。
それゆえ魂は昔あったものは滅びてしまい、今あるものは
今生れたのだと認めなければならない。

さらにまたもし精神の生きた力が、私たちの体がすでに
でき上ってしまったのちに、私たちが生れて生命の敷居をまたぐ時、
外から入ってくるものならば、それが身体と共に成長し
まさに血の中で手足と一緒に成長するということは、
とても考えられないことであったろう。
むしろ囲いの中にいるようにして、ただひとり離れて生き
それでいて全身に感覚があふれるのが当然であろう。
それゆえにここでもまた、魂には誕生がなく、また死の法則
をまぬかれていると考えてはならない。
なぜなら外から入りこんできたとすれば、これほどつよく
私たちの体と結合できるとは考えられないし――
明白な事実は全く反対のことを教えている。
なぜなら、魂は血管、肉、筋肉、骨の中においても密に結合し
歯にまで感覚が分たれているほどであるから。
それは虫歯の痛みや冷たい水のしみとおるのや
パンの中にかくれた粗い石をかみあてた時に分るのだが――
そしてまた、これほどまでに組みあわされていながら

無傷のまま出てゆくことができ、すべての筋肉、骨および
関節から無傷のまま離れることができるとは思われない。
だがもしかしてあなたが、外から入りこんできた魂は
じっさいに私たちの手足に行きわたるものと考えるのであれば、
なおのこと、それは体と結合して拡散するとき滅びるであろう。
なぜなら広がるものは分解され、従って死ぬのだから。
すなわち、魂は体内のすべての通路を通じて分けられるが、
それはちょうど食物が手足のすみずみまで分配されるとき
自らは消滅して代りに他のものがつくられるのと同様である。
魂と精神も同じように、どれほど無傷のまま新しい体の中に
入って行ったとしても、全体には行きわたる間に分解されてしまう。
すなわちそれは、いわばすべての孔を通って手足の中へと
微粒子となって分配されるが、現に今私たちの体を支配している
この精神の本性は、手足に分配されてそのとき一たん消滅したものから
生れたものであり、それらの微粒子からつくられているのである。
それゆえに魂の本性はその誕生の日をもち、
死を免れないものと思われる。

さらにまた魂をつくる種子は生命の消えた体に残されるのか
それともどうなるのか？　もし残されて中にとどまって
いるなら、その部分を失って減少しているのだから、
不死であるとみなされるべきいわれはけっしてない。
もし反対に魂がその部分をそこなうことなしに離れ去り、
死体の中にその欠片《かけら》を一つも残さないなら、
どのようにして、肉の腐った死体は蛆《うじ》をはきだし、
どのようにしてかくも大量の骨もなく血もない生き物が
ふくれあがった体に透間なく群がるのか？
たとえ魂が蛆虫たちの中に外から入りこみ、
その体の中に一つずつ入ることができると信じるとしても、
そしてなぜ何千という魂が、ただ一つの魂の立ちのいたあとに
集ってくるのかを考慮しないとしても、次のことだけは
問いきわめ、はっきりと決定をつけなければならない。
すなわち、魂は結局のところ、蛆虫の種子をそれぞれ
狩り集め自分で棲家をこしらえるのか、それとも、いわば

できあがった体の中に入りこむのか、どちらなのか。
しかしなぜ自分で棲家をこしらえ、なぜ苦痛を招くのか
説明するにたるものがない。じじつ体なしにあるかぎり、
魂は病気、寒さ、飢えのため悩まされて彷徨《さまよ》うことはない。
なぜなら体こそこれらの悪にむすびついて苦しみ
精神はそれとの結合によって多くの禍いを受けるのだから。
しかしながらかりに魂にとって、棲家となる体を作ることがいかに
有用であるとしても、それが可能となる道は存在しない。
それゆえ魂は自分のために体と手足を作りはしないのだ。
しかしまた、できあがった体に入りこむこともありえない、
なぜならその場合魂は肉体と密接に組み合わされもせず、
感覚を同じくして一体となることもないだろうから。

それからまた、なぜ激しい狂暴さがライオンの残忍な種族に、
狡猾さが狐にともない、そして逃走が鹿にその親から
与えられ、親譲りの恐怖がその手足をかりたて、
その他すべてこの種の習性がなぜ生れおちるとともに

その手足やその本能の中に生ずるのか？
もしそれ自身の種子と種族によって一定している精神の力が
それぞれの動物の身体とともに育つからでないとしたら、なぜなのか。
もし魂が不死なものであり、体から体へ移るものであれば、
もろもろの生きものはその習性を入れかえることだろう。
ヒルカニア種(7)の犬はしばしば角ある鹿の攻撃をうけて
逃げはしり、鷹は鳩に追われて逃げながら、
空気のそよぎの中でおそれおののき、
人は理性を失い野獣は理性をもつだろう。
まことに、不死なる魂が体をとりかえるとき変化するのだと
言われるのは、まちがった推論にもとづいている。
なぜならおよそ変化するものは分解し、従って滅びるからである。
すなわちその諸部分は移しかえられて配列がかわるのだから。
それゆえにそれらはまた手足の中で分解されることも可能であり、
かくて最後に体とともにすっかり滅びなければならぬ。
しかし、もし人々が人間の魂はいつも人間の体に入ってゆくと
いうなら、それなら私はたずねたい、なぜ魂は

賢かったのが愚かとなり、なぜ思慮ある子供は一人もなく、
牝の若駒は力づよい牡馬のように教えこまれえないのかと。
きっと彼らは、心は弱い体の中では弱くなるのだと
言い逃れようとするだろう。だがもしほんとうにそうなら、魂は
死すべきものと認めなければならない。なぜなら体を介して
魂はそれほどまでに変化して以前の生命と感覚とを失うのであるから。
あるいはまた、一体どのようにして精神の力はそれぞれの体と一緒に
強壮になり、待ち望んだ花盛りの年頃に達することができようか、
もしそもそも最初の誕生において体と結ばれていないとしたら。
あるいはまた、魂はなぜ年老いた手足から出てゆくことを望むのか？
いたんだ体の中に閉じこめられるのを心配し
久しい歳月のためいたんだ棲家が倒れはせぬかと恐れるのか？
しかしながら不死なるものには危険は何一つないのである。

それからまた魂がウェヌスの交接や野獣の分娩を

（7） カスピ海の東の地方。

その側に立ち、待っているというのはおかしなことである。
不死なる魂が死すべき肉体をまって無数に集まり
いずれが最初にもっとも強くその中に入りこむかと
あわてながら互いに争うというのは奇妙なことである。
もっとも魂の間に契約が結ばれていて、第一にとんできたものが
第一に入り、従って、互いに力ずくで争ったりしないときまっていれば話は別だが。(七八〇)

それからまた、アイテールの中に木はありえず、深い海の中に
雲はありえず、魚は畑にすむことができず、
血は木の中に、汁液は石の中にありえない。(七八五)
ものそれぞれが存在し成長するための場所ははっきり決められている。
それと同じように、心の本性は体なしにひとりで生れ、
筋肉や血から遠くはなれては存在しえないのである。
もしそれが可能なら、精神の力はそれ自身ではるかに容易に
頭なり肩なりあるいはずっと下の踵《かかと》なりにあることができて、(七九〇)
体のどの部分にでも生れるのを常としたことであろうが、
しかし少なくとも同一の人間、同一の容れ物の中にとどまるであろう。

しかし実際には私たちの体の中においてさえ、魂と精神が
それぞれどこにあって成長しうるかは確定していて
決められているのが見られる以上、それだけ一層、
体全体の外で生れ永らえうることを否定しなければならない。
それゆえに、体が亡んだ時に、魂もまた全身の中において
分解し、亡んだのだと認めなければならない。
なぜなら、永遠なるものに死すべきものを結合し、それらが
感覚をともにし、互いに作用をあたえあうと考えることは
愚かなことだから。じっさい、これほど矛盾した、
相容れない、不調和な、ことが考えられようか、
死すべきものが、不死にして永遠なるものと結びついて
統一体をなし、荒れ狂う嵐を共に耐えるということほど。
さらにまた永遠に存在するものはみな、次のどれかでなければならぬ。
すなわち、密に詰った物体からできていて、
衝撃をはねかえし、何物も侵入して内部の密な結合を
分解することを許さないためなのか、
たとえば先にその本性を説明した物体（アトム）のように。

あるいはまた、衝撃をまぬかれているために、
永遠にわたって生きながらえうるのか、たとえば空虚――
捕えどころがなく、打撃によってなんら損害を受けないもの――のように、
それともまた、そのまわりに、ものが退き分解しうる
場所が少しも存在しないためにちがいない、
ちょうど全宇宙が不滅であるように。
じっさい宇宙には、その外側に、ものが逃げてゆく場所がなく、また衝突して
強い打撃を加えて分解させる物体が存在しないのだから。
だが魂はむしろ次の理由により不死とみなされるべきだとしよう。
すなわち魂は、その生命力によって防御され守られているからか、
または、生命を損うものが全くこないからか、
または何らかの仕方できたとしても、それが何の害をなすか
私たちが感じえないうちにはね返されて退いてゆくからか――。
〈しかし明白な事実はこれらの理由に反対する。〉
なぜなら、魂が肉体の病気とともに患うという事実を別にしても、
未来のことについてしばしば魂をさいなみ、恐怖の中で悩ませ、
心配によってやつれさせるものに襲われるし、

悪業がすぎさっても魂は罪の意識に嚙まれるからである。
さらにそのほか、精神だけに固有の狂気や、記憶の喪失があり、
さらにまた、それは昏睡の暗い海に沈むこともあるのだ。

それゆえ死は私たちにとって何ものでもなく、何の係りもない、
私たちの持っている精神の本性は、死すべきものなのであるから。
そして私たちは、自分が生れる以前の過去において何の悩みも
感じなかった——カルタゴ軍が八方から攻めよせてきて、
全世界が戦争の不安な激動に打たれてゆるぎながら
高い空の下でおののきふるえ、
どちらの民族に海と陸とにわたって、
全世界の支配権がおちるのか疑っていたその時にも。
それと同様に未来においても、私たちがもはや存在せず、
一体となって私たちを作っている体と魂とが分離してしまっている
ときには、そのときもはや存在しないところの私たちにとっては、
明らかに何事も起りえず感覚が動かされることもありえない。
たとえ大地が海と、海は空と混じり合おうとも。

そしてかりにもし精神の本性と魂の能力とが、私たちの体から
離れたのちにも、ものを感じるとしたところで、
それは私たちにとって何の関わりもないことである。
私たちは体と魂の結合によってこそ一体として存在しているのだから。
またかりに年月が私たちの死んだのちに私たちの素材（アトム）を
集めて、それらが今置かれてあるような状態に再びもどし、
かくて生命の光がふたたび私たちに与えられたとしても、
以前の自分に対する記憶がひとたび断たれたからには、
たとえそういうことが起っても私たちに何の関わりもない。
いまでも私たちは、以前にあった私たちについて何の関心も
もたないし、それについて何の心配も私たちを悩ましはしない。
事実、過ぎ去った時間の果てしないひろがりに眼をむけ、
そして一方素材（アトム）の運動がいかに多様であるかを考えれば
今私たちをつくっているこの同じ種子（アトム）が、
かつて何度も今と同じ配列に置かれたことがあるということを
たやすくあなたは信じることができるであろう。
しかし私たちはけっしてそのことを心に思い出せないのである。

なぜなら生命の休止がその間にはさまれており、
運動はすべて感覚からそれて、あちこちと彷徨《さまよ》っていたのだから。
もしある人に、いたましく苦しいことが起るとしても、
禍いがその人に起るためにはその人自身がその時に
存在しなければならぬ。死はまさにそのことを取りのぞき、
不幸に襲われるその人の存在を禁じるのであるから、
明らかに、死の中には恐れるべきものは何もないし、
存在しない人が不幸となりうることもないし、またその人が
これまで一度も生れたことがなかったかどうかは何ら問題にならない。
なぜなら死すべき生を不死なる死が奪い去ったのだから。

したがって、ある人が自分の行く末を悲しんで、死んだのち
自分は体を埋められて腐って行くか、あるいは炎に焼かれ
野獣の顎に食われて滅び去るのだろうと嘆くのを見るとき
たとえどれほどその人が、死後自分に何らかの感覚が残るとは
信じていないと否定しても、その声はけっして純粋ではなく、
ある不安が心の中にかくれてひそんでいることは明らかである。

なぜなら、思うにその人は自分の公言もその根拠も認めておらず、
また生命から根こそぎ自分を引き離しているのではなく、
自分の一部が生き残ると、それと気付かず思い画いているのだ。
じじつ、生きているうちに死ねば、その体を鳥や野獣が噛みさくと
思いえがく人は、自分で（別の）自分をあわれんでいるのだ。
なぜなら、死体から自分を引き離していないし、
投げだされた体から十分に離れてもいない。そして
それを自分だと思い、その側に立ってその感覚を付け加えるのだから。
それゆえに、死すべきものと生れついたことに不平をならし、
真の死においては、第二の自分が存在し、生きながら死んだ自分を嘆き
立ちながら、横たわっている自分が噛みさかれたり、
焼かれたりするのをなげくことなど不可能なことを見ないのだ。
なぜなら死んで野獣の顎と歯で噛みさかれることが
不幸なら、火の中になげいれられて熱い炎でやかれ、
または蜂蜜の中につけられて息を詰らされ、または冷やかな
大理石の滑らかな表面に横たわって、冷たさのため凍ったり、
または大地の重みのため上から押しつぶされるのは

なぜ痛ましくないのか私には分らないのだから。

「いまは最早楽しい家庭は君を受けいれず、君のよき妻や
可愛い子供たちが口づけを争って走りよることもなく、
無言の悦びで君の胸を打つこともないだろう。
君はもう仕事に花をさかせることも、君の大事なものを守ることも
できないだろう。無情な一日がみじめにもみじめな君から
あれだけの生の悦びをすべて奪い去ってしまった。」
だが彼らはこうはつけ加えない「しかしまたそれらのものへの
渇望ももはや君のもとにとどまることはないのだ」と。
このことをもしよく心に見、その言葉にしたがうなら、
彼らは心の大きな悩みと恐れから解放されるだろう。
「君はたしかに今死の中に眠ったように、これから後も
痛ましい悩みをすべてまぬかれるだろう。
だがわれわれの方は、恐ろしい焼場で灰となった君のことを
傍に立って飽くことなく泣いたのだ。そして永遠につづく
この悲しみをわれわれの胸から取り去る日はこないだろう。」

こう語る人には、このことを尋ねるべきだ、ものが眠りと平安にかえるなら、どうしてそのように、人が永遠の悲しみに身をやつれさせるほどの痛ましいことがあるのか、と。　（九一〇）

それからまた人々がしばしば宴《うたげ》の席に身を横たえて、杯を手にし、額に冠の影をやどしている時、心の底からこう言うこともあろう、「あわれな人間どもに、この歓楽は短いのだ、今にもそれは過ぎてゆきあとになって呼び返すわけにはけっしてゆかないのだ」と。　（九一五）

それはあたかも死の中にある最大の不幸は渇きがみじめにもその喉をほしあげ、焼きつくすことか、または何かほかのものへの渇望が居残ることかのようだ。しかし何びとも、心と体とが共に眠って休んでいるときに、自分自身と自分の生とを（惜み）求めたりはしない。　（九二〇）

私たちに関する限りその眠りは永遠のものであってもよいし、また我が身への渇望が私たちを悩ますことも決してないのだから。しかもその時私たちの体の中にある元素（アトム）は、けっして感覚を生む運動から遠く離れてさまよっているのではないのである、

――人が眠りから覚めて我に帰るその時には。
だから死はなおさらに私たちにとって小さなものと考えるべきだ。
もし無であると思われるものよりも、より小さなものがありうるならば。
なぜなら死には、眠りの時よりもさらに大きな
素材（アトム）の混乱と散乱が伴うし、そして生命の冷たい休止が
ひとたび訪れれば、誰も目ざめて立ち上ることはないのだから。

それから、もし自然がとつぜん声をあげて
みずから私たちの中の誰かれを、こういって叱るとしてみよ
「なぜ死がお前にとって、死すべき者よ、悲しい号泣に身をまかす
ほどの大事なのか、なぜ死をなげき涙を流すのか？
もしお前の過ぎ去った生涯が楽しくあって、
すべての悦びがこわれた器にもるように、
流れ去ってしまい、むなしく過ぎ去ったのでないならば、
なぜ生命の宴にあきた客人のように引きさがり、
心やすらかに、憂いない平安を求めないか、愚か者よ？
もしまたお前が楽しんだものがことごとく流れ去り、

人生がいとわしいのであれば、また同じように甲斐なくほろび去り
空しく失われるものを、なぜその上加えようと求めるのか？
なぜそれよりも生命と苦難とに終りをつけないのか？
なぜならお前の気にいるように私が考えだし思いつくものは
ほかにはないのだから。万事はいつも同じままなのだ、
たとえまだお前の体が歳月のために弱まっていず、手足も
疲れ衰えていなくても、それでも万事は元のとおりなのだ、
たとえお前がすべての世代を生きのこり、
そのうえさらに、死ぬ日にけっしてあわないとしても。」
その時私たちは何と答えようか？　自然は正当な非難を私たちに加え、
真の言い分をのべているという外はないではないか？

ところで、もしここにもっと齢をつんだ老人がいて悲嘆にくれ
あまりにもあわれな様子で自分の死を嘆き悲しむならば、
自然がさらに声をあげ言葉鋭く叱りつけても当然ではないか？
「ただちに涙をふけ、愚か者よ、そして嘆きをつつしめ。
お前は人生のすべての悦びを味わいつくした果てに衰えているのだ。

しかしお前は常にないものを求め、現にあるものを蔑《さげす》むために、
お前の人生は不完全に、かつ不満足のままに過ぎさってしまい、
そして心の用意ができないうちに、お前が物事に満ち足りて
引きさがることができるより先に、死はもう枕元に立っているのだ。
だが今は、お前の年に合わぬものはすべて投げすて
心静かに、さあ、子供たちにゆずるのだ。そうしなくてはならぬ。」
思うに、この主張は正しく、この叱責と非難は正しいのだ。
なぜなら、古いものはつねに新しいもののために押し出されては
しりぞき、あるものが亡びて別のものが代りに生れるのが定めだから、
そして誰も下界の深淵や暗いタルタロスに送られはしないのだ。
次の世代が生い立つためには素材が必要である。
しかしそれらの世代もまた生をおえては、お前のあとを追うだろう。
お前と同じように、これまでそうした世代は亡びてきたし、
これからも亡びるだろう。こうして次々と生れてやむことがない、
生命は誰の私有物でもなく、ただ皆の用益にあてられるのだ。
私たちの生れる前に過ぎさった、永劫の時間の古い幾年代が
どれほど私たちにとって無であるか、もう一度顧みるがよい。

さればこれこそ、私たちの死後に来るべき時間をうつす鏡として
自然が私たちに差しだしてみせるものなのだ。
一体そこに何か恐ろしいものがうつっているのか、何か悲しいことが
見えるのか？　どんな眠りよりも安らかなものではないのか？

そして、深い地下の世界アケロンにあると伝えられているものは
まことに私たちのいるこの世の中にみなある。
物語のいうように、宙に吊り下った巨岩を恐れて根もない恐怖に
動けなくなっているのは、あわれなタンタロス[8]のことではなく、
この世の中でこそ、神々へのむなしい怖れが死すべきものを押えつけ、
人々は運命のもたらす災難の落下をおそれているのだ。
またアケロンに横たわるティテュオス[9]の中に鳥たちは入って行かないし
じっさいその大きな胸の中に餌を探して無限に長い年代の間
いつまでも餌を発見することなどできはしない。
たとえどれほど巨大な身の丈をもち
手足をのばせば九エーカーをおおうだけでなく
全地の表をおおうものといえども

限りなくつづく苦痛をたえることはできないだろうし、
その体からたえず食物を与えることもできないだろう。 （九九〇）
いな、ティテュオスは私たちのこの世界にいるものだ。それは
恋に身を横たえ鳥たちに引き裂かれている者、すなわち不安な苦悩に食いつくされている
者、あるいは
何か他の情欲のため苦悩に責めきざまれているもののことなのだ。
シシュポス(10)もまたこの世で私たちの目のまえにある、 （九九五）
それは人民から束と恐ろしい斧(11)とを求めようと野心をいだき
いつも打ち負かされて悲しく引きさがる者なのだ。

（8） ゼウスを招いたとき自分の子ペロプスを刻んでもてなしたため罰をうけ、死後イクシオン、シシュポス、ティテュオスらとともに永劫の責苦をうけた。沼にさし懸っている果樹の枝からつりさげられ、渇きと餓とに責められ、頭上に巨大な石がのしかかって、いつも彼の頭を押しつぶそうとしている。『オデュッセイア』第十一巻五八二―九二。

（9） 『オデュッセイア』第十一巻五七六―八一。オデュッセウスは下界に下っていったとき、「大地の子、ティテュオスが地に横たわっているのを見た。彼の体は九エーカーの地を蔽っていた。二羽のはげたかがそのはらわたに頭をつきこんで肝臓をついばんでいたが、彼はそれを手で追いはらうことができずにいた。ゼウスの后レトを襲うたからだ。」

なぜなら、空《むな》しく、けっして与えられることのない権力を求め
そのためにたえず厳しい労苦にたえることは、
頂きに達するやいなやふたたび平原のおもてをめざし
まっさかさまに転げ落ちていく岩を、山に向って
押し上げようと骨折りつづけることにほかならないからだ。
それから、感謝をしらぬ性質を心にいつも養って、
様々のよいものでみたしながら、しかもけっして満足させないこと、
それは四季がその移り変りとともに実りと
さまざまな楽しみをもたらす時に、してくれることであり、
しかも私たちは生命の歓楽にけっしてみちたりはしないのだが、
このことこそ、私の思うところでは、花ひらく年頃の
若い娘たちが孔のある器に水をくみながら、
器はけっしてみたされないという物語そのままである。
さらにはケルベロスと復讐の女神たち、そして光の欠如、
喉元《のど》からおそるべき炎を吐き出すタルタロス、
これらのものはどこにもなく、またそもそもありうる筈がない。
かえってこの世にこそ、悪業に対する罰への怖れがあり、

悪業がきわだてば怖れもきわだち、そして罪の償いとして
牢獄があり、岩から投げ落される恐ろしい責苦があり、
鞭、死刑執行人、拷問台、油の熱湯、焼けた金板、松明がある。　（一〇二五）
たとえ実際にこうした目に会うのでないとしても、心は自分の行為を
意識して恐怖に怯《おび》え、自らを針でせめ鞭で傷つけるのだ。
それでいて、その苦痛はいつまでつづくのか、
罰にはいったい終りがあるのか知らないで、　（一〇三〇）
死ねばそれがもっと重くなりはしないかと心配する、
かくてこの世において、愚か者の一生はそのままアケロンとなる。

(10) アイオロスの子、ベレロポンの祖父、非常にずるかしこい人。ゼウスの秘密をもらした罰で地獄で、大きな岩を山の坂道をころがし上げ、反対側につきおとすように命ぜられたが、岩は山頂に近づくとその岩の重さのため押し返され、岩は平地に転げおち、それを永劫にくり返さねばならない。『オデュッセイア』第十一巻五九三―六〇〇。

(11) 束と斧――これあるいはかばの棒を束にして赤い紐でたばね、中に斧をつきさしたもの。王、のちには長官の象徴。

時にはきみは自分にこういうこともできよう、
「お前よりずっとすぐれていたよきアンクス(12)でさえも、身のほどを知らぬ者よ。
その目を閉じてこの世の光を後にした、
また彼より後にも、数々の強大な民族を支配した
他の多くの王たち、王国の支配者たちも死んでいった。
さらにまた、かつて大洋をまたいで道をしき
深みをこえて渡る道を軍団に与え
塩辛い海をかちで渡ることを教えるとともに、
騎馬でその上を踊りはねつつ海の轟きをものともしなかった
かのクセルクセス(13)その人でさえも、光を奪われて死にゆく体から最後の息をはきつくした。
スキピオ(14)の子、戦争の雷神、カルタゴの恐怖も
いやしい奴隷と同じく大地に骨をゆだねたのだ。
そのほか学問およびたのしい技芸の発見者、
さらにヘリコン山の女神の友たちがある。その中でホメロスは
ただひとり笏を手にして、他のものと同じ眠りに包まれているのだ。
それからデモクリトス(15)は、成熟した老年が彼に
記憶を営む心の運動が衰えはじめたことを警告したとき、

自らすすんで死に直面しその頭をささげたのであった。
エピクロスその人さえも、この世の光の中を歩みおえて死んで行った、
彼こそはその天賦の能力によって全人類の上にで、空にのぼった太陽が
星の群れを消すように、すべての人を消し去った人なのだ。
それでもお前はためらい、死ぬことに不平をならすのか？
生きて光を見ていようとも、お前の生は死とほとんど変りないのだ、（一〇四五）
生涯の大部分を惰眠のうちについやし、
目覚めていながら鼾《いびき》をかいて夢みることをやめないお前、
酔漢のようにみじめにも数々の悩みに八方から攻められて
心の定まりない迷いの中にゆらぎさまよいながら、（一〇五〇）
いわれなき恐怖に自分の心をわずらわせ、しばしば

(12) ローマ第四番目の王。
(13) ペルシャの王。前四八〇年ギリシアに遠征して失敗。
(14) スキピオ・アフリカヌス（前二三六—前一八四）。前二〇四年カルタゴに侵入し、ザマにおいてハンニバルを破った。
(15) ギリシアの哲学者、原子論者（前四七〇頃—前三七〇頃）。

自分を苦しめるものが何なのか見つけることもできないようなお前は。」
もしも人間たちが、ちょうど彼らが自分の心の中に重いものがあり、
自分がその重さで悩まされるのを感じるのが見られるのと同様に、
それがどのような原因から由来し、何がもとでこれほど大きな
いわば苦悩の塊が胸の中にあるかを知ることもできたとしたら、
彼らはけっして今私たちがよく見るような生き方をしないだろう。
すなわちそれぞれ自分が何を求めているか分らず、まるでそうすれば
重荷をおろせるかのようにやたらと場所を変えたがるような。
人は家にいることに倦怠して、しばしば大きな邸から外に
出て行っては、突然またもどって来る、——（ほかでもない）
外に出ても少しもましなことはないと感じるからだ、
小馬に鞭うっては別荘にまっしぐらにかけつける。
そのさまはまるで燃えている家を救いに急ぐかのようだ。
別荘の入口に着くやたちまちあくびをもらし、
あるいは眠りの中に深く沈んで忘却をもとめ、
あるいは町が恋しくなって急いで引き返すことさえある。

このようにして人はみな自分から逃げるけれども、しかし実際には逃げおおせることはできず、心ならずもその自己に縛られ自己を憎む、それは病みながら病気の原因を理解していないからなのだ。もしその原因がはっきりと見えたなら、人はみな一切を放擲《ほうてき》して まず第一に事物の本性を知ろうとつとめるだろう。なぜなら問題になっているのは、ただ一時だけの状態ではなく、全永遠にわたる状態、すなわち、死後に来るすべての時間を死すべきものが期して待つべき、その状態なのであるから。（一〇七〇）

次に、これほどまでに戦々兢々と不安と危険の中で生きるよう私たちを強いるものは、一体どんな不幸な生命への欲望なのか？死すべきものどもには、間違いなく、生命の終末がまちかまえており、死に出会わないで避けることは私たちにはできないのである。（一〇七五）
それに私たちは同じところを動きまわりそこにとどまっていて、生きていたとて何ら新しい悦びが作りだされるわけではない。ただほしい物がない間はそれが他の物をしのいで見え、あとでそれが手に入ると、今度は別のものがほしくなり、（一〇八〇）

そして同じ生への渇きがいつももの欲しげな私たちを捕える。
またこれから後の生涯がどんな運命をもたらし、偶然が私たちに
何を与え、どんな成り行きが待っているかは定かでない。
（一〇八五）

そして私たちは生をひきのばしたからといって、死の時間から
一かけらをもとり去りはしないし、何かを除き去ることができて
それにより死んでいる期間が短くなりはしないかという望みもない。
それゆえ生きながらえて、すきなだけ世代を積み上げるがよい、
（一〇九〇）

そうしても永遠なる死はやはり、きみをまっているであろうし、
また今日の光とともに生涯の終りをとげた人が、
何月も何年も前に死んだ人にくらべて、
亡き人である期間がより少ないだろうということもない。

第四巻

何人の足もまだふんだことのない、ムーサの道なき国を
私は遍歴する。人手のつかない泉に近より、その水を
くむのは楽しく、また新しい花々をつみとって、
ムーサの女神がかつて何びとの額をも飾ったことのない領域から
栄ある花冠を私の頭に求めるのは楽しいことである。
なぜならまず第一に私は重大な事柄について教え、宗教の
厳しい鎖から人の心を解放することに努めているのだから。
第二には暗黒に包まれたものごとについてかくも明らかな
詩を作りそれらすべてにムーサの魅惑を与えるのだから。
そうすることもまた、全く理由のないこととは思われない。
すなわち医師が子供にいやなにがよもぎを
飲ませようとする時まず盃のまわりのふちに
蜂蜜の甘い琥珀《こはく》色の液をぬって
子供たちの疑うことを知らぬ年頃が唇まで

あざむかれ、その間ににがよもぎのにがい
液を飲みほし、あざむかれても害をうけるのでなく、
かえってこのような処置により回復して元気になる、
ちょうどそのように私もいま、この教えが非常にしばしば
それを学んだことのない人々にはあまりにいとわしく思われて、
大衆はこの教えからしりごみするがゆえに、ムーサの女神の
快くひびく歌をかりてこの教えをあなたに述べ、
いわばムーサの甘い蜜で包もうと望むのだ。
もしかしてこのような仕方によりあなたの心をこの歌に
つなぎとめ、その間にあなたが事物の本性すべてについて
その形式と構造をみきわめることができればと。

そしてまた心の本性がいかなるものであり、
どのような結合によって体と結び合わされており、
どのような仕方で、分解されては根源にかえってゆくかを教えたのだから、
今こそあなたに、これらのことに深くつながっていること、すなわち、
物の像とよばれるものが存在することを論じ始めることにしよう。

そのものは、物の表面から引きはがされた膜のように空気の中を、
あちらこちらに飛びまわっている。
そのものはまた、私たちが目をさましていながら、
また眠りの中で、不思議な形や、この世の光を失ったものの幻を
しばしば目にするときに、私たちの心を恐れさせ、
また疲れて眠っている私たちをしばしば恐怖で驚き目ざませ、
ともすれば魂たちがアケロン[1]の国を逃げだし、または影が
生きているものの間をとびまわっているのかと思わせ、
あるいはまた死後、体も心の本性も亡び、
それぞれ元素に分離したときにも
私たちの何かが残っているかもしれないと思わせるものなのである。
このことからいかに鈍い心にも先のことが分るだろう。
それゆえ私はいう、物の像および稀薄な形が、
その表面からその物によって放出されるのだと。

(1) 第一巻一二〇行。

まず第一に、目に見えるものの中でも多くのものが
物体を放出する。一部は木が煙を出し、
火が熱を放出するように、まとまりもなく放散され、
一部はもっと密にからまって放出される、
ちょうど時おり、夏に蟬が滑らかな衣をぬぎ
生れでる子牛がその表面から膜をおとし、
そしてまたすべすべした蛇が茨の中にその殻を
ぬぎすてる時のように。事実私たちは
そのぬけがらが藪にひらひらしているのを目にする。
このようなことがあるのだから、ものの稀薄な像もまた
その表面から放出されているにちがいない。
なぜならそれらのものの方が、稀薄なもの、すなわち、像、よりも
物からよりよく離れ落ちてゆく理由があるとは決していえないのだから。
まして多くの小さな粒子が物の表面にあって、
元の配列を保ちつつ放出されることができ、
そしてその形の輪郭を保つことができ、そしてまた
数が少ないため邪魔されることが少なく、

物の最前面にあるため、遥かに速くとぶことができるのだから。
なぜなら、私たちはたしかに多くの物が、先にいったように
ものの奥深くから粒子を放出し豊かに供給しているのを見るが
ものの表面からもそのものの色が豊かに放出されているのだ。
これをよく示しているのは、大きな劇場の柱や梁の間に
はりわたされ、ひらひらしている
黄や、赤、そして暗赤色の天幕である。
なぜならそこで天幕は下にいる桟敷《さじき》の観客、ステージの
すべての飾りつけ、元老院の人々、をいろどり
その色に染めてゆらゆらさせるのだから。
そして劇場の囲いがぐるりと閉ざされるにつれて
それだけ中にあるこれらのすべてのものは
日の光がさえぎられるとともに魅力をおびて輝く。
したがって、布地がその表面からその色を放出するからには、
それぞれのものは、うすい像を放出しているに違いない、
どちらの場合にも、その表面から放出されるのだから。
それゆえものの形のたしかな跡が存在する。

そのものはほそい組織をそなえてとびまわり、
ひとつびとつ離れては目にみえない。
その上また、すべての臭い、煙、熱そしてまた (九〇)
その他似かよったものは物から散乱され流れでているが、
それはものの内部で生じ、外にでてくるまでに
曲った路のため壊されてしまうためか、まとまったまま急いで
脱出できるまっすぐな通路がないからである。
それに反し、ものの表面の色をもったうすい膜が (九五)
放出されるときには、それを引き裂くものは何もない。
なぜならそれはものの最前面に置かれているのだから。
さいごに鏡や、水や、すべて輝く面をもつものの中に
私たちが見るどんな物の像でも
もとのものと似た姿をそなえているのだから、 (一〇〇)
そのものから放出された像からできていなくてはならない。
それゆえ物には稀薄な形と、似かよった像とが (一〇四)
存在する。それはひとつびとつでは誰にも見わけられないが、 (一〇五)
しかしたえず繰りかえしはねかえされると鏡の面から姿をもたらす。

他の仕方ではこれほどまで似かよった形を
生ずることが説明できるとは思われない。

さて次に像がどれほど稀薄なものからできているかを
理解したまえ。そのわけは、まず始めに、元素は、
人の目にかろうじてみとめられるものよりも、はるかに小さく、
私たちの感覚にたっしないからである。それでもなお、
そのことを確かめるために、すべての物の根源が
いかに細かいものであるかを短い言葉のうちに悟りたまえ、
まず第一に動物の一部には非常に小さくて
それの三分の一はどのようにしても目にみえないものがある。
これらのものの腸は一体どのようなものだと思ったらいいのか？
それの心臓や目の球はどんなものか？　手足は？　関節は？
どんなに小さいことか！　さらにまた魂と精神を
作っている、それぞれの元素はどうなのか？
それがどんなに認めがたく、どんなに小さいかが分らないのか？
それから次には、その体内からはげしい香を

発散するものがある。パナクス[2]、いやなにがよもぎ、
たえがたいハブロトヌム[3]、にがいせんぶり、
それらのうちどの一つでももし軽く二つの〈指でつまむなら、
その香は指からながく落ちないだろう。〉

〔欠行〕
なぜものの像が数多く、様々な仕方で、力もなく、
感覚にもふれないで彷徨《さまよ》うていることが分らないのか？

しかしながら物から放出された、そのものの像だけが
ひとり彷徨《さまよ》うているのだと、かりにも思わないように。
じっさいひとりでに生れてくるものもある。
それは空気とよばれるこの空の領域の中でつくられる。
それは様々な仕方で形づくられ、空に高くのぼってゆく、
ちょうど時折、空の高みで雲がたやすく濃くなり、その運動で
空気をかすめ、世界の静かな姿をかきみだすのを
見るように、なぜなら、たびたび巨人の顔が
空をとび、その影をひろくおとし、

時には大きい山々、山々から引きさかれた岩が先にたち
太陽の前を通りすぎ、それから他の形の雲を
怪獣が引きよせ引きずるのが見られるのだから。
また雲はとけながらその姿をかえることをやめず、
あらゆる形にその輪郭を変化させる。

さて次にこれらの像が、いかにたやすく、いかに速く生じ
たえず物から流れで、離れおちるか、
〔欠行〕
なぜなら、ものがその表面を放出するため、表面はいつも
あふれているのだから、そしてそれらが、他のもの
とくにガラス、にゆきあたると、それをつきぬける、しかし
あらい岩や木の物質にゆきあたると、そこで、すぐ
こわれてしまい、したがって像は一つもできない。

(2) 万病をなおす薬草。
(3) 香料植物。

それに反し、たとえばとくに鏡のように、輝き、緻密なものが
途中にあると、このことは何も起らない。
なぜならガラスを突き抜けるように、突き抜けることもできず、さりとて
こわれてしまうこともできない、滑らかさは像を破壊しないのだから。
それゆえ、こうして像がそれから私たちの目にかえることになる。
そしてどれほど急激に、どんなときにでも、
どんなものでも、鏡に対して置けば、像が現われる。
これからして、物の表面からはたえず物のうすい組織と
うすい形とが流れでていることが分る。
だからして短い時間に無数の像が生じるのであり、
それゆえ、これらの像の生成は当然速やかといえる。
そして太陽が大量の光を瞬間に放出して
すべてのものを絶えず光にあふれさせているように、
それと同じ仕方で物からも瞬間に物の像が
無数に、さまざまな仕方でいたるところ
あらゆる方向に送りだされていることに間違いない、
鏡をどこに向けようとも、そこにあるものが

その瞬間に似かよった形と色とをもってうつるのだから。
それからまた、今までこの上なく晴れわたっていた空が
突然恐ろしい嵐となり、どこもここも
アケロンの国の暗闇がみな逃げ出して
空の大きな天井を充たしたかと見えるほどとなり、
ついには密雲の暗い夜がたれこめ
恐怖の顔が上からのしかかってくることがある。
このうち、像がどれほど小さな割合をしめているか、誰が言い切る
ことができようか、またその理由を言葉にすることができようか。

さて次に像がどれほど速くはこばれ
どのような速度をもって空中をすすみ、
それによって短い時間に長い距離をへめぐり、
様々な衝動により、それぞれ、どんな所にも向うことを
長くはないが快い詩句によって明らかにしよう。
白鳥の歌は短いけれど、南の国の空高く
雲に消えてゆくかの鶴の叫びより美しいように。

まず第一に、軽く、小さなものからできているものは
きわめてしばしば速いと見てよいことである。
この種のものに太陽の光とその熱とがある。
そのわけは、これらのものは微小な元素からなり、
その元素は相つぐ打撃によってかりたてられ、
空間をつきぬいて進むことをためらわないのだから。
なぜなら光がただちに光をおぎない、いわば一列につづいて
閃光は閃光によっておしやられるのだから。
それゆえ像は同じような仕方で一瞬の間に
想像もつかない長い距離をつらぬき進むにちがいない。
第一の理由は背後遠くから押しやり、追いやる
非常に小さな原因が存在しているからであり、
その後は飛ぶ速さではこばれるのだからであり
第二の理由は疎《まば》らな組織をなして放出されるため、
どんなものをも、つきぬけることができ、
中間にある空気をいわばつらぬいてゆくことができるからである。
さらにまた、もし物のずっと内部から外に

放出される微粒子が、太陽の光
および熱のように、瞬間にして流れでて
空の全空間にひろがり、
海と陸とをこえてとび、空にみなぎるならば、
それなら、物の最前面にあったものが放出され、
何ものもその発射をおくらせないときはどうなのか？
太陽の光が空いっぱいに広がるその同じ時間に
何倍もの距離を通りすぎ、もっと速く、
もっと遠くに進むにちがいないことがなぜわからないのか？
ものの像がどれほど速く運ばれるか
ということの確かな証拠の第一は
露天に、水鏡をおくやいなやただちに
星をちりばめた空から
清らかに輝く空の星座が水鏡にうつることである。
これでもあなたは、どれほど短い瞬間のうちに、像がアイテールの領域から
この地上の領域にやってくるかが、分らないであろうか？

それゆえ、なおさらに、物から放出され、私たちの
〔欠行〕
目を刺激して視覚をひきおこす物体は
驚くほどの速さをもっていることを認めねばならない。
またあるものからは、いつも香が流れでる。
ちょうど水の流れから冷気がたち、太陽から熱が、海の波からは
波打際にそうて岸壁をかじるしぶきがたつように。
さまざまな声もまた空中をとぶことをやめはしない。
じっさい海のほとりを歩くと塩からい味の水が
しばしば口にかかる。にがよもぎをうすく解かすのを
見ているときには、にがみが舌にふれる。
まことにあらゆる物からそれぞれ物が流れでていて
そしていたるところ、あらゆる方向に放出され、
その流出にはいかなるおくれ、いかなる休止もない。
なぜなら私たちはいつもそれを感知するし、
たえずすべてを見わけ、嗅ぎ、聞くのだから。
さらにまた、暗闇の中で手にさわった

ある形のものが、明るい光の中でもそれと
知られるのだから、全く似かよった原因が
触覚と視覚とにはたらいているにちがいない。
さてそれで、もし四角いものにさわっており、それが暗闇の中で
私たちの感覚を刺激するならば、明るみの中で目にいる
四角いものは、それの像でなければ何なのか？
それゆえ像の中にこそ見わけうるための原因があり、
この像がなければ物は目に見えないのだと思われる。

さて次に、ものの像と私がいうものはあらゆる所にはこばれ
あらゆる方向に分配され、放出されている。
ところで、私たちはただ目だけによって物を見わける、
従って、私たちが目をむける所にあるものだけが、すべて
目にむかってその形と色とをもってうちあたる。
それから、それぞれの物が私たちからどれだけ離れているかは
その像が私たちにそれを分らせ判別させる。
なぜなら像が放出されると、すぐに、それ自身と

目との間にある空気をおしやりおいたて
そして空気はすべて私たちの目をつきぬけ、そして
瞳をいわば軽くゆすり、そしてつきぬけるのだから。
それによって、つまり空気が私たちの目にくる前に
ゆり動かされ、より厚い空気が私たちの目に軽くふれるほど、
それぞれのものは、それだけ遠く離れていると見られる。
以上のことは明らかに非常に速やかに行われ、それゆえ私たちは、
そのものが何ものであるかと同時に、どれほど遠いかを知る。
ところでちっとも不思議ではないのである、なぜ
目にあたるその像は一つ一つでは見えないのに、
物そのものが目に見えるかということは。
じじつ、風が少しずつ打ちあたり、冷気がただよいよるとき、
私たちは風や冷気の一つ一つを
感じるのではなく、全体として感じるのであり、
そして、あたかも何かあるものが打ちあたるかのように
私たちの体にそのショックが生じ
その物体の感覚が外からあたえられる。

それからまた、石を指でおすとき、石の
表面および表面の色に触るのであるが、
その色は触れたのでは分らず、その岩の
固さだけが奥深くあることが感じられる。

さてそれでは、なぜ鏡の向うがわに像が見えるのか教えよう。
なぜなら像はたしかにその中遠くにあるように見えるのだから。
それは、戸口をとおして打ちひらけた眺めがのぞまれ、
家の外にある多くのものが見えているとき
戸口をとおして外のものを実際見るのと同じことなのだ。
その時の眺めは二層の空気をとおしてみられる。
まず第一に戸口のこちらがわに空気があり、
それにつづいて扉が右左にあり、
外部の光はその後から私たちの目にとどく、そしてそれから
も一つの空気があり、そして外部に実際みえる物がそれにつづく。
こういうしだいだから、鏡にうつった像がまず放出されると
私たちの目にくるまでに、そのものと目との

間にある空気をおしうごかし、鏡よりも
さきにそれらの物すべてを感じさせる、
しかし鏡そのものを見るときには
私たちからでた像が鏡につくと
すぐに反射され私たちの目までかえってくる、
そして自分の前にも一つの空気をおしながら進む。
そしてそれ自身よりも空気をさきに見えさせる、それゆえ
鏡からそれだけ遠く離れているように見える。
それゆえ、繰り返しいうが、ほんとに戸の外にあるものと
鏡の面から映像を反射してきたものと
〔欠行〕
同じようになるのは少しも驚くことはない、
どちらの場合にも二層の空気によって事がなされるのだから。
さて私たちの体の右の部分であるものが
鏡では左に見えるようになる。それは
鏡の面に像がきて、ぶつかるとき
無傷のままにはねかえらないで、次のようにして

まっすぐ後にうちかえされるからである。
すなわちまだ乾きあがらない石膏の仮面を
柱か梁に打ち当てると、それはすぐに正面を正しく向いたまま
うちかえされ、撥ね返る、それと同じようなのだ。
その結果、前に右であった目がいまは左となり
それと反対に左のものは右となる。
また鏡から鏡に像が写され、
五個さらに六個の像が生ずることもある。
なぜなら家の奥の方にかくれているものでも、
そこからどれほど遠く深くはなれていても
それらはみな、多くの鏡により、曲った路をとおって
引きだされ、家の中にあることが知られるのだから。
それほどまでに鏡から鏡に像は反射される。
そして左にあるものは次に右にうつり、
それからまた新たに反射され元にかえる。
また私たちの横腹と同じような
曲り方をした、微小面からできた鏡は

私たちの右向きの像をうつしだす、
その理由は像が鏡面の一部から他部に反射され
二度反射されて私たちにとびかえるからか、または
像が鏡にあたると、鏡の曲った形が私たちの方に
向きを変えるように教えるため、回転するからである。
また像は私たちと同時に
足をふみ、身ぶりをまねる、
そのわけは、鏡のどの部分からあなたが遠ざかろうとも
像はまっすぐに、そこから引き返すことができないからだ、
なぜなら自然はあらゆるものが入射した角と
ひとしい角をなして反射することを要求するのだから。

また眼は輝くものをさけ、それを見ることをきらう。
太陽はもしそれに向って見詰めようとすれば目を眩《くら》ませる、
なぜならそれの力が強大であり、高い所から
透明な空気をとおって勢いよく像が進んでき、
目をうってその組織をかきみだすからだ。

さらにまた、はげしい輝きはしばしば眼をやく、
それは火の種子（アトム）をたくさんもっており、それが
目の中にしみ入ってきて痛みを生じさせるからだ。
それからまた、黄疸《おうだん》にかかっている人が見るものは
いずれも黄色くなる。それは黄色の流れの種子が多数彼らの
体から物の像に向って流れ出し、また
彼らの目にもたくさんまじっており、それが
その接触によって、すべてのものを蒼白に染めるからである。

また闇の中からは光の中にあるものが見える、
そのわけは、すぐま近にある闇の黒い空気が
さきに目にはいり、あいた目を捕えるとただちに
明るい輝いた空気がつづき、いわば闇をきよめ
さきの空気の黒い影をおいはらうからである。
なぜなら輝いた空気は何倍も動きやすく
ずっと小さく、ずっと強力なのだから。
それが目の通路を光でみたすやいなや

黒い空気がさきにしめていた通路は
ひらかれ、ただちに、光の中にある物の
像がつづき、刺激を与え、視覚を引きおこすのである。
これに反して私たちは光の中から闇の中を
みることはできない、なぜなら光の向うには闇の
濃い空気がつづいており、それが目のすべての孔をみたし、
目の通路をしめ、そのためどんなものの像も入ってきて
目を刺激することができないのだから。

市の四角い塔を遠くからみるとき
それはしばしば丸みをおびてみえる、
そのわけは角あるものはすべて遠くからは丸みをおびて
見えるためであり、あるいはむしろ目にみえなくなり、その衝撃を失って
私たちの眼をゆすらなくなるからである。
なぜなら像がくるまでに多くの空気をつきぬけるため
たびたびの空気との衝突のため力を失ってしまうからである。
こうして角ある物はみないずれも感覚をのがれ

石の建物は轆轤《ろくろ》にかけられたように見えることになる。
しかしほんとに眼前にある丸いもののようにではなく、
いわば少しぼかしてそれらしく見える。

また日の光の中で私たちの影もうごき
足跡をおい、身ぶりをまねるのが見られる、
もし光を失った空気が歩いたり、人の運動、
身振りをまねることができると信じるなら。
じっさい私たちが影とよびなれたものは光を失った
空気のほかになにもありえないのだから。
（三六五）

じじつその理由は、地上のある場所は私たちが
歩きながら日の光をさえぎるにつれて順々に
光を失い、私たちが立ち去ればまた光にみたされるからであり、
そのため体の影であったものが、まっすぐに
私たちを追ってくるように見えることになる。
（三七〇）

なぜならいつも新しい日の光が降りそそいでおり、先の物は、
火に羊毛が梳《す》きこまれるように、消えうせてゆくのだから。
（三七五）

それゆえ何の苦もなく日の光は地上からきえうせ、
またそこをみたし、黒い影を洗いおとす。

しかしここで私たちは目が少しでも欺かれているのだとは認めない。
なぜなら光と影がどこにあるかを見るのが目の
役目なのだから。確かに同じ光なのか、それとも違うのか、
ここにあったと同じ影があそこを通りすぎるのか、
それとも今しがた私のいったようなのか、
それを見分けることこそ理性のなすべきことであって
目は物の本性を知ることはできない。
それゆえ精神の次のような過ちを目におしつけてはならない。
私たちをのせた船は止まっていると見えながら進み、
錨《いかり》を下ろして止まっている船は漕《こ》ぎ去るように見える。
そして丘や野は艫《とも》の方に逃げてゆくように見える、
そこを通りすぎて帆をあげ走る舟からみれば。
星座はみなアイテールの天井に止っているように
見えるけれど、しかしみな絶えまない運動をしている。

なぜなら空にのぼり、その輝く体で空を横ぎっては
遥か遠い西の地平線に沈むのだから。
それと同じように太陽も月も止まっているように見えるが
しかしそれらが運動していることを事実はしめしている。
海の沖遠くそびえている山は、その中に
艦隊の自由に通れる大きな通路があっても、
集ってただ一つの島とみられる。
ぐるぐるめぐることをやめた子供には広間が
ぐるぐる廻り、柱が走り廻るようにみえ、
家全体が自分の上に落ちかかろうとしていないとは
信じられないくらいまでなる。
波うつ炎の赤い旭光が高くのぼりはじめ、
山の端《は》にでようとするそのときには
その山の上に、炎にもえたつ
太陽そのものがじかに触れているように見え
私たちからやっと矢の二千射程しか、いや時には投槍の
わずか五百射程しか離れていないようにみえるが、

山々と太陽との間にはアイテールの広大な領域の下に
ひろびろと大海原が横たわっており、
そしてその間には何千という土地が散らばっていて
さまざまな人類と野獣とを住まわせている。
それと反対に、やっと指幅の深さの水溜りが
道の石畳の間にある時、それは
地の下に奥行の実に深い眺めをみせる、
地面から高い空の裂目がひろがっていて、雲や、空や
空にかくされているものを不思議にも
地の下に見下ろしていると見えるほどまでに。
それから川の中流にたくましい馬をとどめ、
流れ速い川波をみおろしていると、その力は
立ちどまっている馬の体を横ざまにはこび、そして
流れにさからって突進さすように見え、
そして目をどこにでも転じると、何もかも
私たちと同じように流れゆくように見える。
柱廊はどれほど平行な直線上にならんでおり、

端から端まで、同じ高さの柱によって支えられて立っていようとも、
しかしその最端から長い全体を眺めるときは、
少しずつ細って、とがった錐《すい》の尖端となり
屋根を床につなぎ、右をみな左に合わせ
ついにはおぼろな錐の尖端にかすみこませる。
海の上の水夫たちにとっては太陽は波から生れ、
波に沈み、波にその光をかくすように見える。
じっさい水と空とのほかには何も見えないのだから。
しかし感覚がいたる所でよろめいているのだと軽々しく信じないように。
海を知らない人々には港の中で船尾の飾りも壊れた船が
よろよろと、波の上をあがき進むのが見られる。
海の水の上にでている、オールの部分は
まっすぐであり、舵も上の方はまっすぐであるのに、
水の中に沈んでいる部分は折れまがり、
みな上の方に浮き上って、水の表面近くで
折れてゆれ動いているように見える。
夜分に風がまばらな雲を、空を横ぎってはこぶとき

その時きらめく星は
雨雲に向ってすべり、その上をゆき、
正しい方向から遠くそれた方向にゆくように見える。
もしたまに一つの目の下に手をあてその目をおすと
何かある感覚のため
目にみえているものがみな二重に見える。
炎の花を咲かせているランプの火も二重に、
家中の家具も二重に、
人の顔も二重に、体も二重にみえる。
さいごに、甘美な睡眠が体を捕え、
体は全くの静けさの中にすっかり横になっているとき、
そのときでも私たちは目をさまし、手足を動かしている
ように思われる。そして夜の目のみえない暗がりの中に
太陽や昼の明りをみ、室はしめてあるのに
空、海、川、山が移り変ると思い、
野原を足で歩みすぎると思う、
そして夜の静けさのこめている中に音をきき

口をとじているのに、言葉を返すように思う。
この種のものにはなお多くの不思議なことを私たちは見るが、
それらはまるで、感覚への信頼を破壊しようとしているようだ。
しかしそれは無駄なことだ。なぜならそれらの大部分は、
私たちが自分で付けたす推測のために欺くのであって、
じっさいには見えないものを見たと思うからである。
じじつ、明らかな真実を、精神が即時にみずから付けたす
疑わしいものから区別することより、難しいことはない。（四六五）

それから、もし人は何ものも知らないと考える人があるとすれば、
その人はそのことを知りうるかどうかも知らないわけである。なぜなら何も知らないとい
うのだから。（四七〇）

それゆえ私はその人と言い争うことをやめる、
彼はその足跡の上にその頭で立っているのだから。
しかしながら、ともかく、そのことを彼が知っていると譲るにしても
次のことは聞きたい、もしあらかじめ事物の中に真実なものを何一つ見たことがないなら、
知るとか知らないとかいうことはどういうことなのか、どうして知るのか、（四七五）

真実および虚偽という概念は何ものが作り出したのか、
疑わしいものが確かなものと異なることを何ものが証拠だてるのかと。
あなたは、真実という概念がまず感覚から作られ、
感覚は否定しえないものだということを見出すだろう。
なぜなら、他の助けを借りることなく、真実によって虚偽にうちかち、
より大きな信頼をもつものを何か発見しなければならないのだから。
ところで感覚よりも大きな信頼をもつものが何かあるのか？
それとも間違った感覚から生じた理性が感覚に
逆らうことができるというのか、それ自身全く感覚から生れながら？
感覚が真実でないとしたら、理性もまたすべて誤りとなるだろう。
それとも耳が目を、触覚が耳をとがめることができる
というのか？　それからまたこの触覚を口の味覚が非難したり、
また鼻が反論したり目が論破したりするというのか？
そうではないと私は思う。なぜならそれぞれに
その機能は分れており、その能力も分れており、それゆえ
一つは軟かいもの、冷たいもの、あるいは熱いものを
一つは物の様々な色および色に係りのあるものを

別々に感じるものと見なければならない。
口の味覚もまた別の機能をもっており、嗅覚も別だし、
音も別である。それゆえ一つの感覚が
他の感覚を誤りということはできないにちがいない。
さらにまた感覚がそれ自身を吟味することもできない。
なぜなら感覚はいつでも一様に信頼さるべきものなのだから。
それゆえ感覚が認めたことは、それがいつであっても、真実なのである。
もし推論が、そばでは四角なものが
なぜ遠くからは丸みをおびて見えるかという理由を
解くことができないならば、推論のたりないままに、
どちらかの形の原因を間違えて説明し
明らかな事実を手の中からどこかへ投げすてない方がよい、
そうしなければ私たちの信頼の元となるものをそこない、
生活と生命を支える基底を引きぬいてしまうことになるだろう、
じっさいすべての推論がくずれるばかりではない、
生命そのものもただちに亡び去るだろう、もし感覚を信じないで
断崖をさけず、またその他の危険をよけず

その反対のものをあえて求めるとすれば。
それゆえ感覚に反対して作りあげられたかのものどもは
すべてむなしい言葉の積み重ねにすぎない。
また家を建てるとき、もし始めから物指しがゆがんでおり
曲尺《かなざし》が間違って、直線からずれており、
鉛直線がどこかで少しでもたるんでいるならば、
家全体は間違ってでき、傾き、
歪み、張り出し、前に傾き、後に傾き、調和をもたず
いまにもくずれ落ちるように見え、また実際くずれるにちがいない、
始めの間違った測り方のため、すべて裏切られるわけである。
それと同じように、間違った感覚から生じたものなら、
物にかんするあなたの推論はゆがんでおり、間違っているにちがいない。

さてその他の感覚がそれぞれ固有なものをどのようにして
感じるかについては、むずかしい推論は残っていない。
まず始めに、すべての音や声が聞えるのは、それが耳に入って

その物体（アトム）で感覚を刺激した時である。
それゆえ声も音も物体的なものだと認めなければならない、
なぜならそれは感覚を刺激するのだから。
その上また声は度々喉をかすり、
叫び声は気管をでる時そこをより粗くする。
その理由は声の元素が大群をなして現われ狭い所を
外に通りぬけ始めるからであり、また喉もいっぱい詰り、
口への門も明らかにかすめられる。
それゆえ声も言葉も物体的な元素からできている
ことに疑いない、なぜならそれは傷つけることができるのだから。
また曙の光がさしてから暗い夜の闇のせまるまで
絶えまなく話しつづければ、あなたは
体からどれほどのものが取り去られ、また人間の筋肉および
力そのものがどれほど失せるか見のがさないであろう、
とくに高い叫びで呼びつづければどれほどひどいかを。
それゆえ声は物体的なものであることに間違いない、
なぜなら多く話せば体の一部は取り去られるのだから。

声の荒々しさはその元素の荒々しさから、
また滑らかさは元素の滑らかさから生じる。
また耳に入ってくる元素は同じ形のものではない、
ラッパが低くおしつぶされた音を重々しくならし、
しわがれた音色を異様に響き返すときと
ヘリコン山の速い流れの中から白鳥が
悲しい声で透きとおった叫びをあげるときとでは。

こうしてこれらの声が体の奥からおしだされ、
口からまっすぐ外にはきだされるときは
言葉を作るに巧みな、すばやく動く舌がそれを音節に分け
両唇の配置がそれに形を与える役をはたす。
それで一つの声の進んでくる間が長くなければ
その言葉もまたはっきりききこえ
一音ずつはっきり確かにききとれる。
なぜなら声はその配列と形とを失わないのだから。
これに反してもし長すぎる距離がその間にあれば

空気の中を通る間に、多量の空気のため
言葉は入りみだれ、声は前後を失ってしまう。
それゆえ音をきくことはできても、その言葉が
何を意味しているか聞きとれないことになり、
はてには混乱した声がとだえがちに聞えてくる。
それからまた時々触れ役の人の口からでた
ただ一つの言葉が集会の人々すべての耳をうつことがある。
それゆえ無数の声に、ただ一つの声がすぐに分裂するのだ、
なぜならその声が一つ一つの耳にゆきわたり、
その言葉の形と透明な響きとを印するのだから。
しかしながら声のうち、耳に入らないものは
脇を通りすぎ、むなしく空中に散ってゆく。
かたい所にぶつかったものは、はねかえされ、響き返り、
しばしば言葉の像となって人をあざむく。
以上のことがよくわかるなら、あなたは自分にも、また他の人々にも
確実に説明できるだろう、陰深い山の中で
道に迷った従者をたずね、散り散りになったものを

大きな声で呼びかえすとき、どのようにして、さびしい所から
岩が同じ形の言葉を次々に返してくるかということを。
一度しか叫ばないのに、六度ないし七度も声をかえす所を
私は見たことがある。そのようにして、丘は丘に
いわれた言葉を撥ねかえし、繰り返しこだまさせる。
そこをこそ、付近の人々は、山羊の足をもつサチュロス[4]、
およびニンフ、それからファウヌス[5]の住家と思い
夜の静けさは隅々まで乱され、
さらに弦の響き、楽人の指にはじかれて
フルートのかなでる楽しい歌がおこるといい、
農夫たちには広い範囲にわたって、その時パンが
半人半獣の頭にかざした松のおおいを、うち振りながら、
たびたび唇をゆがめて孔のあいた葦笛をふきまくり
葦笛は森の調べを吹きつづけるのが聞えるのだと言いはる。
この種の不思議なこと、驚くべきことはなおほかにも多く語られている、
が、それは神々にも見捨てられた淋しい所に住んでいると
考えられたくないからなのだ。まことに彼らは不思議なことどもをいいふらす

が、それは何かある理由に導かれてであろう。
なぜなら人という人は人の耳をひくことをこの上もなく愛するのだから。

それからまた、どのようにしてなのかと、何も驚くことはないが
目がはっきり物を見ることのできない所、
そこを声はつきぬけて耳をうつ。
しめきった部屋の中の会話さえ度々私たちには分る、
そのわけは、声は物の中の曲った孔を疑いもなく
無傷で通り抜けるが像はそれをこばむからである。
なぜなら像はたとえばガラスの場合のように、どんな像でも通りぬける
まっすぐな孔でなければ、壊れて、通過できないのだから。
それからまた声はあらゆる方向に分れるが
それは一つの声から次の声が生じるからであり、
口から一度でた一つの声は多数の声に裂けとぶからだ、

（4）　半人半獣の森の神。
（5）　牧神。森の神であり、森の中で聞える不思議な音にとくに関連している。パンと同一視される。

あたかも火花がしばしば幾つかの火花に裂けとぶように。
それゆえ背後深くかくれた所も声にみたされ、
そのあたりじゅうわきかえり音でざわめく。
これに反し像は一度発射されれば、みな
まっすぐな道をすすむ、それゆえ誰も壁の内側を
見ることはできないが、外から声をきくことはできる。
とはいえその声も家の壁をつきぬける間に
弱まり、混乱したまま耳に入り、
言葉というよりは物音をきいているように思われる。

味を感じるもの、すなわち舌と口蓋とについては
これほどの説明もいらなければ面倒もない、
まず始めに味は、ちょうど水をいっぱい含んだ海綿を
手で押ししぼり、かわかし始めるときと同じように、人が食物を
嚙みくだいてしぼりだすとき、口の中で感じられる。
それから、しぼりだされたものは口蓋のすべての孔と、
まばらな舌の曲った孔に分配される。

それゆえ、しみてゆく汁の物体（アトム）が滑らかであれば
それは快く触り、舌のまわりの、液のにじむ、しめった
口蓋のどこにも快くふれる。
それに反しより荒々しいものにより多くみたされているものは
感覚をつきさしいためる。
次に、味覚の悦びは口蓋の端までにかぎられている。
じじつ喉を通りすぎて下におちてしまうと
体内にゆきわたりながら、もはや何の悦びもない。
またどんな味の食物で体を養っているかは少しも重要でない、
ただ食ったものが消化されて体にゆきわたり、
そして胃が水分を失わず軟かでありさえすれば。

さてそれでは、なぜある物はあるものにとって食物であり、
あるものには嫌な味がし、にがいものがほかのものには
なぜ非常に甘いと見られるのはどうしてなのか説明しよう。
これらのものには非常に大きな変化と差異があり、
あるものには食物となるものが他のものには激しい毒となりかねない。

そういうわけで、ある蛇は人間の唾に触れると
弱ってしまい、みずから体を噛んで死ぬ。
それからまた私たちにはヘリボリ[6]ははげしい毒であるが
山羊とうずらはそれを食って肥える。
どんな理由でそうなるのか知るには
まず先にいったこと、すなわち物にはさまざまな仕方で
種子（アトム）がまじっていることを思いだすべきである。
そしてまた食物をとる動物はすべて
その外見が違い、それぞれ
体の輪郭も違っているように、それぞれ
さまざまに異なった形の種子（アトム）からできている。
その種子（アトム）が異なっているため、孔といわれる間隙
および通路は、手足のすべてにわたり、また口、
口蓋そのものにおいても異なっているはずだ。
従って孔にはより小さなものがあり、より大きなものがあり、
またあるものでは三角、あるものでは四角であり、
丸いものも多く、またさまざまに角多いものがあるに違いない。

なぜなら、もろもろの形（アトム）の配列および運動が要求するように
孔の形も違い、体をひきしめている組織と同じく
通路もさまざまに変化しているに違いないのだから。
それであるものにとって甘いものも、あるものには苦い。
それを甘く感ずるものには非常に滑らかな物体（アトム）が
口蓋の孔の中に愛撫するように入ってゆき、
それに反しその同じものを苦く感ずるものにはきっと
荒々しい、鉤《かぎ》のある物体（アトム）が喉に入ってゆくのだ。
さてそれで、以上のことからどんな場合もすぐ理解できよう。
じっさい胆汁があふれて熱病をわずらうとき
または何らかの仕方である種の病気が力をふるうときには
そのときは体中がすっかりかき乱され、そして
あらゆる元素の配列がかわってしまうのだ、
その結果以前には感覚に快かったものが
もはや快くなく、かえっていつもは体に入って

（6）　欧州産うまのあしがた科の植物、有毒。

痛い感じを引きおこす他のものが好ましくなる。
じっさい蜂蜜の味の中にはその両方がまじっている。
そのことはすでに度々教えたことである。

さてそれでは香気はどのようにして鼻をうつか
説明しよう。まず様々な香気を放散するものは
確かに無数に存在するはずだ。そして香気は
どこにでも流れ出し、放出され、散布されていると考えるべきだ。
しかしながら元素の形が違うため、ある香りはとくに
ある動物に好ましい。だからこそ空中を
いかに遠くても蜜蜂は蜜の香りに導かれ、
禿鷹は死体に引きよせられる。それから野獣の
さけた蹄が歩みをはこんだ所に、放された犬の力は
人を導くし、ローマ人の城砦の救い手、
白い鵞鳥[7]は遠くから人間の香りをかぎつける。
このようにしてある香りはある動物をその食料へと
導き、いやな毒物からとびのかせ

そのようにしてこそ、野獣はその種族を保つのである。

鼻をつく香りのうち、あるものは
他のものより遠くまで漂うてゆく。
しかしながらそのいずれも音や声ほどに遠くにはゆかない。
目の瞳をうち視覚を刺激するものに
比べられないことはいうまでもない。
じっさい香りはゆっくりさまよいながらやってき、少しずつ空気の
微風にやすやすとひきちぎられ、すぐに消えうせてしまう。
なぜならまず第一に、香は物の奥深くから辛うじて放出されるのだから。
じじつ香りが内部深くから流れだし、物から離れてゆくことは
ものをよりよく砕き、粉々にし、火でやくほど
いずれもよく匂うことから明らかである。
その次に、香りは音よりも大きな元素からできているからだ。
なぜなら声や音がふつう通りぬける

（7）前三九〇年ガリア人が来襲したとき、鵞鳥が敵の夜襲に騒ぎたててローマを救ったといわれる。

石の壁を香りは通りぬけないのだから。
それゆえ匂うものはどこに位置しているのか
探すのにそれほどたやすくないことが分ると思う。
なぜなら香りの打撃は空気の中をゆるゆる進んで力を失い、
物の生々しい報知を感覚につたえないのだから。
それゆえ犬はたびたび迷い、足跡をさがし廻るのだ。

ところでさきのこと[8]は香りや味についてだけ
あるのではなく、ものの姿や色もまた
すべての動物にみな都合よいわけではない。
あるものは、ある動物の目に、ずっとたえがたい。
羽ばたいて夜をおいはらい、暁を
美しい声でつげる習いの雄鶏に向っては
たけだけしいライオンが立ち向うことも
みつめることもできないで、すぐに逃げることを考える、
それはきっと鶏の体の中に何かある種子（アトム）、
ライオンの目になげこまれると、その瞳をつきさし

この猛獣がそれに耐えきれないほどはげしい
痛みを与えるものが、あるからに違いない。
しかしこの種子（アトム）は人の目を傷つけない、
それは突き刺すことができないからか、または突きさしても
すぐに目から自由に流れ出し、そこに止まって
目のどの部分をも傷つけることができないからであろう。

さて次に、精神を動かすものは何か、そして心に
訪れるものはどこからくるのか、かいつまんで聞きたまえ。
まずいうべきことは、さまざまな仕方でいたる所に
あらゆる方向に数多く、物の稀薄な像、
空中で出くわせばやすやすと、あたかもくもの糸か金箔のように
つながるほど稀薄な像がさまようていることだ。
じじつこのものは、目をうち視覚をひきおこすもの
に比べてずっと細かな構造をしているのだ、

（8）　六八四―六八六行。

なぜならそれは体の孔を通って入ってゆき、精神の稀薄な
本性を動かし、その中に感覚をひきおこすのだから。
そのようなわけだから私たちはケンタウロスやスキルラの体をみ、
ケルベロス(9)の犬面をみ、また死んですでにその骨を
大地にいだかれている人々の像を見るのである。
なぜならあらゆる種類の像があちらこちらを飛んでいるのだから、
一部は空気そのものの中からひとりでに生じたもの、
一部はさまざまな物からぬけ落ちたもの、
およびそれらの形があわさってできたものが。
なぜならケンタウロスの像は確かに、生きたものからできたのではない、
そのような性質の動物は一つもないのだから。
ほんとは馬と人間との像がたまたまでくわしたとき
その捕えがたい本性と稀薄な構造のため
さきにいったように、すぐ何の苦もなくくっついたのだ。
その他同種のものも同じようにして生じたのである。
この像は非常にすばやくきわめて軽くはこばれる、そのことは
前に教えたとおりであるが、それゆえどれと限らずただ一つの稀薄な

像がただ一突きでやすやすと人の心を動かす、
なぜなら心もまた稀薄な、驚くほど動きやすいものだから。

このことが私のいうとおりに生じることを次のことから理解したまえ。
心に見えるものと、目にみえるものとは、互いに似かよっている
のだから、同じ仕方で生じるに違いない。
さて人がライオンを見るとすれば、それは目を刺激する
像によってであることを私は教えたのだから、心もまた
同じ仕方で、つまりライオンの像によって動かされることは
明らかである。その他、心の見る像が心を動かすことは
目の場合と変りはないが、心は遥かに稀薄なものまで見る。
眠りが手足を伸ばさせているときにも
心が眠らないでいるのは、ほかでもない正に、
さめているときと同じ像が人の心をうつからである。

（9） 三つの犬の頭、竜の尾をもち、背にはあらゆる種類の蛇の頭をもち、下界の入口を守る犬。ヘラクレスは第十二番目の功業においてこれをとって来てまた返した。

しかも、すでにこの世を去り、死と大地とに捕われた人を
確かに目に見ると思うまでに強くうつ。
このようなことがおこるのは確かに自然のせいである。なぜなら
体中の感覚はいずれも押えられて静かに眠っており、
虚実を真実によって退けることができないのだから。
その上記憶は眠りほうけており、滅びと
死とがすでに捕え去った人を見わけることができず、
心はその人の生きたままを見ていると信じる。
それからまた、像が動きまわり、調子にあわせて踊り、
腕その他を振り動かすのは驚くにあたらない。
じっさい像は夢の中でそうすると思われることがある。
事実は、始めの像がきえうせると、次の像が他の姿勢で
現われるから、始めのものが身振りをかえたと見えるのだ。
明らかに、その過程はすみやかだと考えねばならない。
それほど像は大きな運動性をもち、それほど多数であり、
どれほど短い、やっと区別できる瞬間にも
それほど大量の像の粒子があり、それが補いをつけるのだ。

これらのことについては、事実をはっきり説明しようと思えば
問い尋ぬべきことが多くあり、明らかにすべきことも多くある。
まず第一に問うべきことは、人にある思いがくると
なぜすぐにその人の心はそのものを考えるのか？
私たちの望みを像は見まもっていて、
私たちが欲しいと思うやいなや、すぐとんでくるのか、
海でも陸でもまた空でも心にあれば。
人々の集り、華やかなパレード、酒宴、戦闘、これらすべてを
一語のもとに自然は作り出し供えるのか？
とくに、同じ場所にありながら、人々の心は
はるかに異なるさまざまなことを考えているときにも。
その上また、夢の中では像が調子を合わせて進み、
しなやかな手足を動かすのはなぜなのか、しかも
そのとき像はしなやかな腕を交互にすばやくつきだし、
腕にあわせて足で調子をとりながら、身振りを繰り返しているのだ。
きっと像は芸術によいしれ、夜分に楽しみを

するように教えこまれてさまようているのであろうか？
それともこういったほうがもっと真実に近いのか、つまり
私たちが感じるその瞬間、すなわち声一つたてるときに、
推論が発見するとおり、多くの時間が知らないまに過ぎ去っており、
そのために、どんな瞬間にも、どんな所にも、それぞれの像が
すぐそばに待ちかまえていることになるのだと。
像の運動性はそれほど大きく、像の数はそれほど大きいのである。
それゆえ、始めの像が消えると次のものが違った姿で
現われるから、始めのものが姿をかえたと見えるのである。
そして像は稀薄なのだから、心をこらして見なければ、
はっきり見ることができない。それゆえ今あるものも
すぐに消えてゆく、もしそれを見ようと心が待ちかまえない限りは。
それで心自身まちかまえ、それぞれの物には何が続くのか
見ようと待っているからこそ、見えるのである。
目の場合でも、稀薄な物をみようとするときには、
目をこらし、待ちかまえるではないか。
そうしなければ、はっきり物が見えないからではないか？

それから、はっきり見えるものでも、
もし心を向けなければ、そのものさえ、いつでも
遠くはなれているようなのをあなたは気付くだろう。
それゆえ、心が自ら心を注いでいる物以外は
心づかないで過しても不思議なことであろうか？
それからまた私たちは小さな印の上に大きな推測をつけ加え、
そして、みずから錯覚の罠の中に捕えられる。 （八一五）

時にはまた、同一種の像がたりなくなり、
前に女であったものが手の中にあって
男に変ったと見えることもある。
それともまた、次々に顔も年も変ってゆくこともある。
このようなことに驚かないように眠りと忘却とが取り計らう。 （八二〇）

さてところで次の誤りをさけ、間違いに、
恐れ近づかないように私はあなたに切にねがう。
すなわち、明らかな目の光は （八二五）

人が物を見るために作られ、また
大またに歩けるために脛《すね》と腿《もも》とは
足の上に立ってその端を曲げるのであり、
さらにまた腕が力強い肩につらなり、
手が両側に助けとなるように与えられたのは
生きるための必要をなしうるためだと考えないように。
この種のことが他にも同じように説明されるが
それはみな逆立ちした推論のため本末が逆さまである。（八三〇）
なぜなら役に立つようにと体に何か物が生じる
のではなく、生じたものが役に立つのだから。
目の光が生じるまえに見えることはありえないし、
舌ができない前に物をいうこともありえない、（八三五）
舌ができて久しくたったのち、始めて言葉が
できたのであり、音がききとられるよりもずっと前に
耳はできたのである。たしかに体のすべても
その用が生じるより先にできていたものと私は思う。（八四〇）
それゆえそれらは用いられるために生じえたのではない。

これに反し手でもって戦いの決を争い
手足を傷つけ、体を血にまみれさせたのは
輝く武器がとぶよりもはるか昔のことであり、
左手で巧みに盾をつかって防ぐよりも前に
自然は手傷をさけるように命じたのであった。
やわらかいベッドに身を横たえるよりも
疲れた体を眠りにゆだねた方が明らかにずっと古い、
そしてまた渇きをしずめるのが杯より先に生れたことも。
これら生活の必要上みつけられたものは、
用いられるために見つけられたのだと思うこともできる。
しかしこれらとは全く別に、まずそれ自身で生れ
後になって有用さを人に考えつかせた物がある。
その種のものではまず第一に感覚と手足とがある。
それゆえ、繰り返していうが、有用さのためにこれらのものが
生れたのだと信じることはとてもできないことである。

またそれぞれの動物の体の本性が

食物を求めることも不思議ではない。
じじつ物からは様々な仕方で多くの物体（アトム）が流れ出し、
離れ去ってゆくことはすでに教えたが、大部分は
動物から流れでる。なぜなら動物は運動によってかりたてられ
多くの物体（アトム）が内部から汗とともに押しだされて逃げてゆき、
また疲れあえいでいる時には、多くのものが口から吐き出されるのだから。
このような理由で動物の肉体はその密度を減じ、
その本性も衰える。そしてその状態に痛みがつづく。
それゆえ食物がとりいれられ、手足をささえ、
体内に分配されて力を回復する、そして
手足および血管にひろがっている食欲をとどめる。
水もまた水を欲している所はどこにでも
ひろがる。熱の粒子（アトム）の多数の塊は
私たちの胃に火を与えるものであるが、水は
それに近づいてそれをちらし、あたかも炎を吹き消すかのようにそれを鎮め、
あつすぎる熱が手足をこがさないようにする。
このようにして私たちの体からやけつくような渇きは

あらいながされ、このようにして飢えの欲望はみたされる。

さて次には、私たちが望めばなぜ歩みをはこぶことができ、
手足にさまざまな運動を与えることができるのか、
いかなるものがこれほど重い私たちの体を前におしやる習いなのか
説明しよう。あなたは私の言葉を聞きたまえ。
私はいう、まず私たちの心に歩くことの像がやってき
心をゆする、そのことは先にいったとおりだ。それからして
意思が生じる、じっさい、心があらかじめ何を欲しているかを
見なければ誰も何事をもしはじめはしないのだから。
何かを心があらかじめ見ればそのものの像が現われる。
それゆえ心が歩み進むように自分を動かすと
全身の中、手足関節の中に散らばっている
魂の力を心がすぐにうつ。
それはやり易いことである。なぜなら二つは結び合わされているのだから。
それからこんどは魂が体をうつ、そして
体全体が少しずつおされ、動いてゆく。

その上また、そのとき体は密度を減じる、そして
空気——いつも運動しやすいものに当然のこととして——
があいた所にやってき、孔をとおってゆたかに入ってゆく、
そして体の隅々《すみずみ》まで散らばってゆく。
このようにして二つの原因が両方から働き、
船が帆と風とによって運ばれるように、体も運ばれる。
しかしながら、このことについて何も驚くことはないのである、
これほど小さな粒子がこれほど大きな体を
ねじまわし、私たちの重み全体をあやつるからといって。
じっさい風は細かな粒子（アトム）からできていて稀薄ではあるが
大きな力で大きな船をおし進める。そしてその船が
どんなに速く進んでいても、ただ一つの手がその舵をとり
そしてただ一つの舵がどの方向にでも向きをかえさせる。
また大きな重さのものを大量に、滑車と車とによって、
機械はかるがると動かし引きあげるのだから。

さて次に、眠りはどのような仕方で体中に休息を

ふりそそぎ、心の悩みを胸から解きはなすかを
長いよりはむしろ甘美な詩句によって教えよう。
白鳥の歌は短くても、南の国の空高く
雲に消えてゆくかの鶴の叫びより美しいように。
あなたは私に清らかな耳と悟りのよい心とをかし
私のいうことは不可能だといわないように、そして
真実の言葉を胸からはねかえし、追いはらわないように。
そうする時は、あなたは間違っていて物が分らない時なのだから。
まず眠りが生じるのは魂の力が全身にわたって
分散され、一部は外に放出されて離れ、
一部は押し込められて体の中深く退いたときである。
そのとき確かに手足は力を失い、ぐったりとなる。
疑いもなく私たちの中にあるこの感覚は
魂の仕事なのだから、眠りが感覚の存在を妨げるとき
魂はかき乱され外に追い出されると思わねばならぬ、しかし全部ではない、
なぜならそのときは体は死の永遠の冷たさに
つつまれて横たわってしまうだろうから。

じっさいおき火が灰におおわれて多くかくれているように
魂が体の中にかくれ、残っていないときには
かくれたおき火から炎がたちのぼるように、感覚が
体中に急に生きかえることがどうしてありえようか？

しかしどんな原因によってこの新しい状態は生じ、何によって
魂はかき乱され、体は疲らされるのか説明しよう。
あなたは私の言葉を風の中に流さぬように。
まず体はそのすぐ外側を空気によって
取り囲まれているのだから、空気の微風によってたたかれ、
絶えまなく突かれ、ゆすられているに違いない、
それゆえほとんどすべてのものは革で、また殻で、
あるいはまた硬い皮で、或いは木の皮で蔽われているのだ。
また体の内部も息を吐き、吸うたびに
その同じ空気がたたく、
それゆえ両側から体はむちうたれ
そして、小さな孔を通じてその打撃が体の

基本的な部分、および第一要素にまでとどくと、
少しずつ私たちの体にいわば破壊がおとずれる。
なぜなら体と心との元素の配置が
かき乱されるのだから。その結果魂の
一部は放出され、一部は奥ふかく隠れ、
また一部は体の中で分解されて、互いに
結合することもできず、運動を交換することもできない、
なぜなら内部の結合、通路を自然がとざすのだから。
それゆえ、運動が変り感覚は深くかくれる。
そしていわば手足を支えるものがなくなるため
体は力を失い、手足の隅々までぐったりし、
腕はたれ、瞼《まぶた》はとじ、横になっている人のしりは
しばしばだらしなく下に落ち、綿のようになる。
それからまた食事のあとに眠りがつづくが、それは空気がする正に
そのことを食物が、すべての血管に分配されている間に、なすからだ、
そして食いあきたり、あるいはくたびれたときには
ずっと深い眠りがおとずれる、なぜならその時

体の大部分は激しい労働のため痛み混乱しているのだから。
同じ理由で魂は一部はもっと深く投げこまれ、
一部はもっと数多く外になげだされ、
内部ではもっとこまかく、もっとひどく分散される。

それから誰でもある熱望のためほとんど虜《とりこ》となり、
または何かあることに多くの時を費やしていたりして
しかもそのため心をいつもより、ずっと張り詰めていたときには
私たちは夢の中でそのものが現われてくるのをよく見る。
弁護士は事件をのべたて、また法律を照しあわせ、
将軍は戦いをし、戦闘につきこみ
水夫は風に向って、さしせまった戦いをつづけ
私たちは自分の任務につかえ、また事物の本性を絶えまなく
さがし求め、そして発見したものを父祖の言葉でのべる。
このように、その他の学問および技芸もしばしば夢の中で
むなしく人の心を捕えようとすると思われる。
それから多くの日々を引きつづき演芸の仕事に

心を打ちこんだ人は、よく知られているように、
それを感覚で楽しむことをすでにやめてしまっても、
それでもなお、心の中にひらいた道が残っていて、
それを通って物の同じ像が現われてくる。
こうして幾日もの間その同じものが
目の前にちらつき、目ざめていながらも
踊り子が手足をしなやかに動かすのを目にし、
竪琴の澄んだメロディと弦の調べを
耳にきき、また同じ人々の集りを見、
同時にステージのさまざまな飾りの輝くのを見ると思う。
熱中と快楽、それから日頃つとめている仕事は
人間だけでなく動物のすべてにとっても
これほどまでに大きな意味をもっている。
じっさい強い馬が体を横にして眠りながら
それでも汗をかきあえぎつづけ
まるで栄冠をめざして全力をあげて走っているか
それとも柵が開かれて飛び出そうとしているかのようなのを人はみる。

(九七五)
(九八〇)
(九八五)
(九九〇)

また狩人の犬はやすらかに眠っていながら
たびたびはっと脚をなげだし、思いがけなく声をだし、
しきりに空気を鼻でかぐ、
まるで野獣の足跡をみつけ、跡をつけようとしているように、
そして飛び起きては、逃げてゆく鹿をみつけたかのように
むなしく鹿の像を追うこともたびたびある、　（九九五）
そして間違いに気づき、やっとわれに帰るのだ。
それからまた家になれた可愛らしい子犬は
体をうちふり、地面からとび上ろうとする、　（九九九）
あたかも見知らぬ顔やあやしい姿を見たかのように。　（一〇〇四）
それからまた気の荒い種族のものほど、
夢の中でもよく暴れるに違いない。
またさまざまな鳥の群れは夜中に逃げまわって
神々の森をとつぜん羽音でさわがすが
それは安らかな夢の中で、鷹が戦いをいどみかけ
襲いかかってくるのを見るからだ。　（一〇一〇）
さらにまた人の心はその大きな働きによって大事をしとげるものであり、

夢の中でもたびたび同じように働き、しでかす。
すなわち王たちを襲い、捕えられ、戦いに加わり、
まるで首を切られたかのようにその場で叫び声をあげたりする。
多くの人々は戦いをし苦痛の呻《うめ》きをあげ
豹か荒々しいライオンの口にくわえられたかのように
大きな叫びをあげてあたりをみたす。
また多くの人々は眠っていながら大事を口走り、
たびたび自己の行為の証人となったこともある。
また多くの人々は死に行きあう。また多くの人々は
高い山から大地に体ごとまっさかさまに落下するかのように、
肝を冷し、いわば正気を失って眠りからさめ、体の混乱のため
動転してほとんどわれに返ることができない。
また喉の渇いている人は川や心地よい泉の
ほとりに立って水の流れをみな飲みほそうとする。
きれいずきの人々でも眠りにとらえられている時は
水槽か浅い桶の側に立ち、衣物をからげていると思って
体中から濾《こ》した水をそそぎだし、すばらしい輝きの

バビロニアの絨毯《じゅうたん》をぬらすこともよくある。
それからまた成人のその日が体の中に種子を作りだし
それが始めて生命の流れの中にはいりこんだ人々には、
輝くばかりの顔と美しい色香をみせる
像が他の誰かれから集ってくる。
それは多量の種子でふくれた所をかきたてゆすり、
しばしばあたかも万事すましたかのように、
大量の液の流れをふきださせ、衣物をよごす。

私たちの中にかのもの、前にのべたかの種子がかきたてられるのは、
青春が始めて手足を強くした時である。
さてものによりそれを狩りたて動かすものはそれぞれ違う。
それで人間の力だけが人間の種子を人間から迸《ほとばし》らせる。
種子はその在りかから放出されると同時に、
手足関節をとおって全身からしりぞき、
筋肉のある特定の所に集まり、
すぐに体の生殖を司る部分を動かす。

そこは種子によってかき立てられふくれ、そして種子を（一〇四五）
いたましい欲望の向う所に射出したいという望みが生れ
そして愛によって心を傷つけたその体を求める。（一〇四八）
なぜなら、およそ人はみなその傷の方にたおれ、血は
手傷をもたらしたその方向にほとばしり（一〇五〇）
そしてもし手近にあれば赤い液は敵を捕えるのだから。
このようにして、ウェヌスの矢で痛手をうけた人は
女のような手足をした少年によってか、または全身から
愛をまきちらしている女性によって射られたにせよ、
傷をおわせたその人に向ってゆき、それと一体となり（一〇五五）
体から体に液をふきだし射込もうとこがれる、
なぜなら暗黙の欲望はきたるべき悦びを知っているのだから。

これが私たちのウェヌスというものである。そこから
愛という名が生じ、そこからまず、かのウェヌスの甘美な雫が
心臓の中にしたたってき、そして氷のような悩みがそのあとにつづく。
なぜなら愛するものがいなくても、その像は側を（一〇六〇）

はなれず、その快い名前は耳につきまとうのだから。
とはいえその像をさけるべきである。そして愛を
養うものを遠ざけ、他のことに心を向けかえ、
たまった液を誰にでも射込むべきであり、
それを残してただ一つの愛を思いつめ、　（一〇六五）
必ずおそう悩みと痛みとを待つべきではない。
じっさい腫物を養えば大きくなり根をはる、
そして日とともに狂気はつのり苦痛は重くなる、
もし始めの傷を新しい打撃でおさえ、さまよい歩く
ウェヌスによって人から人にうつって新しいうちに直し、　（一〇七〇）
または他のことに心の働きを導かないならば。

愛をさける人はウェヌスの楽しみを失わないで
かえって苦痛もなくその利益だけを受けとる。
なぜならその悦びは恋に悩む人よりも恋をしていない人にとって
より純粋なのだから。じっさい手にいれるべきその瞬間にも　（一〇七五）
恋人の熱情は定めない不安に波だち、

その目と手でまず何を楽しむのかもわからない。
恋いもとめたそのものを強くだきしめては体に痛みを与え、
小さな唇に幾度も歯をおしあて、荒々しくキッスを浴びせる。
それは、その悦びが純粋でなく、針がかくされていて
その針が、かの狂気の若枝を生いたたせるもの、たとえ何にせよ
そのものを、傷つけるようかりたてるからなのだ。　（一〇八〇）
しかしウェヌスは愛の中のこの痛みを軽くやわらげ、
やさしい悦びを添えて嚙むのをひかえさせる。
なぜなら熱情の炎の源となったものには
その同じ体によって炎をまた消しうる望みがあるのだから。　（一〇八五）
しかし自然はそんなことの全く起らないように反対する。
このものこそは、多く持てばもつほどなお一層はげしく
いたましい欲望のため胸を焼くただ一つのものである。
なぜなら食物と水とは体の中にとりいれられ
一定の所をしめることができるから、　（一〇九〇）
水と穀物への欲望はたやすく満たされる。
それに反し人間の顔と美しい色香からは、手にもとれない

稀薄な像のほかには何ら楽しむべきものが体に与えられないのだから。
それゆえ先の望みは痛ましくもしばしば風にさらわれてゆく。
夢の中で渇きをおぼえ、喉をうるおそうとしているのに
体の中の火を消してくれる水がえられないで
水の像を求めてむなしく心を苦しめ、
速い流れの中程に立って飲みながら渇きがやまない、
ちょうどそのように、愛においてはウェヌスは像で恋人を欺き、
その体を目の前にみながら思いを叶えることができないし、
その手はしなやかなその体から何一つもぎとることもできないで、
体の隅々までかいもなく彷徨《さまよ》いまわるだけなのだ。
それからまた、ぴたりと抱擁して青春の花を楽しみ
その体はすでにきたるべき悦びを知り、
ウェヌスはまさに女の畑に種をまこうとしているとき、
恋人たちは体をひしと抱きしめ、口からもれる唾《つばき》を合わせ、
歯に唇をおしつけ息をはずませる、
無駄なことだ、そうしたからといって何一つもぎとることもできないし、
体ごと体に突きいり、突き抜けることもできはしない。

じじつ時おり、そうすることを望み戦っていると見えるけれど。
それほどまでに夢中になってウェヌスの抱擁に捕えられ、
そのまに手足は悦びの力にうたれて解けてしまう。
さいごに、たまった欲望が筋肉からとびだすと
はげしい熱情の火も少しの間おさまる。
それからまた同じ狂気が返ってき、元の狂熱がふたたび訪れる。
なぜなら彼らは自分自身何をこい求めているのか探しながら
その痛みを消してくれる工夫を見つけることができないのだから、
それほどまでに深い疑いの中に、目にみえない傷のため弱ってゆくのだ。

これに加えて彼らはその力を使いはたし、苦労のためやつれてしまう。
その上また他の人の思いのままにその日々が過ぎてゆく、
その間に財産は消えうせてバビロニアの絨毯にかわり、
なすべきこともなおざりとなり、その名声はよろめきながら落ちてゆく。
香料を振りかけた美しいシキュオン(10)のサンダルは

(10) ギリシアのコリントスの西隣の市、工芸の中心地。

その足にあってほほえみ、緑に輝く大きなエメラルドは
金の指輪にはめこまれ、海緑の上衣は肌をはなれることなく
すりきれ、荒くもまれてはウェヌスの汗を吸う。
そして親ゆずりの豊かな財産はリボンやティアーラ[11]となり、
ときには婦人外套やアリンダ[12]、ケオス[13]の織物にかわる。
調えられるものは豪華な飾りと料理の酒宴、余興、
絶え間なくみたされる杯、香料、冠、花輪。
無駄なことだ、なぜなら快楽の泉のさ中にありながら、何か苦いものが、
わきだして花の盛りの恋人たちをしめつけるのだから。
それは、あるいは良心が怠惰に日々を送ったことを、
放蕩に身をもちくずしたことをふと悔んでいるのか、
あるいは恋人が疑いの中に残した一語が
焦がれる心にささって火のように燃え広がってゆくからか、
あるいは恋人がしきりに流し目をつかって誰かを見つめたと思い、
またその顔の上に嘲笑《あざわらい》の影を認めたからであろう。
恵まれたきわめて幸福な恋愛においてもこれらの禍いはなお

みつかるのである。まして不幸なみじめなものでは
目をとじていても無数の禍いを数えることができよう。
それゆえ私が教えたように、あらかじめ用心するのがいいのである、
そして罠に落ちこまないように気をつけたまえ。
なぜなら恋の罠に落ちこまぬようにさけるのは、
捕えられてからその網を抜けだし、そしてウェヌスの
力づよい鎖を引きさくのよりむずかしくないのだから。
しかし罠に捕まり、捕われても、なおその敵から
のがれることができよう、もしそれにまともに逆らわず
あなたが恋いのぞむその人の心と体の
欠点をまずことごとく承知しておくならば。
なぜなら人はたいていい欲情のため目のくらんだまま行動し
じっさいにはその人にない美点をその人に与えるのだから。

(11) 婦人の頭に飾る冠。
(12) 小アジアのカリア地方の市。
(13) エーゲ海にある島。

だからしてさまざまな仕方で、醜く、愚かなものたちが
愛慕されたり、高い栄誉をうけたりするのを私たちは見る。
そして人は人を嘲笑《あざわら》い、ウェヌスの気に入るように互いにすすめあう、
なぜなら痛ましい恋に痛めつけられていながら、
あわれにも自分の大きな不幸には目がとどかないのだから。
色の黒い女は蜂蜜石[14]、汚ならしく、臭い女は飾らぬ人、
青い目の女はパラスの再来、筋ばり丸太のようなのは羚羊《かもしか》、
小柄な女、小人はカリス[15]の一人、混りけなしの塩、
大きく太り肉《じし》の女は威厳にあふれた驚異、
ものいわぬ吃《どもり》は舌たらず、唖は思慮あるもの、
がみがみいうもの、耐えがたいもの、しゃべりまくるものは燃える松明《たいまつ》となる。
貧乏で生きてゆけないものはほっそりした可愛い人、
咳で死にかかっている人はか弱い人、
太り大きな乳房をもつ女はバッコスに乳をふくますケレス、
獅子鼻はシレノス[16]やサチュロスの妹、厚い唇は生きたキッス、
この種のものをなお数えあげようとすれば長くなりすぎる。
しかしながら彼女を望みどおりに美しい顔の人だとし、

その全身からウェヌスの魅力があふれているとしよう。
しかし必ずその他の女もまたいるだろう、私たちは以前は彼女なしで過してきた。
彼女もまた醜い女のする同じことをする、私たちはそれを知っている。
彼女は哀れにもいやな香りを身にあび
召使は遠くにげてひそかに嘲笑う。
それなのにその恋人は閉めだされて涙をながし、
たびたびその敷居を花や花輪でうずめ、高い扉に
マヨラナを香らせ、あわれにも戸にキッスを押しあてる。
その人がすでに迎えられて、入りながら、もし一つの微風に
ゆきあたると、辞し去るための恥かしくない口実をさがし、
長いこと考え、ねりあげた哀歌を空しく地に落し、
そして死すべきものに許さるべき以上のものを
彼女に与えていたことを見てわが愚かさをなげく。

(14) ギリシアの女神アテナ。
(15) 魅惑、優美および美を象徴する女神。
(16) サチュロスとほとんど同じもの。

私たちのウェヌスはこれを見逃がしはしない、それだけなおのこと、
彼女たちは人生の舞台裏を苦心してかくし、
彼らを恋の鎖の中に引き捕えておこうと思う。
それはしかし、無駄である。なぜならあなたの心は
それをすっかり明るみに引き出し、笑うべきことをすべて吟味し
もしその人が心だてよく、見苦しくなければ、かえって
大目にみて人間の弱さをゆるすだろうから。

女はいつも偽りの愛のために息をはずますのではない、
男をだいて体を体に合わせ、
唇を吸い、キッスで濡《ぬ》らす時には。
なぜならそれを本気でし、共々の悦びを求めて
愛のコースを走りぬくように促すのだから。
鳥や牛や野獣や家畜、それから牝馬が
牡をうけつけるのは、ほかの理由からではなく、
彼らの本性そのものがさかりにつき、豊かに燃えたち
とびかかってくる牡のウェヌスを悦んで受けいれるからなのだ。

互いにうける悦びが彼らをしばしば繫ぎとめ
共通の鎖の中で痛めつけているのを見たことはないか？
三つ辻でいかにしばしば犬が、離れようとあせり
全身の力をだして結合をたとうとしているのに
ウェヌスの力強い罠に捕えられて繫がれているではないか？
互いにうける悦びを知らなければ決してそんなことはないだろう。
その悦びこそ罠に投げいれ、鎖で繫ぎとめるのだ。
それゆえ、繰り返していうが、悦びは共々にうけるのだ。

そして種子がいりまじる時、女のはげしい力が
男の力にうちかつ時には、母の種子から
母に似たものが生れる。もし父の力が強ければ
父に似たものが生れるように。しかし両方の姿をもち
両親の顔をまじえたものは
父親の種子と母親の血から生れる、
それはウェヌスの針で体の中にかきたてられた種子が出会い、
よく調和した熱によって一体となり、

どちらがどちらに打ち勝ちもしない場合である。
また時には祖父母に似たものが現われ、
また曽祖父母の顔形を再現するものもある。
そのわけは多数の元素が一つの根本からでて
父から子へとつたえられ、さまざまな仕方でまじりあい、
親たちの体の中に隠れていて、
それを用いてウェヌスはさまざまな種類の顔をつくり、
祖先の表情、声、髪形を再現するからである。
なぜならこれらのものは私たちの顔、体、手足と同じく
一定の種子から作られているのだから。
そして女の子は父親の種子から生れ
男の子は母親の種子から生れる。
いつでも出産は二つの種子から生じ、
生れるものはいずれもより多く含まれている方のものに似る。
それは見分けられることだ、
男の子であろうと女の子であろうと変りはない。

可愛い子供から一度も父とよばれず、不産女《うまずめ》の
ウェヌスによって世を過すように、生殖の種まきを
人に禁じるものは神々の意思ではない。（二三五）
しかしふつうはそう考えられており、そして悲しみながら
大量の血を祭壇にまき、供物台に供物をささげ、
その妻がゆたかな種子によって身重になるように祈る。
それは空しく神々の意思とおみくじをわずらわしているのだ、
なぜなら子を生まないのは、あるいは種子が濃すぎたり、
あるいは適度以上に澄み、薄いからなのだ。（二四〇）
薄い種子はその所にくっついていることができないため、
すぐ流れかえり、流産におわる。
濃すぎるものは密に放出されるため、
あるいはたやすく飛ぶことができず、（二四五）
あるいはその場にとどくことができず、
あるいはとどいても女の種子とうまく混りあわない。
なぜならウェヌスの調和には多数の変化があるのだから。
それである男はある女をより多くみたし、また

ある女はある男によってよりよく荷を受けとりはらむ。
また幾度も結婚して子のなかった女が
あとになってよい相手をみつけて子供を生み
楽しい出産によって子福者《こぶくしゃ》となることもある。
また子を生む能力のある家の妻に子を
生ますことのできなかった男がちょうどふさわしい性質にめぐりあい、
子供たちで老後を守ることもある。
それほどまでに種子が種子と、
子を生むような仕方で混りあうことが重要なのであり、
濃いものは薄いものに、薄いものは濃いものにふさわしい。
またどんな食事をして身を養っているかも重要である、
なぜならあるものは種子を体の中にふやし、
あるものは逆にうすめ弱らすから。
またどのような仕方で魅力ある悦びがなされるかは
きわめて重要である、なぜなら野獣の仕方や
四足の獣の仕方では妻はずっとよく孕むとふつう思われているが、
それはそのようにすると胸が下がり、

尻があがって種子がそこにとどきやすいからである。
しなやかな運動は妻たちには少しも必要ない、
なぜなら女は孕むことを自ら禁じ拒むことになるのだから、
もし彼女が悦びながらも尻をふって、男のウェヌスをこばむまねをし、
柔かな全身に波をうねらせるならば。
じじつ鋤の作るうねはまっすぐな路からなげだされ、
種子の噴水は目的からそらされるのだから。
そのように娼婦が身をうごかす理由は
たびたび孕んで横になるのをさけ、同時に彼女の
ウェヌスが男たちにとってもっと魅惑的であることを願うからである。
私たちの妻たちにはそれは少しも必要ではない。

神の思召しによってでもなく、ウェヌスの矢によってでもなく、
器量よくない女が時おり愛されることがある。
なぜなら女はその仕事ぶりによって、
おだやかな物言いによって、また清らかな身なりによって、
人を自分といっしょに暮すように馴らすのだから。

その上また習慣は愛を生みだすのだから、
なぜなら、どんなに軽くても絶えまなく叩かれるものは
長い間には屈服し、参ってしまうのだから。
岩に落ちる雨滴《あまだれ》が長い間に
その岩をうがつのを見たことはないか?

(一二八五)

第五巻

誰がその力づよい胸によって真実の荘厳さと
これらの発見とにふさわしい歌を作ることができようか？
誰がその力づよい言葉によって、かの人の功績にたいし
讃辞を捧げることができようか、かくも大きな恩恵をその胸によって
生みだし、探しだし、私たちに残したその人（エピクロス）にたいして？
死すべき体をもって生れたものの中には一人もないと私は思う。
なぜならもし、万物について発見されたその荘厳さが要求するように、
いうべきならば、その人は神であった。栄あるメンミウスよ、
確かに神であった。彼こそ始めて今学問とよばれるところのかの
生命の理法を発見し、その巧みによって
さほどに大きな混乱とさほどに大きな暗黒から、生命を
かほどの平安とかほど明るい光の中に導いたのである。
じっさい他の神々による昔の発見とくらべてみよ。
なぜならケレスは穀物を、バッコスは葡萄酒を

死すべきものどもに教えたと伝えられているのだから。
しかしそのようなものがなくても命をつなげることは
他の民族のものが今なお生きていると伝えられるとおりである。
しかしながら清らかな心なくしては幸福に生きることはできない。
それゆえこの人はなお一層私たちにとって神なのである。
彼から大いなる民族の間に伝えられた、
生への甘美な慰めは今なお人の心を和らげしずめている。
もしヘラクレス[1]の功業はこれにまさると思うなら
それは正しい道から遠くへだたるものである。
ネメアのライオンの大きな口とて今の私たちに何の邪魔を
しようか、またアルカディア[2]の恐ろしい猪とて同じだ。
またクレタの牡牛、またレルナ[3]の禍い、毒蛇に守られた
ヒドラ[4]とて何をすることができようか?
三身のゲリュオン[5]の三重の力とて
〔欠行〕
ステュンパロス[6]の沼地に巣くう鳥たちや、トラキア[7]の王ディオメデス[8]の
鼻から火をふく馬とてビストニア[9]の野イスマラの山の

ほとりにいては私たちにどんな大きな禍いを与えようか？
ヘスペリデス(10)の娘たちの光はなつ金のりんごを守る、

(1) ゼウスとアルクメネとの子、ギリシア神話中第一の英雄。その十二の功業は、(一)ネメアのライオン、(二)レルナのヒドラ、(三)ケリュネイアの鹿、(四)エリュマントスの猪、(五)アウゲイアの馬屋、(六)ステュンパロスの鳥、(七)クレタの牡牛、(八)ディオメデスの牝馬、(九)アマゾンの帯、(十)ゲリュオンの牛、(土)ヘスペリデスのりんご、(土)ケルベロス。
(2) ギリシアのペロポンネソス半島にある。
(3) ペロポンネソス半島のアルゴスの近くにある沼地。
(4) レルナに住む九頭の蛇。ヘラクレスに退治された。
(5) 三つの頭、六つの腕、三つの胴をもつスペインの王。ヘラクレスは彼を殺してその牛を奪った。
(6) アルカディアにある湖。そこにすむ無数の鳥は旅人におそいかかり、口ばしでつきさして殺し、ライオン以上に恐れられた。ヘラクレスにより退治された。
(7) ギリシアの北部。
(8) トラキアのビストニアの王。人食い馬をもっていた。ヘラクレスは彼を殺し、その馬を奪った。
(9) トラキアの一地方。
(10) 夜とエレボス（下界の神）との娘。母なる大地が女神ヘラに金のりんごのなる木を与え、ヘラはそれをアトラス山にある果樹園におき、ヘスペリデスたちに守らせたが、彼女らが盗むのをある日発見して、その木を百の頭をもつ竜ラドンに見張りさせた。

荒々しい、目つきするどい、巨大な体の
蛇が木の根をまいていようと、アトラスの海辺[11]、
人をよせぬ海のほとりでいかなる害ができようか？
そこには私たちは誰ひとり、いな野蛮人さえ近づこうとしないのに。
これらすでに滅びさったこの種の怪物たちは、
たとえ征服されなくて生きていようと何の害をするというのか？
何一つしないと私は思う。大地には今なお
野獣の群れがあふれていて不安な怖れに
森も高い山々も深い森林もみたされている。
そのような所を避けるのはふつう私たちにできることである。
しかしながら胸が清められていなければ、どんな戦いと危険とが
否応なしに私たちの中に押し入って来ることか！
どれほど激しい悩みが欲望にかられる人間を
さいなむことか、またどれほど大きな恐怖が痛めつけることか。
高慢は、卑屈は、そして自堕落はどうなのか？　どんなに
大きな破滅をもたらすことか？　ぜいたくや怠惰はどうなのか？
これらすべてを彼は、武器によってではなく、

言葉によって征服し人の心から追いだしたのだ。この人をこそ
神々の数にかぞえるべきではないだろうか？
とりわけその不死なる神々について
多くの教えを神々のように厳かにさずけ
そして事物の本性を言葉にのべたのだから。

その人の足跡をふんでいま私は事物の法則を探求しよう。
そしてそれぞれのものはどんな掟によって生じ
どれ程の必然性によってその掟の中にとどまっているのかを、
そして年月の力づよい法則を破ることはできないことを教えよう。
そのようにして、まず第一に発見されたのはこうである。
心の本性は、まず、生れでるものからできており
無傷のまま長い年月を生きぬくことはできないこと、
夢の中に現われて人の心をあざむき、私たちに
すでに死んだ人を見ると思わせるものは像だということ、

（11）アトラスの海とは大西洋。

それから推論の順序の向うところとして
この世界は生れたものであり死すべきものから
できているということ。またどんな仕方で
物質（アトム）の集合が大地、空、海、星、
太陽、月の球体をつくりだしたかを
説明しなければならない。それからどんな動物が
大地に現われ、どんなものは決して現われなかったか、
どんなふうにして人類は物の名前を通じて、
さまざまな音からなる言葉により会話をはじめたか
どんな仕方で神々へのかの恐怖が胸にしのびこんだかを。
この恐怖こそ地上において聖なる神殿、
湖、森、祭壇、および神々の像を見まもるものなのだ。
さらにまた太陽のコースや月の運動を、舵をとる自然は
どんな力によって曲げているかを説明しよう。
これら天体が自ら気のむくままに天と地の間を
年毎のコースを走って穀物の生長や動物に
恩をほどこしているとか、あるいは神々のたてた

何かある法則によって廻っているなどとかりにも思わないように。
なぜなら神々は憂いなき世を過していることを
よく知っている人でも、もし時おりどんな理由によって
万事は営まれているのか、とくに頭上たかく
アイテールの領域にみえることについて驚き怖れると
ふたたび昔の宗教につれかえされ
厳しい主人をもつことになるだろう、そしてこの主人こそ
全能なのだと哀れにも信じることになる。それは何が生じえ、
何が生じえないか、またそれぞれに有限な能力がどんな仕方で
具わっておりその確定した限界をもっているかを知らないためなのだ。

それから約束をあまり長びかさないために
まず海、陸、空をみたまえ。
それらの三つの本性、三つの物体、メンミウスよ
これほど差異をもつ三つの形象、これほどの三つの組織、ただ一日が
これらのものを壊滅になげこみ、長い年月にわたって支えられてきた、
この世界の巨大な質量と機構とを破滅させてしまうだろう。

天地のきたらんとする終末ということがどんなに耳新しく
驚くべきことと聞えるかを私は知らないわけではない。またそれを
言葉でとき、納得さすことがどんなにむずかしいかということも。
たとえばあなたが未知のことを人の耳にもたらしながら
しかもそのことをその目の前にだすこともできず、その手の中に
投げだすこともできない時のように、なぜなら目と手によってこそ
人の胸、心の座にもっとも短い信頼の道が通じているのだから。
とはいえ私は口を切ろう。多分私の言葉には事実そのものが
信任を与えるだろう、そして大地の運動が重々しくも始まり
たちまちにして全世界が崩壊してしまうのをあなたは理解するだろう。
願わくは舵を握る運命がこれを私たちから遠くそらしてくれるように。
そして事実よりは推論が、恐ろしい轟音とともに
全世界が壊滅しうることを人に信じさせるように。

このことについて、デルポイの巫女がアポロンの三脚台と月桂樹とから
告げるよりもずっと確実な推論によって、
もっと神聖な仕方で、運命を告げしらせるのに先だって、

慰めとなる多くのことを学問的な言葉であなたに説明しよう。
そうしなければおそらくあなたは宗教の鎖に捕えられて、
大地、太陽、空、海、星、月は、神聖なる体から
できていて永遠に存在するものであると信じ
そのために、その教えによって世界の防壁を
かきみだし空にきらめく太陽の光を消し
不死なるものを死すべきものの言葉でけがす人は
神にはむかった巨人と同じく、怖るべき罪のため
あらゆる罰をうけるべきだと考えるだろうから。
これらのものは神々の意思から遠くへだたっており
神々の数にはいるにふさわしいとは見られぬもの、
かえって生命の運動と感覚とを欠くものは
どんなものかという概念をあたえることができると思われる。
じじつ精神の本性と思考とはどんなものとでも
いっしょにありうるということはない。
たとえばアイテールの中に木がなく、塩からい海の中に
雲がありえず、魚が畑に住みえず

血が木の中になく、岩の中に汁がないように、
どんなものも生れ、住むところは決まっている。
そのように、精神の本性は体なくしてひとりでは
生れえないし、筋肉と血なくしてはながらええない。
もしそれができるなら、精神の本性は
頭や肩や踵にあることもできよう。
そしてまたどこにでも生れることになるだろう、いずれにしても、
同一の人間、同一のいれものの中にとどまることになるのだから。
しかるに私たちの体においても魂と精神とが
それぞれ生れ育ちうる所は別々に
一定しているのだから、それだけ一層否定されるべきである、
魂が体全体のほか、動物の姿のほかに
あるいは地上の土くれの中に、あるいは太陽の火の中に、
あるいは水の中に、あるいは高いアイテールの領域の中に生きながらえるということは。
それゆえ先のものは聖なる感覚をもっていないのである、
なぜなら魂をそなえて生きてはいないのだから。

同じように神々の聖なる住居がこの世界の
どこかにあるということは信じられないことである、
なぜなら神々の本性は捕えがたく私たちの感覚や
精神からはるか遠くへだたっていると思われるのだから。
それは私たちの手の触覚や打撃をのがれるのだから
私たちが触れうるものにそれは触れえないに違いない。
なぜならそれ自身触られえないものが何かに触ることは不可能だから。
それゆえにその住居は私たちの住居とは違い
彼らの体と同じく稀薄であるにちがいない。
そのことはあとでもっと詳しくあなたに説明しよう。

さらにまた人間のためをはかって神々は世界の
輝く本性を用意しようと欲したのだ、それゆえに
神々のこのほむべき業をたたえ、その業こそ、
永遠なるもの、不死なるものと考うべきだ、
神々の古代の知恵によって
人類のために永遠にわたってうちたてられたものを、

いかなる力もその座から狩りたてることは許されないし、
言葉でゆるがし、底からすべてを覆すことはできないのだと
主張し、またこのようなことを付け加えることは、メンミウスよ
愚かなことである。なぜなら幸福で不死なるものたちに
私たちの感謝がどんな貢献を、ゆたかに捧げればとて、
彼らが私たちのために進んで何かをしてくれようか、
今までにかくも平安にくらしてきたものたちを
これまでの生活を変えるようにと、どんな新しいことがいざなうことができたろうか？ （一六五）
なぜなら新しい事態に悦ぶものは、前に悩んでいたもの
に違いないのだから、しかも過ぎ去った日々になに一つ
痛ましいことにあわず、幸福に世を過してきたものにとって
新しい事態への愛を何が一体かきおこすことができたのか？ （一七〇）
また生れなかったことが私たちにとってどんな禍いであったのか？
生命は万物の創成の日が輝きそめるまで
暗闇と悲嘆の中に横たわっていたとでもいうのか？
なるほど生れてきたものは、楽しい悦びが引きとめる限り
生きのころうと望むにちがいない。 （一七五）

しかしまだ一度も生への愛を味わったこともなく生あるものの数にも
はいらなかったものには、生れてないということが何の妨げとなるだろうか？　（一八〇）
それからまた万物を生みだすための手本、また人間という
概念はどこからまず神々の心の中にはいったのか？　それらがなくては
何を作りたいかを知り、心に見ることはできなかったろう。
またどんな仕方によって元素の能力と、元素が
互いに配列をいれかえれば何を作りうるかを知ったのか、　（一八五）
もし自然そのものが作るべきものの見本を与えなかったとしたら。
なぜなら無数の元素が様々の仕方で
限りない時間を通じて打撃によってかりたてられ
その重さによってはこばれ、あらゆる仕方で会合し
互いに集合しては、作りうるかぎりのものを　（一九〇）
すべてためしつづけるのを常としていたからこそ、その結果
このような配置におち、このような運動に達し、
それによってこの宇宙がたえず新しく変化して
ゆくとしても不思議はないわけなのだから。

たとえ物の元素がどんなものであるかを知らないとしても
空の働きそのものからこのことを確かめ、
また他の無数のことからも明らかにすることができる、
すなわち私たちのために神々が万物の本性を作った
のではないことを。自然はそれほどに欠陥だらけなのだ。
まず、空の巨大な拡がりが蔽っている大地の
大半を野獣のすむ山々と森とが占め
岩々とはてしない沼と海とがふさぎ
海は大地の領域をひろびろと分っている。
しかも大地の三分の二ちかくを、やきつくす熱気と
絶えまない霜の落下とが人間からとりさっている。
平野の残りは、自然がみずから草藪をおいたたせて
人をさまたげ、人間は生きるために
力強いつるはしでうめきながらはたらき、
鋤《すき》をおしつけて土をくだかなければならない。
実りをもたらす土くれを鋤でほりかえし土を細かにして、
ものを作りだすように私たちが努めなければ、

作物はひとりでに清《す》んだ空気の中に現われてくることはできないだろう。
しかもはげしい骨折りで求めたものは時おり、
すでに葉と花とが地上をうずめつくしている時に、
あるいは空の太陽のきびしい熱のために焼かれ
あるいは急な雨、冷たい霜のため絶えはて
あるいは荒々しく渦まく風のためあらされる。
さらにまたおそろしい野獣の種族
人類にとっての敵を陸と海とになぜ
自然は養いそだてるのか？　なぜ季節は
病気をもたらすのか、なぜ早すぎる死が彷徨《さまよ》うのか？
それからまた幼な児は、始めてこの世の光の中に
自然が母の胎から骨折りとともに飛びださせたとき
荒い波の上になげだされた水夫のように、裸のまま地上に横たわり
ものもいえず、生命に役だつものは何一つもたず
あたりを悲しい泣き声でみたすが、それはこの世でかくも多くの
禍いをくぐらなければならないものにふさわしいことなのだ。
これに反してさまざまな家畜、牛、野獣はすくすくと育ち

がらがらの必要もなければ育ての乳母の
あやしつける片言の歌声もいらない。
空の季節がかわろうと、とりどりな着物がいるわけでもない、
武器もまたいらないし、身をまもる高い城壁も
いらない、なぜならすべてのものにすべてのものを
大地と、万物をつくる自然とが豊かにもたらすのだから。

まず始めに、大地の体、水、
かろやかな風の流れ、あつい熱気、
これら宇宙をつくりあげているものは、
ことごとく生れ、死すべき物体からできているのだから
世界の本性もすべて同じようだと思うべきである。
じっさいその各部分が生れでる物体と
死すべき形とからできているものは
確かに死すべきもの、同時にまた生れいずべきものだと
私たちはみるのである。それゆえこの世界の大きな部分が
亡びさり、また生みだされるのを見れば

この空と地にもいつか創成の時があったし、
またきたるべき破滅の日があることは明らかであろう。

ところで地と火とが死すべきものだと私が思い
水も空気も亡びさることを疑わず、そして
それらが再び生れ育つといっても、
事実を私に都合よくまげたと思わないでほしい。
まず地のかなりの部分は絶えまない太陽の
熱にやかれ、大勢の足に踏みつけられ
塵の霞《かすみ》や空をとぶ雲をはきだし
それを力強い風が全大気中にふきちらす。
また土くれの一部は雨のため洪水に返され、
川岸は流れのためけずりとられてゆく。
そのほかに物はそれぞれ分けまえに応じて、養い育ててくれた物を、
大地にかえす。そして疑いもなく大地は万物の
生みの親であるとともに、すべてのものの墓場であり
それゆえ大地は削りとられ、またふとってゆく。

さらにまた、海、川、泉、にはいつも新しい水が
あふれ、尽きない水が湧きだしていることは
いうまでもない。いたるところにある奔流は
それを明らかにしている。しかしながら最端の水はいずれも、
とりさられ全体として水はあふれない。
なぜなら一部は海面を吹きはらうはげしい風と
光線をそそいで分解させる空の太陽とがとりさり
一部は下方大地全体にしみ通るからである。
じじつ、にがりはこしとられ、水の素材（アトム）はあとに
のこり、そして川の源にみな集まり、
そこから地上を、甘美な流れをなして、ひとたびうがたれた
道にそい、清らかな歩みとともに波をあげ流れてゆく。

さてそれから空気だが、これは無数の仕方で
どの時間にも、その全体にわたって変化している。
なぜなら、ものから流れでるものはすべて、たえず空気の

大海の中にはこばれるのだから。もしこの空気が
逆にものに物体（アトム）を返さず、流れさるものを補わないとしたら、
すべてのものは既に解体して空気となっているだろう。
それゆえ空気は物から生れ、物にかえることを
やめはしない。なぜなら万物はたえず流れているのだから。

また透きとおった光のゆたかな泉、空の太陽は
たえず新しい輝きで空をみなぎらせ、
次々に光に光を補っている。
なぜなら先にきた光は、そのおちたところに
消えてゆくのだから。それは次のことから分る。
すなわち雲が太陽の下を通り、
光線を中断しはじめると
すぐにその下の部分はみな消えてしまい、
雲が進むところどこにでも大地に影がおちる。
それからすぐ分るように、ものはたえず新しい光を必要とし
先に落ちた光の矢はいずれも消えてしまう。

そしてものが日の光の中でみえるのは、ほかでもない、
光の源そのものがたえず光を補っているからである。
また夜をてらす、地上の光、つりさげた
ランプとゆらめく炎をはなって輝き
濃い煙をあつく吐くこえた松明《たいまつ》は、
同じような仕方で、その炎の助けにより、
新しい光を補うのをはやめ、火をゆらめかせつづけ
光はいわば中断されてその場を離れることがない。
あまり急速に光が生れるためすべての火により
先の火の消えたのがかくされるからである。
それゆえ太陽、月、星は次から次へと
たてつづけに光を放射しており、
先にきた光はいつもきえてゆくと考えねばならない。
それゆえこれらのものは不死身のものだとかりにも信じないように。

また見たことはないか、石が年月のため擦りへってゆき、
高い塔がこわれ、岩が粉々となり、

神々の神殿や像がくずれおち
神々の聖なる意思も運命の限界をのばすことができず
自然の掟に逆らうこともできないのを？
また英雄たちのくずれおちた記念碑が、それらもまた
老いゆくことをあなたは信ずるかとたずねているのを見たことはないか、
高い山々から引きはがされた岩がこわれ、年月の、
たとえ有限にしても、その強い力をもちこたえることができないのを
見たことはないか？　じっさい岩がもし永遠に
年月の責苦をたえぬき、破壊を免れてきているならば、
とつぜん引きはがされて落ちてはこないだろう。

また大地のすべてを、取りまき、蔽い、だいている、
このものを見よ。もしそれが人のいうようにわが身から
すべてを生みだし、亡んだものをうけいれるならば
それ全体もまた、生れ死すべきものに違いない。
なぜならわが身で他のものを養い育てるものは
細るはずだし、ものを受けいれればまた太るはずだから。

さらにまた、もし大地と空とに創成の日
というものがなく、いつも永遠に存在するものならば、
なぜテーバイ(12)の戦さやトロイアの落城よりも昔に、
他の詩人たちが他の事件をなぜ歌わなかったのか？
それほど多くの英雄たちの功業はそれほどたびたびどこへ亡び去ったのか、
なぜいずこにも、名声を伝える不滅な石碑に刻まれ、花咲いてはいないのか？
思うにきっと宇宙は新しいものであり、世界の本性は、
年若いものであり、ずっと昔に始まったものではない。
それゆえ今なおある種の技術はつちかわれ、
今なお育ちつつある。今なお航海術には多くのものが付け加えられ
いましがた音楽家は諧調にとむメロディを生みだしたばかりなのだ。
最後にまた事物のこの本性と説明とが
発見されたのも最近であり、それを父祖の言葉に、この私こそ、
移すことのできた最初の人なのだ。
もしこれらすべてのものがかつて昔に存在したが、
しかし人類はやけつく熱気のため亡んでしまい、

あるいは都市ははげしい大地の変動のため崩れてしまい、
あるいは絶えまなく降る長雨のため地上に急流がひろがり
町々を呑みつくしたと、かりに思うことがあるとすれば
それこそかえって大地と空とにきたらんとする最期が
あることを認めなければならないはめとなる。
なぜならものがそれほど大きな禍い、それほど大きな危険に
であっているその時、もっと痛ましい原因が襲いかかってきたとしたら、
いたるところ破滅と大いなる破壊とがあることになるだろうから。
私たちが死すべきものと思われるのもほかではない、
自然によって生命を奪いさられた人々と同じく
同じ病気を私たちが病むからなのだ。

さらにまた、永遠にのこっているものは次のどれかでなければならぬ。

(12) 中部ギリシアの都市、カドモスのたてた都。オイディプス王、その子たちの伝説は有名である。オイディプスの後、その二人の子、エテオクレスとポリュネイケスが王位を争って戦った。アイスキュロスの劇『テーバイ攻めの七将』がある。

すなわち、固い緊密な元素からできているために衝撃を
はねかえし、そして何物もその中につきいって緊密な部分を
解きはなすことを許さない、ちょうど
先にその本性を示した、物質の元素のようにあるか、
あるいは、打撃をまぬかれているためすべての
年月を通じて生きながらえる、ちょうど空虚が
無傷のままのこり、打撃を少しもうけないようにか、
あるいはまた、そのもののまわりにものが
ひきしりぞき解体してゆく所がない、
ちょうどすべてのものの永遠なる総体のように
あるかに違いない。その総体の外には
ものがとんでゆく所もなく、これに衝突して
強い打撃で分解さすことのできる物体もないのだから。
しかしながら、先に教えたように、この世界の本性は
固い密な物体からできてはいない。物の中に空虚が混っているのだから。
また空虚のようでもない、そして無限の空間から
生れてきて、もののこの総体（世界）をはげしい渦巻きで

くだいてしまい、あるいは他の何らかの破滅を
もたらすことのできる物体がないわけではない。
また、世界の防壁がひろがってゆくことのできる
場所の本性、無限の空間も不足してはいない、
あるいはまた、他の何らかの力によって打ちくだかれ、亡んでゆくことも可能である。
それゆえ死への門は、空にたいしてとざされてはいない、
また太陽、大地にたいしても、深い大洋にたいしても、
それどころか大きく口を開いて待ちぶせている。
それゆえこれらのものは生れでたものだと認めないわけにはいかない、
なぜなら死すべきものからできているものは、いずれも
無限の過去から今日にいたる限りない年代の、
ゆるみない力をしのぐことはできなかっただろうから。
さいごに世界の巨大な各部は互いにはげしい戦いを営み、
罪ふかい戦争にかりたてられているのだから、
彼らの長い決戦に何らかの終りがくることが
見てとれないのか、たとえば太陽とすべての熱とが

すべての水を飲みほして勝利をえるか、彼らはそれをしとげようと
望みながらも、いままでのところその試みを達してはいない。
なぜなら川が大量に水をおぎない、海の深淵から高くあふれさせ
すべてのものを水に溺らせようとおどしつけているのだから。
しかしそれは空しいことだ、なぜなら海原をふきはらう風と
光線をそそいで分解する空の太陽とがその量をへらし、
水がその試みをやりとげないうちにすべてのものを
干上らせてしまうことを確信しているのだから。
それほどまで激しく相匹敵してたたかい
互いに、大事をかけて勝敗を争っている。
そのうちには、一度は火が勝ったし
一度は伝説[13]に伝えるように、水が野を支配した。
パエトンをアポロンの馬の強い力が、その道からそらし
アイテールの中、地上至るところ引いていった時には、じじつ
火が勝利をえ、すべてのものをなめて焼きつくした。
しかし全能なる父がその時はげしい怒りにもえたち
けだかいパエトンに雷電をさっとなげつけて

馬から地上になげおとした。そして太陽はそのおちて
くるのに出会わして、世界の不滅なる松明をうけとり
逃げだした馬をあつめ、ふるえているのを車につけて御し
それから自分の道をすすんで、すべてのものを、再びよみがえらした。
それはいかにも昔のギリシアの詩人がうたったところである。
しかしそれは真実からは遠くはなれている。
なぜなら火が勝利をえるのは、無限の空間から
その物体（アトム）が多数生じた時である。
それから何らかの理由によって、火の力は衰えてゆく、
さもなくば熱い風のためにやかれて、ものは亡んでしまうだろう。
水もまたかつて集まり勝利をえようとした。
伝説のいうように、その時、人々のすむ多数の都市を水はうずめた。
それから無限の空間から集ってきた水の力が
何らかの理由により覆えされしりぞいた時、

(13)　日の神ヘリオスの子。パエトンはある日ヘリオスにねだって日輪の車を御させてもらったが、道をはずれたためゼウスの雷電によって殺された。

雨はやみ、川の流れはその力をよわめた。（四一五）

ところでどのような仕方で素材（アトム）の集合が大地と空と、
海の深みと、太陽、月とその運動とを、
生みだしたか順をおって説明しよう。
さて物の元素（アトム）がそれぞれその配列に自ら位置をしめたのは、
確かに一つの計画とかしこい精神とによるものではない。（四二〇）
そしてまたそれぞれの元素がどのような運動をやりとりするかも、あらかじめ定められた
のではないに違いない。
そうではなくてさまざまな仕方で多数の元素が
無限の過去から打撃をうけてかりたてられ
また自分の重さによっておしうごかされて
あらゆる仕方で会合し、そして互いに集合して（四二五）
作りだしうる限りのものは、一つ残らず試みつづけてき
その結果、長い長い年代を通じて撒きちらされ
あらゆる種類の結合と運動とをこころみ
そしてついに突然集ってその会合から

大いなるものがしばしば生れ出たのである、
大地、海、空、動物の種族といったものが。

その時までここでは太陽の輪が光をゆたかに注いで
空高く飛ぶのを見ることはできなかったし、広大な世界の星も
海も空も、最後にまた大地も空気も、
私たちが知っているものに似たものは何一つみられなかった。
ただあったのは新生の嵐、あらゆる種類の
元素の集合だけであり、その元素の不調和が
混戦をつづけ、その間隔、軌道、組合せ、
重さ、打撃、会合、運動をかきみだしていた、
なぜなら、その形が違い、その型がさまざまなため、
いま見るように、すべてのものが結合して留まり
都合よい運動を互いにやりとりすることもできなかったのだから。
それから部分は分れ分れになりはじめ、似かよったものは
互いに結合し、そして世界を分離し、
その部分を分ち、大きな部分を配置しはじめた。

つまり大地から高い空を分ち、また別に海を分ち、
海には分離された水がひろがり、[14]空には
分離された純粋なアイテールの火がひろがるようになった。

事実まず第一に大地の粒子（アトム）がいずれも
重く、かつ、からみあっているため中心に集まり、
もっとも低い位置をしめた。
それらがずっと密に集まれば集まるほど
それだけ強く、海、星、太陽、月および
世界の防壁を作りだすものをしぼりだした。
これらのものはすべて、大地よりも、ずっと滑らかでまるく、
遥かに小さな種子（アトム）からできている。
それゆえ、まばらな孔を通って
地上からとびだし、火をはこぶアイテールがまず空に
のぼる、そしてそれとともに軽い火が大量にたちのぼる。
そのさまは、今でもたびたびみるように、もえる太陽の
金色の朝の光が露にきらめく草の葉を

赤くそめる時、湖や絶えることのない
川の流れが霧をはき、また時には
大地そのものさえ蒸気をはくのとほとんどかわりない。
空へとたちのぼり集ったものはすべて
濃くなり雲となって空をおおう。
このようにしてその時、軽く拡がりやすいアイテールは
その密度をまして至る所をとりまき、
そしてなお遠くあらゆる方向にひろがって
その他のものも一つあまさず、あくなき抱擁にだきしめる。
これにつづいて太陽と月とが生れた、
この二つの球は大地とアイテールとの間で、空気の中を巡り
大地にも大いなるアイテールにもつかない。
なぜなら沈んで坐ってしまうほどに重くはなく
もっとも高い領域を彷徨《さまよ》うほどに軽くはなく
二つの間にあって生あるもののように彷徨い

(14) 天体（日、月、星）。

そしてこの世界の一部のようになっている。
そのさまは、私たちの体のうちある部分はとまったまま動かないけれど、
しかしほかに動きまわる部分があるのと同じである。
これらのものが取りさられたのち、大地は、急に
今巨大な青い大洋が拡がっている所で凹んでしまい、
その凹みを塩からい深淵がみたした。
日がたつうちにアイテールの火と
太陽の光線がまわりから大地の表面を、
絶えまなく隅々まで叩きかため
その中心に密に集中さすにつれ
なお一層その体から絞りだされた塩からい汗は、
海と漂う海原とにゆきわたってそれを太らせ、
また外へにげだした無数の熱と空気との粒子（アトム）は、
なお高くまい上り、大地から遠くはなれた、
高い、きらめく、空の拡がりに濃く集った。
平野はひくく拡がり、山々の峰は高まっていった。
じじつ岩は沈むことができず、大地の各部は

同じように平らになることができなかったのだから。

こうして大地はその密度をまして平衡の位置をしめ、
そして世界のいわば泥はその重さによって
低い所にながれこみ、おりのように底にたまった。
その上に海、それから空気、それから火をはこぶアイテールそのもの、
つまり流動しやすい粒子からなるものがすべて純粋なまま残り
より軽いものがより上に残った、そして最も流動しやすく
最も軽いアイテールが空気の微風の上を流れている。
そしてその流動しやすい粒子は空気の微風が渦巻いても
少しもいりまじらない。これらすべての空気を激しい旋風が
かきまわし、時をさだめぬ嵐がかきみだすこともある。
しかしアイテールそのものは定まった足どりで進み、その火をはこぶ。
じじつ、アイテールが同一の歩調で節度をもって流れていることは、
ポントス（黒海）が示しているとおりだ、この海は一定した海流をなし、
規則正しい歩みをいつも保っている。

さて次に天体の運動の原因は何であるかについて歌おう。
まず第一にもし大きな天球が回転するなら、
その軸の両端を空気がおさえ
外から支えとざしているといわねばならない。
それから他の一つの空気が天球の上をふき、永遠なる
世界の輝く星たちがめぐる方向にひいてゆくか、
あるいはもう一つの空気が下の方で天球を反対向きに動かしていると、
ちょうど川の流れが水車をまわすように。
あるいはまた空全体は静止していて
輝く星たちが動いていることも可能である。
それはあるいはアイテールの急激な火が
とじこめられ、出口をもとめて彷徨《さまよ》い
そしてその火が夜空をあちこちととびまわるからか、
あるいは外部のどこかから空気がきて火を
めぐらせるからか、あるいは、火そのものが
その食物がよびさそう所に這《は》ってゆき、空の
あちこちに彷徨って、炎の体を養うからかである。

なぜなら、この世界においては以上のうちどれが確かなのか
定めがたいことであるから。しかしさまざまな仕方で
作られた、さまざまな世界全体において
可能なこと、ありうることを私は示し、全体として
星の運動の原因となりうる多くのものを示すのである。
それらのうちの一つがこの世界で星の運動を促す原因で
あるにちがいない。しかしそのどれであるかを教えることは
一歩一歩進んでいくもののなすべきことではない。

大地が世界の中心部に静止しているためには、
少しずつその重さをへらしてゆき、
そして下の方に別のもの、生れ始めから、
大地をつつんでいる世界の空気の部分と結合し、
一つに繋がっているもの、をもつべきである。
それゆえ大地は空気にとって重荷ともならず負担ともならない。
ちょうど人の手足がその人にとって重荷ではなく、
頭が首にとって荷物でなく、また体の全重量が

足にあるのが感じられないのと同じである。
それに反し、外からくるものは、時にはどんな小さい
ものであっても私たちには重荷となり、痛みをあたえる。
それゆえ重要なのはそれぞれのものの能力いかんである。
そういう訳で大地は突然付け加えられた、よそものではなく　（五四五）
よそからの空気によって、よそから投げつけられたものでもなく
この世界の始まりの日に、ひとしく孕まれたものであり、
私たちの手足の場合と同じくその定まった一部なのである。
その上また突然大きな雷鳴で大地がゆるがされるとき
その上にあるものをみなその運動で打ちふるわす。　（五五〇）
それが可能なのはほかでもない大地が世界の空気の部分、
ならびに空に繫がっているからである、
なぜなら互いに共通の根によって生れ始めから
一つに繫がっているのだから。　（五五五）
私たちのこれほど重い体を
きわめて稀薄な魂の力が支えているのは、
それらが共に一つに繫がっているからではないか？

それから軽やかにとびはねて体を上げるのは、手足を
支配している魂の力でなくて何にできることなのか？
さてそれでは、稀薄なものでも重いものと結びつけば、
どれほど大きな能力をもつか分るだろうか？
ちょうど、空気が大地、魂が体に結びつくように。

太陽の輪とその火は私たちの感覚に
うつるよりも、決して大きくもなければ小さくもない。
なぜなら、どんな距離からでも火が光を放射し
あつい熱を私たちの体にふきつけることのできるかぎり
その距離によってその炎を少しも減じはしないし、
火の大きさも少しも小さくはならないのだから。
それゆえ、太陽の熱と放出された光とは
私たちの感覚に達し、そのあたった所を焼くところをみれば
太陽の形と輪郭はここから見えるとおりであり、じっさい
それに少しも付け加えたり、へらしたりできないのである。
月が、あるいは借りものの光であたりをてらしながら進み、

あるいは己れ自身からその光を放出しようとも、
そのいずれであろうとも、私たちの目にうつるよりも
より大きな形のものでは決してないと思われる。
なぜなら遠くはなれて、厚い空気をとおしてみえるものは、
その輪郭を小さくするよりも先に、まずその形が
ぼやけてくるのだから。それゆえ月は
明らかな姿とはっきりした形を示している以上、
その輪郭の見えるように、それがどれ程の大きさであろうと、
地上から空高くに、その大きさに見えるのである。
最後にここからみえるアイテールの火についても同様である。
地上でみえる火はそのゆらめきが明るくみえ、
その炎がみえるかぎり、遠ざかるにつれて
時おりごくわずかその輪郭を、
大きくかあるいは小さく変ずるだけなのだから、
アイテールの火もごくわずか小さいか
またはごく少し大きいに違いない。

またどうしてこのように小さな太陽が
これほど大量に光を放出し、海と陸と空とに
すべてみなぎらせ、すべてのものにあつい熱を
そそぐことができるかも不思議ではない。（五九五）
なぜならここから全世界のただ一つのゆたかな泉が（五九七）
あふれでて光を吹きだしているのだから。
なぜなら全世界から熱の要素がゆたかに集まり、
その塊がここに流れこみ、ただ一つのこの源から（六〇〇）
その熱をふきだしているのだから。
あなたは小さな泉の流れがどんなに広く畑をうるおし
時には野にまであふれているのを見たことはないか？
それともまた太陽の火は大きくはないけれど
あつい熱で空気を捕え、（六〇五）
そしてたまたま空気が都合よい状態にあれば
少ない熱で空気をもえあがらすこともあろう、
ちょうど麦わらや葦の茎が時おりただ一つの
火花から至るところもえあがるように。

あるいはまた太陽は赤い松明でてらしながら
そのまわりに、少しも目にかからない
火を大量にもっていて、その火から
かく大量に光線の矢が生ずるのかもしれない。

かんたんでまっすぐな説明はみつからない、
どのようにして太陽が夏の星座からはなれて、やぎ座の
冬至の回帰線に近づき、それからまた引きかえして、
かに座の夏至の回帰線まで転じ、
また太陽がそのコースをたどって一年間に歩きつくす
その距離を月はなぜ月ごとに通りすぎるのかについては。
これらのことは簡単な原因には帰せられないと私は主張する。
さてまず初めにすぐれた人デモクリトスの
聖なる判断が示すことが可能なように見える。
すなわち大地に近い星ほど
空の渦巻きによってより少なく運ばれるというのである。
なぜならその渦巻きのはげしい力は下ほど

弱まっており、それゆえ太陽は少しずつ
おくれ、より後方の星座に残されてゆく。
なぜなら輝く星座たちよりもずっと下の方にあるのだから。
月の場合はなおさらである。そのコースはより低く
そして空からは遠くはなれ大地に近づいているだけに、
星座とコースを争うことはなお不可能となる。
その上それを運ぶ渦巻きは弱っており
太陽より下にあるため、それだけたやすく
どの星座にも追いつかれ、追いこされる。
それゆえ月はどの星座にも、より速く周期的にかえってゆく
ようにみえる。事実は月に向って星座が帰ってゆくのだけれど。
またこういうこともありえよう、すなわち世界の軸の
両端から二つの空気が時を定めて交代に流れ、
一つは太陽を夏の星座から
冬至の回帰線と冷たい寒気に追いやり
一つは凍った冷たい陰から
夏の星座と熱い星のもとに追いかえす。

同じように月も、また星も考えるべきだ。すなわち
大きな軌道にそい長い年月をかけてめぐる星たちも
両端からの風に交替にふかれて進むことも可能なのだと。
互いに逆向きにふく風にふかれて、下の雲が上の雲とは
反対の方向にゆくのを見たことはないか？
アイテールの中の大きな軌道にそってゆく、かの星たちが
逆向きの流れによって互いに逆にすすむことがなぜ不可能なのか？

しかし夜には大地は大きな暗闇につつまれる、
それは太陽が長いコースののち空の果てに
ぶっつかって旅につかれ、厚い空気のため
よわった炎をぐったりと吐きつくしたためか、
または地上において日輪をはこんだその同じ力が
地下のコースをすすむように追いやるためである。

またきまった時に暁の女神はアイテールの領域に
薔薇色の暁光をまきちらし光をひろげる。

それは同じ太陽が地下を通ってかえってき、空を
燃えあがらせようと、まずその光線を送りだしているからか
または火が集中し、そして火の種子が多数
定まった時に集まり、くりかえし、
新しい日の光を生みだしているからであろう。
ちょうど、人のいうように、イダの高い山から
日の出の時、きれぎれの火の群れが見え、
それから集って一つの塊りになり、完全な円になるように。
ところでこの火の種子がきまった時に流れ集まり、
太陽の光を再び作りだしうることは、
驚くべきことでは少しもない。
じっさい万事につけ多くのものがきまった時に生じる
のを私たちは見るのだから。草木はきまった時に
花を咲かせ、きまった時に花をおとす。
それに劣らず、きまった時に人の年齢は
歯をぬけさせ、少年をやわらかいうぶ毛でおおい、
また軟かい鬚《ひげ》を頰にたれさす。

最後に、雷、雪、雨、雲、風も
さほど定めない季節に生じるのではない。
なぜなら、最初の原因からしてこうであったし
万物は世界創成の日以来、このようになったのであり、
引きつづき一定の順序に従ってなおやってくるのだから。

また日が長くなり夜が短くなり、
それからまた日が短くなるとともに、夜が長さを加える、
その一つの理由は同じ太陽が大地の下と上とで
違う長さの弧をえがいてアイテールの領域を進み、
そして天球をひとしからざる部分にわけ
一方から引きさったものを
その反対の方につけ加えるからである。
そして季節の分点が夜の闇と昼の光とをひとしくわかつ、
空のその星座に太陽はたどりつく。
なぜなら北風[15]と南風それぞれによる（太陽の）コースの中点において
空は星をちりばめた獣帯の配置にそい、

両回帰線からひとしい距離に分かたれているのだから。
その帯の中を太陽は大地と空とを斜の光で
照らしながら、ゆっくりすすんで一年間にめぐる。
それは空の全領域に星座を配置し順序よく図にかいた
人たちの教えが明らかにしているところである。
他の理由は、ある部分では空気がより密であり
そのため火のゆらめく光が大地の下でおくれがちになり、
やすやすとつきぬけて東に現われることができないからである。
それゆえ冬時には長い夜は遅々としてすすまず
かろうじて朝の日の光がさしてくる。
も一つの理由は季節のそれぞれに応じて
太陽をきまった方向からのぼらせる火の
集り方があるいは速く、あるいは遅いならいだからだ。

(15) 少し前の六三七―六四五行における太陽の運動の説明からみて、北風は太陽を北回帰線から南回帰線に向うコースを、南風はその逆向きのコースを運動させる。それゆえそれぞれのコースの中点は秋分点、春分点となる。

それゆえ、〈これらのことは単一な原因には帰せられない
という人たち〉は真実をいっていると思われる。

月は太陽の光線にうたれて輝き、一日一日
太陽の円板から遠ざかるにつれ、なおよく、その光を
私たちにみえるよう向けることも可能である。
ついには太陽に向いあい、光をいっぱいあびて輝き、
そして東の空高くから沈む夕日を眺める。
それから獣帯を通って反対側から
太陽の火に近づくにつれ、
少しずつまた光をかくしてゆく。
これは月を、太陽の下を運行する、
ボールのようなものと思う人たちの説である。
また自身で光を放ちながら運行し、その輝きの
さまざまな相を示すということもありうる。
なぜなら月とともにすすみ、あらゆる仕方でそれを
遮り邪魔する物体が何か一つあってもよいのだから、

もしそのものが光を放たないため、目にみえないなら。
また半球を明るい光で彩られた、
球のように、自転し、自転しながら
さまざまな相を示すことも可能である。
そして光に輝いた半面を
私たちに見えるようまともにむけ、
それから少しずつまた回転して
球の光った半面をかくしてしまう。
これはカルデア人のバビロニア科学がギリシアの
天文学に反対して立証しようとしているところである。
まるでどちらかの主張は真実ではありえないかのごとく、
また、かれよりこれを取る理由が何かあるかのごとく。
最後にまた、なぜ月はいつも規則正しく
一定の形に新しく生れ、
日がたつにつれ生れたものは死に、その代りに
他のものが新たに補われることは不可能なのか、
推論によって説明し言葉で説得することはむずかしい。

なぜなら一定の順序に従って生じるものは数多くあるのだから。
春はウェヌスとともに訪れ、それに先だちウェヌスの
翼ある先駆者がやってき、西風の足跡には
母なる女神フローラ[16]があらかじめ道いっぱいに、
彼らのため妙なる色と香とをまきちらす。
それから暑い夏がつづいてくる。そして同時にその友、
埃にまみれたケレスとエテシア[17]の北風とがくる。
それから秋がき、それとともにバッコスが歓声をあげてくる。
それから次の季節と風とがつづき、
空高く轟く南東の風と電光をはしらせる南風がくる。
最後に冬が雪をもたらし、ものうい寒気をつれてき、
それを追って歯の根をふるわせる酷寒がつづく。
これほど多くのものがきまった時に生じうる
のだから、月がきまった時に生れ、
きまった時にまた消えても驚くにはあたらない。
また太陽がかけ、月がかくれるのは、

多くの原因から生じうると考えるべきだ、
なぜなら、なぜ月は大地を太陽の光から遮り
大地から高くはなれたその顔で日をかくし、
日のあつい光線にその黒い円板をなげかけることが可能なのか、
その同じ時刻に、いつもは光がないため、見えないでいる　（七五五）
他の物体がそうするのだとはなぜ考えられないのか？
なぜ太陽はきまった時刻に疲れてその火を
吐きつくし、また光を生みなおすことはできないのか、
もし空中の炎に害ある所をすぎるため
その火を消されてしまうとすれば。　（七六〇）
また月が円錐の鋭い影の中をすべってゆくとき
なぜ大地は反対に月から光をうばい、それ自身は
太陽を下に隠していることがなぜ可能なのか、

(16)　イタリアの花の神。
(17)　東部地中海地方において夏ふく強い北風。五月から十月にかけ毎時一〇〜三〇マイルの速さでふき、陸上では相当量の砂をはこぶ。

その時何か他の物体が月の下に走りこみ、
または太陽の円板の上にすべりこみ、そして光線と
放出された光とを遮ることは、なぜ不可能なのか？
しかしまた月そのものが自分の光で輝き、
その固有の光に害をなす所を通る時
世界のある定まった部分でその光を弱めることはなぜ不可能なのか？

さて巨大な世界の青空の中で
どのようにしてそれぞれのものが生じるのか私は説明し、
太陽のさまざまな運動、月の運行は、
いかなる力と原因とによるものか、どのようにして
あたかも目をとざすかのように光を遮られて欠けるのか、
思いがけない時に地上を暗闇でおおうのか、
また目をひらいて明るい光をはなち、万物の
輝くのをみるのかを私たちは学んだのだから、
今こそ世界の新生とまだ軟かい大地とが
新たな出産によって光の岸辺にまず何をもたらし

定めない風にまかせようと定めたかを説明しよう。
まずはじめに、大地は丘のあたりと全平原に
草の類と緑の輝きをあたえ、
花咲く野原は緑色にきらめき、
つづいてさまざまな木々はほしいままに
空中に向って生長をきそうた。
四足の獣の体や鳥の体にまず
綿毛、毛、粗毛が生えるように
そのように新しい大地は草や灌木をまず
生みだし、それから生きものを生みだした。
それらはさまざまな仕方でさまざまな風に多数生れた。
じっさい動物が天から降ってきたり、地上のものが
塩からい深淵から現われることは不可能なのだから。
それゆえ大地は当然母なる名前をとることができる。
なぜなら、すべてのものは大地から生れたのだから。
今でもなお多くの動物が雨と太陽の

あつい熱とによって大地から生れてくる。
それゆえ、その当時、より大いなるものがより多く、新しい大地と
若々しいアイテールから生れ栄えたとしても不思議ではない。
まず初めに翼あるものと様々な鳥類が
春の季節においたてられて卵からとびだした、
ちょうどいまでも夏になるとすべすべした蟬が
食物と生命とをもとめて皮の袋を自らぬぎすてるように。
それから大地は死すべきものの種族をはじめて生んだ、
じっさい熱と水とが野原に大量に溢れていたのだから。
こうして場所が適当であったところには
母胎がその根で大地をつかんで育ってきた。
時がみちて幼な子の生命が
水をのがれ空気をもとめて母胎をひらくと、
自然は大地の中の孔をそこに向け
開かれた管を通して乳に似た汁液を
ふきださせた、ちょうど今でも女が子を生んだとき
食物の栄養がみな乳房に向うため

甘い乳でみたされるように。
大地はその幼な子に食物を、熱は着物を
草はやわらかい綿毛の寝床を多数あたえた。
そのうえ世界は新しかったため、きびしい寒気もなく、
はげしい暑さも、あれくるう風もなかった。
なにもかも同じように育ち丈夫になった。

それゆえに、繰り返していうが、大地は母なる名を
えても当然である。なぜならそれこそ人類を生みだし
そしてまたほぼきまった時に、深い山々を
あちこちさまよう動物や、同時に
さまざまな形の空とぶ鳥を生みだしたのだから。
しかしながら生みだすにも、何か終りがなければならないのだから、
大地も、年老いて疲れた女のように、生むのをやめた。
年代のたつにつれ世界全体の性質は変化し、
一つの状態のあとに他の状態がつづいた。
似たまま残るものは何一つなく、すべては移りゆき、

自然によって変化させられ、また変形させられた。
なぜなら、あるものは衰え、年老いて弱りはて、それから
他のものがとびだし、目だたぬものの中から現われてくるのだから。
このようにして世界全体の性質は年代とともに変化し、
大地には次々に新しい状態が訪れ、可能であったものは
不可能となり、昔は生みださなかったものを生みだすこともできるようになった。

その時に大地が生みだそうと試みた不思議なもの、
不思議な顔や手足をしたものも数多くあった。
たとえば、男女、男でも女でもなく、その中間にあって、どれとも違うもの、
また足のないもの、あるいはまた手のないもの、
口がなく声のでないもの、顔がなく目のみえぬもの
手足がすっかり体にくっついて、
何をすることもできず、どこにゆくことも、
禍いをさけることも、物を用いることもできないもの、など。
この種の怪物、驚くべきものを生みだしたが
それは無駄であった。なぜなら自然はそれらの成長を禁じたため

恋い焦れても花の盛りの年頃に達することもできず、
食物をみつけることも、ウェヌスの行いによって結合することもできなかったのだから。
なぜなら、生きものが栄えて種族をのこすには
多くの条件が重ならなければならないことを私たちは見るのだから。
まず食物があること、それから体内にある
生殖の種子が力を失った体からとびだしうる出口、
雌と雄と交接できること、
互いに悦びを共にしうる器官をもつことなど。

そのころ動物の種族が多数亡び
子孫を残しえなかったに違いない。
なぜなら生命を支える空気を吸って生きているものは、
あるいは狡猾、あるいは勇気、あるいはすばしこさによって
生れおちるとともに、その種族を保っているのだから。
人間に役立つためにわれわれに任され、
保護されているものも多数ある。
まずはじめにライオンのたけだけしい種類、猛獣の類は、勇気によって

狐は狡猾、鹿は逃足の早さによって守られている。
しかし忠実な心をもち、眠りの浅い犬、
荷をのせたりひいたりする種族から生れたものすべて、
それに羊毛におおわれた家畜と角ある類、これらはすべて
人間の保護に任せられたのだ、メンミウスよ。
なぜなら、彼らは自らのぞんで野獣を逃がれ、平和を求め、
そして自ら骨折ることなく食料をゆたかに、
その役務の褒美として人から与えられているのだから。
それに反し自然から上のいずれをも授けられないもの、
自分だけでは生きることのできないもの、私たちに、
なんら役に立たず、それゆえ私たちの
保護のもとに食料と安全とをえられぬ類、
これらは皆他の動物の餌、獲物として横たわり、
その宿命の鎖によって捕えられ、ついには自然によって
その種族の滅亡にみちびかれたのは明らかである。
しかしながら、ケンタウロス[18]なるものは存在しなかった、

どんな時にも、ちがう種類の手足からできて、二重の
性質と二つの体をもち、かれの能力とこれの能力とが
相並ぶようなものは、かつて存在しえなかった。
このことは次のことから、どんな悟りの悪い心にも分るだろう、
まずもって、馬は三歳ごろに疲れを知らぬ花の盛りに達するが
人の子供は決してそうではない、なぜならその頃になってさえなおたびたび
眠りの中で乳を含んだ母の乳房をもとめるのだから。
のちになって馬が年老い、そのたくましい元気がうせ
弱りはてた体から生命が逃げさるころ、
そのころになって、やっと子供は咲く花のさかりに達し
青年となり、頬にやわらかい毛がはえる。
人間と荷をひく馬の類とからケンタウロスが
生じうるとか、また腰のまわりに狂いまわる
犬をめぐらし半身が海獣からできた、
スキルラ[19]とか、その他その体の各部の

(18) 上半身が人間、下半身が馬からなる野性的な、森にすむ怪物。

食いちがったものがありうるなどとはかりにも思わないように。
これらのものは同じように花を咲かせることもなく、体を
強くすることもなく、年老いて衰えることもなく、
同じウェヌスにもえ上ることもなく、一つの習慣で
一致することもなく、同じもので体を養うのでもない。
じっさいひげをたらした山羊はたびたび毒人参を
食って肥えるが、それは人間にとって激しい毒である。
それからまた炎は、地上に住む肉と血からなるもの
すべてと同じく、ライオンの栗色の体をも
焼きこがすものなのだから、
三つの体が一つになった、頭はライオン、尾はドラゴン
胴はキマイラそのものというものが、どうしてその体から
口を通して、もえさかる炎を吐き出すことがありえようか？
それゆえ新しい大地と若い空から
このような動物が生れえたのだという人は
ただ一つ新奇という空しい名目によって
同じようになお多くのことを口ばしる。

すなわち地上を金の川がいたるところ流れていたとか
宝石の花を木々が咲かせていたとか
または深海をまたいでわたり
手でもって空をねじまわすような巨大な
体の人間が生れたとかいう。（九一五）
なぜなら大地が始めて動物を生みだした時には
地上に多数の物の種子（アトム）があったからといって
互いに入りまじった家畜やちがう動物の手足を
くっつけたものが生れえたという印にはならないのだから。
なぜなら今地上にあふれている草の類、（九二〇）
穀物、悦ばしい木々は互いに、
からみあって生じることがありえないし、
ものはそれぞれ自分の道を進み、いずれも自然の
定まった掟に従って、その区分を守っているのだから。

(19) カリブディスの対岸にすむ海の怪物。三列の歯をもつ六つの頭と十二本の足をもち、魚を食って生きているが、船がくると一度に六人ずつ船員を捕えて食ったという。

ところで原野の上で人類はずっと荒々しかった。
なぜなら当然のことだが、荒々しい大地から生れ
骨格はより大きく、肉はより固く、
肉には強い筋がつき、
暑さや寒さに容易に負けず
食物の新奇さ、体の病気にもめげなかったのだから。
空を太陽がくりかえし多数めぐる間
人々は野獣のように彷徨《さまよ》いながら世をすごした。
曲がった鋤をあやつるたくましい人もいなかったし、
鉄の鍬で畑を耕すことも知らなかったし、
地に若枝をさすことも、高い木の
古枝を鎌ではらうことも知らなかった。
太陽と雨とが与えてくれたもの、大地におのずと
成りでたもの、それが贈物として十分にその胸を悦ばせた。
たいていは、どんぐりのなる樫の林の中で体を
やすめた、そして今なお冬時分に

赤く色づいてうれる岩梨の実を、
そのころ、大地は数多くより大きなものをもたらしていた。
その上またその頃新しく花咲いた大地は粗末な食物を豊かにみのらした。
それはみじめな人間どもにとって十分なものであった。
そして渇きをしずめるように川や泉が呼びかけた、
ちょうど今もなお深い山々で、水の流れが
喉を渇かしている野獣の類を遠くから音高く呼び寄せているように。
それから山野を彷徨いながらニンフの住む森の中の
広場を手に入れ、そこから水の清らかな流れが豊かに
流れて、ぬれた岩、緑の苔におおわれ
雫をしたたらせている濡れた岩、をあらっており、
一部は平野にまで溢れだしているのを知った。
ものを火で料理することも知らなかったし、
野獣の毛や皮を身にまとうことも知らなかったが、
林や山のうつろ、森にすみ
藪の中にあらくれた体をかくした、
叩きつける風や吹きぶる雨をさけるため仕方なく。

共通の財産を守ることも、習慣と
法律をともに用いることも知らなかった。
偶然が獲物として授けてくれたものを手に入れて
おのおの自ら体を養い、生きのびることを学んだ。
そしてウェヌスは森の中で愛する者たちの体を結びつけた。
結び合わせたものは互いの熱情か、または、
男の荒々しい暴力とはげしい欲望かまたは褒美、
どんぐりとか岩梨、またはよりぬきの梨とかであった。
そして手と足の驚くべき強さに任せて森に住む野獣の類を
投石や重い棍棒で追い求めた。
多くのものに打ち勝ったが少数のものを隠れてさけた。
針毛の生えた猪と同じく、夜がくれば
荒々しい裸の体を大地に横たえ
身のまわりに草の葉、木の葉をまとうた。
泣きさけびつつ昼と太陽とを追い求めて、野をかけめぐり
夜の影の中をおののきつつ彷徨いはしなかった。
だまって眠りにうずもれ、太陽が赤い顔をして

空に光をもちきたすまで待っていた。
小さい時からいつも闇と光とが
時をたがえてくるのを見馴れていたから
恐れ驚くこともなく、夜が太陽の光を
奪い去っていつまでも大地を
捕えはしないかと疑いもしなかった。
心配なのはかえって、度々野獣が
夜の平安を破ることであった。
泡をふく猪や猛々しいライオンが
襲ってくると家からとびだし、石の小屋からにげ、
おののきながら真夜中に、草の葉でしつらえた
寝床を狂暴な客人にゆずったのである。

人類はそのころ今より、より少なく泣きながら
この世の楽しい光を見捨てたのではない。
そのころ人はひとりずつ、もっとたびたびつかまえられて
生きながら野獣の餌となり、歯にくわえられては、

林や山や森を悲鳴でみたした。あわれにも
生きた身が生きた墓場に葬られるのを見たのだから。
しかし体を食いとられながらも逃げおおせた人は
あとになって震える手のひらで痛ましい傷をおさえ、
荒々しい痙攣が生命をとり去るまで
助けもなく傷の手当もしらず、
恐ろしい叫びをあげて死をよびよせた。
しかしながら軍旗のもとに幾千の人々がひきつれられ、
一日にして最期をとげることはなかった。また立ちさわぐ
海原が船と人とを暗礁にあてて打ち砕くこともなかった。
ただ、あてもなく海は波だちくるい、やたらに
甲斐もなく恐ろしい顔をするだけであったし、
穏やかな海の不実なまどわしが、ほほえむ波によって
人を落し穴に引きこむこともできなかった。
もっともそのころ不吉な航海術はまだ知られていなかったのだから。
それについで食物の欠乏が疲れきった体を死にゆだねた。
今は反対にありあまるものが死につきこむ。

たびたび、知らないままに毒をみずから注ぎこんだが
今ではずっと巧みに人に飲ませる。

それから家と毛皮と火とが具わり
妻が夫に結ばれて一つ家にすみ、結婚の掟が知られ

〔欠行〕

わが身から子供が生れるのを見てからは
その時はじめて人間は荒々しさを失いはじめた。
じじつ火のおかげで寒がりになった人の体は
もはや露天で寒気を耐えることができなくなり
ウェヌスは人の元気をよわめ、子供たちはその愛撫によって
やすやすと、親たちのたけだけしい天性をくじいたのだから。
その時から隣りあう人々は友情を結ぶことをはじめ
互いに傷つけたり痛めたりすることをやめるよう望んだ、
そして女、子供をまかせ、声と手まねとで
弱いものを憐れむのはすべての人に
ふさわしいことだということを悟らせた。

しかしながらあらゆる仕方で協力が生れえたのではない。
けれど人類のかなり大きな部分が掟を忠実にまもった。
さもなければ人類はすでに一人のこらず亡びてしまい、
これまでも子孫を残すことはできなかったであろう。

ところで自然は様々な音を舌で出すことを
人間にしいた。そして有用さが物に名前をつけた。
それはもののいえないため子供が
指でそばにあるものを示すとき
手ぶりをつかうのと大して変らない、
じっさい誰でも自分の能力が何に役立つかを知っている。
子牛は額に角が生えない先から、
腹をたてるとそれで突きあて敵意をもってせめかかる。
そして豹の子、ライオンの子は
やっとその歯や爪が生えるやいなや
爪や足で、また歯をむいてたたかう。
さらに翼ある類はみな翼にたより、

羽根のはばたきに助けを求める。
それゆえ、その時ある人がものに名をわりあて
それから人々に最初の名前を教えたと考えるのは
愚かなことである。なぜなら、なぜその人はすべてのものを
声で印づけ、そして舌でさまざまな音をだすことができたのか、
その時に他の人々はそれができないと思われているのに。
さらにまたもし他の人たちが互いに声をつかって
いないとしたらどうして声が役だつことを知ったのか？
そして何をしたいと望んでいるのかはっきり知る能力は
はじめどこからその人に与えられたのか？
またものの名前を知りたいと思うように、大勢の人を
一人の人がしいることは不可能だ。
唖になすべきことを教え、説き伏せることは、決して
容易なことではない。なぜなら彼らはそれに耐えないだろうし
理解できない声の響きが耳を甲斐もなくうつことを
決して我慢できないだろうから。
最後に、もし人間が、声と舌とをつかって、

さまざまな感じに応じてものをさまざまな声で呼ぶとしたら、
このことにどこに不思議なことがあるのだろうか？
ものいわぬ家畜も、野獣の類も、
悩みや痛みまた喜びがあるとき
それぞれ違ったいろいろな声を出しているのに。
じっさいこのことは明らかな例で知ることができる。
モロッシス[20]の犬が怒って大きなやわらかい口をあけ
鋭い歯をむきだし怒りにしめつけられて唸るときには、
吠え声であたりをみたす時とは
ずっと違った音で、私たちをおどしつける。
しかし子犬を優しく舌でなめているとき、
あるいは足でなげとばし、嚙もうとして
歯を合わせず、やわらかく嚙むまねをするとき
愛撫しながら吠える声は、家の中にとりのこされたとき、
あるいはなきながら身をひくめて
ぶたれるのを避ける時とはまるで違う。
それからまた花ざかりの若駒が牝馬の中にあって

翼ある愛の神の拍車にけられていななくのは
鼻孔をひろげ、戦いに向って、音をたてるとき
または他の仕方で体をうたれたときに
いななくのと違いがないであろうか？
最後に翼ある類、さまざまの鳥
鷹や、海の波間にあって
餌と命を求めるみさご、かいつぶりが
他の時にあげる声は餌と獲物を
争って闘う時とはまるで違う。
それから天候とともに耳ざわりななき声を
かえるものもある。たとえば長命なこがらすの類や
からすの群れは水と雨とを求めてなき、時には
風と嵐を呼びよせるといわれるように。
それゆえに、もし様々な感覚が動物をせめたて、
ものいわぬその動物にさえも、さまざまな声をださせるなら

(20) ギリシアのエピルス地方、その地方の犬は猟犬として優秀。

まして人間がさまざまな声で、違ったものを
区別できたとしても当然である！

ところで、あなたが口の中で尋ねないように、私はいう、
雷こそ、はじめて地上の人間に火をもたらし
それからすべての火が分たれたのであると。
じっさい空からの一撃が熱を与えると
多くのものが天上の炎につけ火され、燃え上るのを私たちは見る。
それから枝の茂った木が風に吹き立てられてゆれながら
他の木の枝におりかぶさって熱くなり、
はげしい力のためこすりあわされて火を吐き、
そして、時には枝や幹が互いに
すれ合っている間に、炎の光がきらめく、
これらのいずれでも人間に火を与えることができたのだ。
それから食物を料理し、火の熱で煮ることを
太陽が教えた。なぜなら野にある多くのものが太陽の光線と
熱にうたれて、軟かになるのを目にしたのだから。

日がたつうちに理解にすぐれ、心さとい人々が
以前の食物と生活とを、火と
新しい発明とで、変えるように一層つよくおしえた。（二〇五）
王たちは、都市をきずき、城砦と
要塞と、隠れ家とを、おきはじめた。
そして、家畜と土地とを人の美貌、力、
賢さに応じて分けあたえた。
なぜなら、美貌は高く貴ばれ、力は強く栄えていたから。（二一〇）
そのあとになって富が発明され、金が発見された。
金はやすやすと強い人、美しい人から名声を奪いさった。
なぜなら、どんなに強い人も、美しい人も
金持の一派をおいかけたのだから。（二一五）
もし人が、正しい教えに従って世を過すならば、
つつましく、心安らかに生きるのが人間にとって大きな富である。
なぜなら、乏しさに、不足することは、決してないのだから。
しかし、人々は名声と権力とをえて、ゆるぎない基礎の上に幸福を引きとどめ、（二二〇）

平安な生涯を、豪奢の中に過したいとねがった。
それは空しいことである。なぜなら、人々は最高の栄誉に
達しようとあがきながら、危険な道にふみ入り
たとえ頂上に達しても、しばしば嫉妬が雷火のようにその人を
いたましいタルタロス(21)の中に蔑みながら突き落すのだから。
なぜなら、嫉妬は雷火と同じく、頂きと
衆にぬきでたものとをよく焼きつくすのだから。
それゆえ、心静かに従っている方がはるかによいのである、
世界を統治し、王国を支配しようと望むよりも。
それゆえ、人々が野心のせまい道を通って争い、
疲れきって空しく血の汗を流そうとも、ままにしておこう。
なぜなら、彼らは他人の口でものを味わい、
自分の意見によってよりも、人の言葉によってものを求めるのだから。
そしてこのことは、昔あったように今もあり、この後もあるだろうから。
それゆえ、王たちが殺されると昔からの王座の権威と
高貴な笏とは、地になげすてられ

君主の頭上の輝く王冠は血にまみれ
民衆の足の下に踏まれて大なる栄誉の消えうせたのを嘆いた。
なぜなら、昔ひどく怖れられたものほど、それだけ激しく踏みにじられるのだから。

こうして、ものごとは、どん底と混乱とに返った、なぜなら
誰も彼もが、最高の地位と権力とを手に入れようとしたのだから。
それからある人々が、長官をおき、契約をたて
法律を用いることを教えた。
なぜなら人類は、力ずくで世を渡るのに疲れはて、
敵意のためにやつれたのだから、それゆえなおのこと
すすんで、法律ときびしい契約の下に身を投じた。
誰もが、現在平等な法律の下では許されないほど
怒りのためもっと激しく、仇をうつことに心を入れたから、
それゆえ人々は力ずくで世を渡ることに飽いたのである。
それから罰への怖れが人生の楽しみに影をさした。

(21) 地獄、あるいは下界。

じっさい、暴力と不正とはそれを犯した人を網にして捕え、
そして多くの場合、その張本人のもとに帰っていくのだから、
また共通の平和の掟を実行をもってやぶる人が
おだやかに、安らかに、世を過すことは容易ではない。（二五五）

たとえ、神々や人間どもの目をかすめても、そのことが
いつまでも隠されているとは保証されないのだから。
じっさい、多くの人は夢の中でたびたび口を割り、
あるいは病気にかかってうわごとに口をすべらし、
久しく心の中に隠していた罪をさらけ出したといわれている。（二六〇）

さてそれでは、大きな民衆を通じて、神々への崇拝が
ゆきわたり、都市を祭壇でみたし、盛大に儀式が
とり行われるのは、いかなる原因によるのであろうか、
これらの儀式は今なお、大きな国家、重要な所で盛んであり、
そこからして今なお畏怖が、死すべきものの心にうえこまれ
全世界にわたって、神々に新しい神殿をたてさせ、（二六五）
祭日をもって、祝わせている。

その説明を言葉でするのはそれほどむつかしくはない。
じっさい、その時までに死すべき者どもは、目覚めている時にも
神々の巨大な顔を見ていたし、
とくに夢の中では驚くほどの大きさの体のものをみた。（一一七〇）
それゆえ、これらに感覚をあたえたのである。なぜなら
手足をうごかし、威圧的な声を出したのだから、しかも
輝くばかりの顔と測り知れぬ力とにふさわしく。
そして彼らに、永遠の生命を与えた、なぜならいつでも
彼らの顔は現われたし、形も消えうせなかったから、（一一七五）
そのうえ、そんな大きな力をもっているのだから、どんな力も
打ちまかすことが、決してありえない、と思ったから。
そのうえ、幸福においても遥かにまさっていると考えた。
なぜなら、死の恐怖は、彼らのうち唯一人をも悩まさないだろうし、
また同時に、夢の中で多くの驚くべきことをなしとげ、（一一八〇）
それに何の骨折りをも費やさないのを見たから。
さらにまた、天上の働きと、一年のさまざまな季節とが
定まった順序をもってめぐってくるのを見ていて、

どんな原因によってそれが生じるのか、知りえなかったから。
それゆえ、すべてを神々にゆだね、彼らの首の振り方によって
すべてのものがめぐる、という逃げ道をとった。
そして、天上に神々の座と住家とをおいた。
なぜなら、天上をこそ夜と月とがめぐると見えるのだから、
さらに月、日、それから夜、それから夜の厳かな星座、
夜空を彷徨う火、空とぶ炎、
雲、太陽、雨、雪、風、雷、雹、
それから突然起る轟き、それからおどしつける大きな哮《たけ》りまでも。

ああ、不幸な人類よ、このような仕業を神々に帰し、
そのうえ、それに怖ろしい怒りまでもそえるとは！
そうすれば、どれほど大きな嘆きがその身に、どれほど大きな悩みがわれわれに襲いかか
り、
どれほど多くの涙が、われらのきたるべき子孫に落ちかかることか！
敬虔とはたびたび、被いをかぶって現われ、石に向って
歩むことではない、またすべての祭壇にまいり

地にひれふして、手を神殿の前にさしのべる
ことでもない、惜しげなく祭壇に四足獣の血を
注ぐことでもなく、祈りに祈りをつぎたすことでもない。
いなそれは、ゆるぎない心をもって万事を眺めうることなのである。
じじつ、巨大な世界の空の拡がりと
きらめく星をちりばめたアイテールを見あげ、
人の心に日と月との運行がおとずれる時、
その時、胸の中に、他の痛みにまぎれていた、
かの不安が目をさまして頭をもたげはじめる、
もしや私たちの面前に、神々の測りしれない能力というものがあって、
輝く星たちを様々に運行させているのではないかと、
原因をよく知らないため、あやふやな心は
まさしく世界に創成の日があったのか、
また同時に、世界の防壁がたえまない運動の
その労苦に耐えるのにも、終りがあるものなのか、
それとも、神々の意思によって永遠の生命を与えられ、
いつまでも、限りない年代を進みつづけ、測りしれない年月の

逞《たくま》しい力をものともしないのではないかと疑うのである。
さらにまた、誰が神々への怖れに心をすくませ、
誰が恐怖に手足をちぢませないのだろうか、
雷の恐ろしい衝撃により大地が火をはいて
ふるい、大空を轟きが駆けめぐる時。
人民も氏族もふるえないだろうか、高慢な王たちも
神々への怖れにうたれて、身を潜めないだろうか、
恥ずべき罪、高慢な言葉のため、罰をうけるべき
厳かな瞬間がきたのではないかと思って。
また、海の上を激しい嵐が今をさかりと
ふきあれ、艦隊の司令官を、逞しい軍団や
象もろともに海原の上を吹きさらってゆく時、
彼は神々に平安を祈らないだろうか、おののきながら、
嵐がふきやみ、都合よい微風が吹くことを願わないだろうか？
それはしかし無駄である。なぜなら度々たけり狂う旋風によって
捕えられ、やはり死の渡しにつれてゆかれるのだから。
それほどまでにある隠れた力が人間の生命財産を

踏みくだき、美しく飾られた束や怖るべき斧(22)を
踏みつけ、それをあざ笑っていると思われる。
最後に足の下に全大地が揺らぎ、
都市は壊れて崩れおち、またまさに落ちようとしている時、
死すべきものが自分を賤しめ、そして神々の大いなる
能力と驚くべき力とを、すべてを支配するものとして
世に残しておいても、何の不思議があろうか？

それからまた、青銅と金と鉄とが発見され、
同時に銀の重さと鉛の有用さが発見された。
それは火が深い山々の大きな森を炎で
焼いた時、あるいは空から雷火が落ちた時、
あるいは森の中で互いに戦いを交えて、
敵を怖れさすため、火をかけた時、

(22) 「束と斧」――にれあるいはかばの棒を束にして赤い紐でたばね、中に斧をつきさしたもの。王、のちには長官の象徴。

あるいは土地の肥えているのにひかされて、
豊かな畑をひらき、野を牧場にしようとした時、
あるいは野獣を殺し、獲物をふやそうとした時であった。
なぜなら狩をするのに森を網でかこみ、犬を
けしかけるより前には、落し穴と火をつかったのだから。
そのいずれであろうと、それらの原因から燃えでた炎は
恐ろしい音をたてて、森を根こそぎ焼き払い大地を焦し、
熱い管をとおって銀と金とそれから
青銅と鉛の流れが大地のうつろの中に、
ながれこんだ。あとになってその固まったものが
地の中に輝かしい色をしているのを、人はみつけ、
その艶々した光る美しさに魅せられて、それを
とりあげ、それがそのあったところのうつろの形と
同じような形になっているのを見た。
その時人々の心に閃いたのは、そのものを熱で溶かせば、
どのような形にも姿にも流しこむことができ、
その上、どんなに鋭く、薄い切っ先にも

鋳込むことができ、そして
武器をつくり、森を切り倒し
木材を平らにし、梁を滑らかにし、さらに
さまざまに孔をあけることができるということであった。
強い青銅の逞しい力によってと同じく
銀や金でそれをしようと望んだが、
無駄であった。なぜならそれらの力は負けて退き、
同じようなきびしい骨折りに耐えることができなかったのだから。
その時から青銅がずっと価値をもつことになり、金は
切っ先を鈍らし、役に立たぬため地に伏した。
今では、青銅は地に伏し、金が最高の誉れをえている。
このようにして、移り変る時代は物にも栄枯盛衰を与えている。
かつて貴ばれていたものは全く誉れを失ってしまう。
そして別のものがその跡をつぎ、目立たぬ中から現われて、
日ごと、なおさら探し求められ、見つけられては称えられて花を咲かせ、
そして、死すべきものの間にあって高い誉れをえる。

さて、鉄の本性がどのようにして発見されたか
あなた自身で理解することは容易である、メンミウスよ。
昔の武器は手、爪、歯であった。
それから石、また木の切れはし、
それから、見つかった後は、火と炎、
後になって鉄と青銅の力が発見された。
そして青銅の方が細工しやすく豊富であったので、
鉄よりも先にその使用が知られた。
人々は青銅で地をすきかえし、青銅で戦いの
乱闘に加わり、大きな痛手をおわせた。
そして家畜と土地とを奪いとった。なぜなら、武器をとった
ものには、裸で武器のないものはすぐに屈服したのだから。
それから少しずつ鉄で鍛えた剣が現われて、
青銅の鎌は恥ずかしめの中におちていった。
そして人々は土を鉄で砕きはじめた、
そして疑わしい戦いの勝敗の運は互角となった。

それから、始めは武装して馬の背にのり、手綱でこれを操り
右手を働かせていたが、のちには二頭だての
戦車によって、戦いの危険を冒すことになった。
そして二頭だてののちには四頭だてをつかい、
鎌をそなえた戦車に武装して乗った。
それからそそりたつ体をしたルカニア[23]の牛といわれる象、
怖ろしい蛇の鼻をもった獣にフェニキア人は戦いの痛手を耐え、
マルス（軍神）の大集団を覆すことをおしえこんだ。
こうして、次から次にと痛ましい争いが、武器をとる
人間どもに恐るべきものを生みだし、
日とともに戦いの恐ろしさはつのっていった。
牡牛の群れさえも、戦いに役立てようとこころみ、
さらに猛々しい猪さえも、敵に向って投げこんでみた。

(23) 南部イタリアにあり、エピルス王ピルスが象をつれてルカニアに侵入したときローマ人は始めて象を見た。

そしてまたある者は、荒々しいライオンを前にたて、
武装した御者と情け知らずの飼主とが、これを
鎖で操り、取りはなさぬように、共に送りだした。
しかし、それは無駄であった。なぜなら殺戮《さつりく》が酣《たけなわ》となるや、
獣たちは見境なく群集を駆けちらし、
恐ろしい頭のたてがみをふるいまわり、
騎士は、唸り声にふるいあがった馬の心をしずめ、
手綱をとって敵に向わすことができなかったから。
怒りたった牝ライオンの群れはあたりかまわず
とびはね、向ってくるものの顔に食いつき、
気を許しているものを背後から引きさき、
手傷をうけた者を抱きしめ、荒々しい歯と曲った爪とで
しがみついたまま、大地に引きたおした。
牡牛たちは味方のものを投げあげ、足で踏みにじり
馬の横腹を角で突きさき
恐ろしい形相で大地を掘りかえした。
猪の群れは鋭い牙で味方を殺し、

突きささって折れた武器を血に染めてあれくるい、
騎兵歩兵をとわず、ひとなめに破滅をあたえた。
なぜなら馬は凶暴な嚙み口をのがれようと斜にかけぬけ、
あるいは足で棒立ちになって空をたたいたが、
それは空しかった。なぜなら腱を切られて倒れ、そして、
重い落下によって大地を覆うたのだから。
たとえ前もって家にいるとき訓練したので十分だと思っても
戦いが始まってこれらのものが手傷、叫び、
逃走、恐怖、混乱によって激してくるのをみては、
それらのうち、いくらも引きもどすことができなかった。
なぜならあらゆる野獣たちは皆逃げてしまったから。
ちょうど今でも度々ルカニアの牛（象）が剣で手ひどく斬られると、
荒々しい仕打ちを多く味方に加えて、逃げだすように。
もし人がそうすることがあったとすればだが、しかし私には
敵味方ともに、痛ましい不幸が生じない内に、それが起るのを
心に予知し予見できなかったとは信じられない。
それは、あるきまった地上においてよりも、むしろ

宇宙のどこかで、さまざまな仕方で作られたいろいろな
世界においてなされたのだといってよいだろう。
しかし、それを実行したのは勝利の望みから、
というよりも、敵に嘆きをあたえ、わが身も亡んでしまおうと
数に自信がなく、武器に乏しい人々が願ったためであった。

つなぎ合わせた着物は織った着物に先だち、織物は鉄が
現われてからであった。なぜなら鉄によって機具が整えられ、
鉄なくしては綾取、つむ、おさ、響きのよい捲棒
のような滑らかなものを作りだすことができないのだから。
そして昔は羊毛をつむぐことを、自然は女たちよりも男たちの
仕事とした。なぜなら男たちの方が技にかけては
はるかに優れ、ずっと巧みであったから。
ついに重々しい農夫たちはそれを恥じと思い
それを女の手に渡すことを望み、
そして自分たちはきつい労働に耐え
きびしい骨折りをして体と手を鍛えようと欲した。

それから種まきの手本と接ぎ木の初めは
ものの創り手である自然がはじめて与えた。
なぜなら地に落ちた木の実、樫の実が木の下に
都合よい時に若芽の群れを出したから。
同じく自然から木の枝に接ぎ木すること、若い枝を
畑の地の中に取木すること、を学んだ。
それから次から次へと、狭い楽しい土地に新しい栽培を
試み、野生の木の実が手を加え、心やさしく
栽培すれば柔らかくなることを知った。
日が経つにつれて森は山の中にますます退けられ、
下では荒地は耕地に所をゆずった。
そして丘や野には、畑、池、川、麦畑、
楽しい葡萄畑ができ、そして平野の中に
鮮かなオリーヴの緑が走り、
丘や谷間、野原に拡がることになった。
その様は今、人々が甘い果実の木をそこここに植えて飾り

豊かな灌木でまわりを取り囲んでいるところの
さまざまな魅力でそれぞれきわだっているすべての土地と同じであった。

それから鳥の透きとおった声を口でまねる
ことがあってから、そのずっとのち人々は滑らかな歌を
しばしば歌って耳を楽しませることを知った。
それから西風が葦のうつろを吹きぬけて、はじめて
野の人々にうつろな毒人参を吹くことを教えた。
それから笛が楽人の指にはじかれて鳴り、
あまい哀歌を少しずつおしえた。
その笛は人里はなれた林、森、牧場、羊飼のゆく
淋しい所および、楽しい憩いの場所でみつけられた。
これらは人々の心をも柔らげ、とくに食いあきた時には
楽しませた。なぜならその時には何でも心に叶うのだから、
こうしてたびたび柔らかい草の上に互いに身をのべて、
水の流れのほとり、高い木の枝陰にあって、
多くのものを用いないで体をたのしませた、

とくに天気はほほえみ、季節は、
緑の草を花の群れで色どった時には。
その時そこに戯《たわむ》れがあり、対話があり、楽しい高笑いが
あったものだ。事実その時田園のムーサは真っ盛りだったのだ。
その時、頭と肩に花と葉で編んだ冠を
かむることを楽しい騒ぎは教え、
そして調子はずれに重々しく、手足を動かし進み
重い足どりで母なる大地を踏むことをおしえた。
そこからほほえみと楽しい高笑いが生れた。
なぜならその時これらは何もかも新しく不思議であったから。
そしてここからして夜を眠れぬ人々は、
さまざまな声を出し、歌の調べをかえ
葦笛の上を唇をまげて走らせ、不眠をなぐさめた。
また、それからして夜を守る人々はこれらを受けつぎ守り、
いろいろな調子を守ることを学んだ。しかしながら、
大地から生れた森の人々が味わったものより
大きな甘い悦びは味わわなかった。

じっさい手近かにあるものは、もしそれより楽しいものを前に
知らなければとくに悦ばしく、その地位を譲らないようにみえる。
のちになって、大抵はもっと優れたものが現われてそれを凌ぎ、
昔のものにたいする人々の感じを変える。
このようにして、樫の実は嫌われ始め、このようにして
草木の葉でしかれた寝床は見すてられた。
野獣の毛皮で作った着物もまた蔑まれて地におちた。
それが見つけられた時には大きな羨望の的であり
始めてそれを作った人は待ち伏せされて死に行きあたり、
しかも毛皮の着物は人々の間で血を流してきれぎれに
引き裂かれ、役に立たなくなったほどであったと思われるのに。
それでその時には毛皮が、今は金と深紅の衣とが、
悩みで人の命をかりたて、戦いで疲れさす。
それゆえ、大きな過ちが私たちの間に残っていると私は思う。
じっさい寒気は地から生れた裸の人を苦しめた。
しかし私たちは金や素晴らしい飾りのある
深紅の着物がなくても痛まない、

もし平服さえあって寒さを防げるなら。
それゆえ人間どもはたえず無駄なことに骨を折っているのだ。
そして空しい悩みに生命をすりへらしている。
きっとそれはものをもつにはどこに終りがあり、真の悦びは
どこまでのびるものなのか知らなかったために違いない。
そしてその無知が少しずつ生活を深みにおいだし、
戦乱の逆巻く荒波を真底から引きおこしたのである。

それから世界を見守り、めぐる大空を
自分の光でてらす、日と月とは
人々に季節がめぐり、万物は定まった原因により、
定まった順序に従って営まれることを教えた。

すでに人々は堅固な塔に取り囲まれて世を過し、
大地は分たれ限られ耕された。
すでにして海には帆をかけて走る船がみち、
援助と味方とはすでに契約を定めて手に入れられた。

その時、詩人たちは人々の功業を歌にのせて伝え始めた。
文字が発見されたのは、それよりそんなに昔ではない。
それゆえ昔何がなされたか今の私たちは見ることができない。
ただ、推論がその跡をしめしてくれるだけである。

航海術、それから栽培法、城壁、法律、
武器、道路、衣類、その他この種のもの、
褒美、生活のあらゆる楽しみ、
歌、画、それから巧みな彫像
これらを磨きあげてゆくことを、実習と
活発な精神の経験とが一歩一歩進みながら少しずつ教えた。
このようにして年月は少しずつ、それぞれのものを明るみに
おしだし、学問は光の岸辺に現われた。
なぜなら人々は次から次へと明らかになってゆくのを
心に見、ついに技術の最高の頂きに達したのだから。

第六巻

はじめて豊かな取り入れを、みじめな死すべきものたちに、
かつて分ち与えたのは、そして人の生活を元気づけ
法律を定めたのは輝く名前をもつアテナイであった。
そしてまた、すぐれた心をもち、その真理をつげる口から
すべてのことを、かつて教えた人を生みだしたとき、アテナイは
はじめて生活への楽しい慰めを与えたのであった。
その死後もなおその神々しい発見のため、その人の誉れは
広くゆき渡り、すでに年を経て天にまで達している。
この人は、身を養うためにいるものはすでに
ほとんど全部死すべき者たちに与えられており、
そして可能な限りは、生活は安全となり、
人間は富と名誉と称賛とに溢れ、
子供たちのよき名声によって秀でているのに、
それなのに各人の心は内心悩みをもち、そして

心ならずも休む間もなく生活を苦しめ、
痛ましい嘆きをあげて怒り狂っているのを見て、（一五）
そこに容器そのものに欠点のあること、そして
外からもたらされたもの、また都合よきものすべてを、
その容器の欠点によってその中で傷めていることを知った。
その理由は一部は、容器がもり、孔があいて
どうしてもいっぱいにならないからであり、（二〇）
一部は受け入れるものをいずれも、その中で
いわばいやな味で汚しているからとみた。
それゆえ彼は真実をつげる言葉によって
胸を清め、欲望と恐怖との限界を定め、
すべての人が向うべき最高の幸福は（二五）
何であるかを示し、狭い道ながら、
それに向って、まっすぐに進む道をさし示した。
また人間の運命にとっていかなる不幸があちこちで
自然が定めたように、偶然によってかまたは必然によって、
生じてはさまざまな形をしてとびまわっているか、（三〇）

そしていかなる門からそれぞれの不幸を追い返すべきかを教え、
そして人類がたいていはむなしく心労の痛ましい
大波を胸の中にたてていることをさし示した。
なぜなら子供が目の見えない暗闇の中で何もかにもに
恐れおののくように、そのように私たちは光の中にあって、
子供たちが暗闇の中で恐れ、あるいは思いなすものよりも
恐れるにあたらないものを恐れているからである。
それゆえ、この心の恐怖と暗闇とを追い払うものは
太陽の光線でも白日の輝く矢でもなくて、
自然の形象と理法とでなければならぬ。
それゆえなおのこと、始めた仕事を私は、いそいで言葉に織りつづろう。

さて世界の広がりは死すべきものであり、そして
空は生身の物体からできていることを教え、そして
その中において生じるもの、生じなければならないものを
数多く説明したのだから、さらに残りのことを聞きたまえ。
なぜなら一度素晴らしい車にのる……　風の〈嵐が

いかにして起り〉、そして静められるか、そして怒りが治まるとともに
かつて荒れ狂っていたものが再びかわるかを〈私は物語ろう。〉
地上および天上において人々が起るのを見るその他のものが　（五〇）
しばしば怖れを抱く心の上に臨むとき、
神々への恐怖で人の心を低く垂れさせ
地面におしつけてしまう。なぜなら、
その原因への無知が、万事を神々の支配にゆだね
その統治を認めさすのだから。　（五五）
なぜなら神々は憂いない生活を送っていることを学んだ人が　（五八）
もしそれでも、それぞれのものはどんな原因によって
生じるのか、とくに頭上高くアイテールの領域において　（六〇）
認められるものごとについて、驚くなら、
その人は再び昔の宗教に連れかえされ
きびしい主人をいただき、その主人こそすべてを
なし得るのだと哀れにも信じるのだから、それは何が可能であり、
何が不可能であり、それぞれのものに定まった能力がどのような仕方で　（六五）
与えられ、限界がどれ程きつく定まっているかを知らないからなのだ。

それ故、なおのこと盲目の推論に導かれて本道から離れる。
それらのことを心から吐き捨て、神々にふさわしくないこと、
その平安とは縁ない考えを遠く投げ捨てなければ
あなたによって侵された神々の聖なる意思はしばしば
あなたの妨げとなるだろう。神々の最高の権威が侵されて、その怒りから、きびしい償いを求めるからではない、
かえってあなたこそ、穏やかな平安の中に休んでいる
神々の怒りの大波を巻き起すと思い、
神々の神殿に曇りない心をもって進まず、 (七〇)
聖なる体からでる像、人間の心に、 (七五)
神々の姿を伝えるそのものを、
心静かに受け入れることができないからなのだ。
それからどのような生活が続いてくるか明らかである。
それを私たちから遠く、真正の教えが追い払うために、
多くのことが私の口からでてはいるが、なお多くのことが (八〇)
残っていて、それを磨かれた詩句で飾らなければならない。
それで私は空の働きとその種々相とを説明しなければならない。

嵐とまぶしい電光とはなぜに作用を表わし、
いかなる原因によって運動するかを歌わねばならない。　（八五）
さもなければ、あなたは空が各部分に裂けたとき、気を失って
驚くだろうから、どこから空飛ぶ火はやってきたのか、またはここから
どの方向に進むのか、どのようにして閉ざされた所にはいり込むのか、
そしてそこを荒したのちどのようにして逃げ去るのかと。　（八九）
ねがわくは、ゴールの白線に向って走る私に　（九二）
最後のコースを示したまえ、詩歌に巧みなムーサよ、
カリオペ(1)よ、人間の憩い、神々の喜びよ、
あなたの導きにより、素晴らしい誉れとともに、勝利の冠を得んことを。　（九五）

まずはじめに、青い空が雷鳴で揺がされるのは、
空高くとぶアイテールの雲が、ぶつかりあう
風とともに集まりぶっつかるからである。
じじつ、空の晴れたところに音は生じないで、
かえって雲がひどく濃く集っているところ、　（一〇〇）
そこから強く大きな唸りとともにしばしば轟《とどろ》きが生じる。

それからまた雲は石や木ほどに
密な物体からはできていないし、
霧やたちのぼる煙ほどに稀薄でもない。
なぜなら、もしそうなら、あるいは石のように重い重さで押されて
落ちなければならず、あるいは煙のように、止《とど》まることができず、
冷たい雲や雹の雨を包んでおくことができないだろうから。
また時には、上の方広い空の拡がりが音を響かすこともある、
ちょうど、大きな劇場の柱や梁の間に、
張りめぐらされた天幕が響くように、
時には、はねおどる風のため引き裂かれて
怒り狂い、紙を引き裂く音をまねするように。
雷鳴の中にはその種の音も聞くことができるし、
また、つるされた布地や飛んでいる紙を
空中に風が吹きまわし、叩くときだす音もきかれる。
また時には、雲と雲とが正面からぶつからないで、

（1）叙事詩のミューズ。

横腹をすれちがえ、反対向きに進み
少しずつ体をかすめて行くことがある。
そこからは乾いた音が耳をかすめ、長くあとをひき、
雲がせまい所を逃げきるまでつづく。（一二〇）

また、次のようにして重い雷鳴に打たれて、しばしば
あらゆるものがふるい、そして広い世界の巨大な防壁が
突然引き裂かれて飛びちったかと見えることがある。
それは、強い風の集中した嵐が雲の中に
急に入りこみ、そこに閉じこめられ、
渦巻きとなってめぐり、次第次第に雲を
まわりに密に、内をうつろにし、
そのあとでその力と激しい勢いとが雲を引き裂いたときであり、（一二五）
そのとき、恐ろしい響きをたてて、雲は爆発する。
不思議なことはない、空気のつまった小さな膀胱の袋でも
しばしば、このようにし突然破裂して大きな音をたてるのだから。（一三〇）

風が雲を吹きぬけるとき、音をたてるという説明もある。
じじつ、しばしば私たちは、さまざまな仕方で枝分れし、
ぎざぎざした雲が流れているのを見る。
北東の風が密林を吹きぬけるとき、
木の葉や枝が鳴りどよめくのと明らかに同じなのだ。
また時には激しい風の力がかきたてられて、
まっすぐ突き進んで雲を引き裂いてしまうこともある。
じじつ、風の吹きつけがそこで何をなしうるかは、明らかな事実が
示すのだから、すなわち、風の力は、もっとゆるやかなこの地上でさえ、
高い木々を根こそぎ引き抜くのだから。
また雲には砕けながら重々しく、いわば、
轟きの音をたてる波もある。それは深い川や大きな海で
波がくだけるときに起るものと同じなのだ。
また雷の熱い火が雲から雲に飛びうつるとき、
もしその雲が大量に水を含みながら、
火を受けとると、すぐに、大きな叫びをたててこれを消すことがある。
ちょうど熱い炉から引きだされた、白く光る鉄が

急いで冷たい水の中につけられると、よくシュッと音をたてるように。
それから、もっと乾いた雲が火を受けとると
大きな響きをたて、突然火を吹いて燃え上る、
ちょうど月桂樹でおおわれた山の中を、焔が
風の渦巻きによって激しい勢いで焼きつくしながら、彷徨《さまよ》いまわるように。
アポロンをまつるデルポイの月桂樹は何ものにもまさって
恐ろしい響きをたて、パチパチはぜる焔によって燃えるのだから。
最後に、氷の大きな破裂と雹の落下とは
高い大きな雲に度々響きを与える。
じじつ、風が押しこめると、せまい所に詰めこまれ
雹をまじえた雲の山はこわれ散るのだから。
また電光は雲がぶっつかって、火の種子（アトム）を多数
打ち出すとき生じる、あたかも石を石かあるいは鉄で
打ちあてたときと同じように。なぜならそのときにも、
光が飛び出し、そしてきらめく火花が散るのだから。
しかしながら雷鳴は電光を目で見てからあとに

耳に入る。なぜなら視覚を刺激するものよりも、
音はいつもゆっくりと耳に届くものなのだから。
それは次のことからも分る。すなわち誰かが遠くで、
両刃の斧を振りあげて、木の伸びた幹を切るのを見るとき、
打ち下ろすのを見てからのちに打つ音が耳に
聞える。そのようにやはり電光を見てからのち、
雷鳴を聞く。これもまた火によって電光と同じ原因により、
その同じ衝突から生れて発射されてはいるが。

また次のようにして雲は飛びかう光であたりを染め、
嵐はふるえる道にそって電光を走らせる。
すなわち風が雲の中につき入るとき、先に教えたように、
そこで渦巻いて、うつろな雲を濃くし
そして自分の速さのために熱くなる、
ちょうどすべての物が運動によって熱くなり、
鉛の玉さえも長い道を転がると融けるように。
それゆえ熱い風が黒い雲を引き裂いたとき、

急に火の種子（アトム）をいわば力で押しだし、
まき散らし、これがまたたく電光を発する。
そこから音がつづいて起るが、それは私たちの
目に届くものよりも、ゆっくりと耳にふれる。
このことは雲が濃く、同時に次から次にと高く積み重なって、
驚くべき厚さになっているときに生じることは明らかだ。
下から見上げたとき、雲がどれほど高く積み重なっているかよりも、
むしろどれほど広くひろがっているかを目にして欺かれないように。
じっさい、よく見てみたまえ、山に似た雲を
風が空中を横ぎって運ぶとき、
あるいは高い山々にそって次から次にと
高く積み重なった雲が、いたるところ
風もないで静かに止まっているとき、
その時あなたは、雲の大きな量というものを知り、また
空に浮んだ岩で作られたような洞窟を見ることができよう。
その洞窟を嵐がおこると風がみたし、風は
閉じこめられては大きな轟きとともに荒れ狂い、

うつろな雲の中で野獣のように威しつける。
ある時はここから、ある時はあそこから、唸りを雲の中に送り出し、
出口を求めてめぐり、そして火の種子（アトム）を
雲から飛びださせる。そして多くの種子（アトム）をこのようにして
集め、うつろな炉の中に炎を駆けめぐらせる。
ついには雲が裂けてきらめく電光が飛ぶ。

また次の原因からも、流動する火の金色の
光がすばやく地上に飛びおりる、それは確かに
雲自身があまりに多くの火の種子（アトム）を持っている
からである。じじつ、雲が水を少しも含んでいないとき
たいてい、その色は焔の色をし、どれよりも輝かしい。
じっさい雲は太陽の光から多くの元素を受けとっており、
それゆえに当然赤い色をし、火を吐きだすのである。
それゆえこの雲を風が無理に一カ所に
押しこめれば、それは押されて火の種子（アトム）を
吹きだし、焔の色を輝かすことになる。

また空の雲がまばらになるときにも光がでる。
なぜなら風が、流れる雲を軽く分け
引き離すと、心ならずも、かの種子（アトム）が落ち、
稲妻を走らせるのだから。その時には、いやな
恐怖もなく、音も騒ぎもなく光る。

それから雷はどのような性質を具えているかは
その熱の衝撃によって焼かれた印しと、
いやな香りをだしている硫黄の印しが明らかにする。
じじつこれらは火の印しであり、風や雨のものではない。
さらにまた、しばしば雷は家の屋根を燃え上らせ、
すばやい焔でその建物の中さえをも征服する。
この火は細かな火の中でも自然がもっとも細かに
作ったもので、小さな運動しやすい元素から
なっており、それを妨げるものは何もない。
じじつ、激しい雷は叫びや声と同じく家の壁を突きぬけ、
石を突きぬけ、青銅を突きぬけ、

一瞬にして青銅や金をとかし、
また容器はそのまま残して、なかの葡萄酒を急に
消散させてしまう。それはきっとその火が近づいて、
やすやすとまわりのものをみな拡がらせ、
容器の壁をまばらにし、その中に入りこんで、
すぐに間をさき、葡萄酒の元素を散らすからである。
このことは太陽には年月をかけてもできないこと
と見られる、たとえそのきらめく火の強さをもってしても。
それほどにこの力は運動性にとみ、当りがたいのである。

さてそれでは雷はどのようにして生れ、どれほどの勢いで
生じ、その打撃によって塔を裂き、
家を覆えし、丸太や梁を引き裂き、
英雄の石碑を揺り動かし、
人を死なせ、家畜をあちこちで地に打ちたおすのか、
その他かようなことすべてを、いかなる力によりなしうるのか
説明しよう、そして約束を長くあなたに待たせまい。

雷は密に高く積み重なった雲から
生じると思わねばならない。なぜなら晴れた空や、
密度のたりない雲からは決して放たれないのだから。
疑いもなく、こうなることは明らかな事実が示している。
すなわちその時には空一面に雲が濃くなり、
いたるところに、アケロンの暗闇が逃げだしてきて
空の大きな洞窟をみたしたかと思われるほど、
それほどまでに雲の作り出す忌わしい夜が襲い、
黒い恐怖の顔が上から下りてくる、
その時にこそ、嵐は雷を動かし始める。
さらにまたたび海の上に黒い雲が、
空から降ってくる瀝青《チャン》の流れのように、そのように
暗闇にみたされて遠く波の上におりてゆき、そして
雷と疾風とを孕んだ黒い嵐を引きつれてゆく。
とりわけ、火と風とにそれ自身みたされており、
陸上にいてさえ人々はおののき家に隠れる。

それゆえ、そのように私たちの頭上においても高く積み重なった
嵐があると思うべきである。じっさいこれほどの暗闇で
大地を覆いはしないだろう、もし空の上に日の光を
遮って雲また雲と積み重なっていないとしたら。
またこれほどまでに雨を降りそそいで、
川を溢れさせ野を泳がすことはないだろう、
もし、アイテールに高く積み重なった雲がないとしたら。
それゆえ、空の上には風と火とがすべてをみたしており、
それゆえあちこちに雷鳴と電光が生じるのだ。
じっさい、先に教えたように、うつろな雲は火の種子（アトム）を
数多くもっており、そしてまた太陽の光線と
その熱とから多くを受け入れているにちがいない。
こうして風が雲をたまたまどこか一カ所に
よせあつめ、火の種子（アトム）を多く押しだし
同時に風がその火にまじると、
渦巻きがその狭い所にとび入り、めぐり、
熱い炉の中で雷をもえあがらせる。

なぜなら二重の理由によって雷は発火するのだから、すなわち
自分のもつ運動性と火との接触によって熱くなるのだから。
それから風の力が熱くなり、火の激しい勢いが強まると、
その時、いわば熟した雷が
突然、雲を引き裂き、眩しい光で
あたり一面を照しながら火が飛びでる、
それに続いて重々しい音が生じる、それは突然空の拡がりが
破裂して、上から落ちかかってくるかと思われるほどである。
それから震動が大地を重くゆすぶり、そして
轟きが高い空を駆けめぐる、じじつ、その時には
すべての嵐が打ち振るわされ、戦慄が走りすぎる。
その衝撃から、激しく豊かな雨が続いて起る。
あたかも全アイテールが雨に変り、
そして、降りそそいで洪水を呼びよせると見えるほど、
それほど、激しい雨が、雲は裂け風は吹きあれ、
雷鳴と電光の飛びかう中を、降りそそぐ。

また風の力が外から煽《あお》りたてられて、
熱した雷を孕んだ雲の中につきこむこともある。
そして雲を引き裂くと、ただちに火の渦巻きが
落ちてくる、それを父祖の言葉で雷《フルメン》と私たちは呼ぶ。
これはまた、風の力が赴く所、さまざまな所にも起る。

また時には風の力が火をもたないで、投げだされ、
それでも長い道程を飛んで、燃えだすこともある。
走りながら何か大きな物体（アトム）、ともに
空中を飛びえないものを離し、
そして空気そのものから他の小さな物体（アトム）、
その速さによって火を作りだすもの、を掠めとる。
それは鉛の玉が走りながら、
冷気の粒子（アトム）を多数すて、空中で火を受けとり、
熱くなるのと似たようなものである。
また風の冷たい力が火をもたずに投げだされてぶっつかり、

風の衝撃そのものの勢いで火を打ち出すこともある。
これは驚くには当らない。なぜなら激しい勢いでぶつかると
それ自身から火の要素（アトム）が多数飛びだし、また同時に
その衝撃を受けとめたものからも飛びだすのだから。
ちょうど石を鉄にぶっつけたとき、火が飛びだし、
鉄の力は冷たくてもやはり、
熱い火花の種子（アトム）がその衝撃のもとに集中するように。
それゆえ、物はもし火にとって好都合であれば、
やはり雷によって燃えあがるに違いない。
これほど大きな力で空から送りだされれば、
たとえその飛行のはじめに火でもえてなくても、
走りながら熱を加えて熱くならないような、
そんな冷たい風の力というものは決してありえない。

また、雷のすばやさ、きびしい打撃が生じ、
そしてまた、雷が速い速度で落下するのは、
それは全く雲によって、まずその力を駆りたてられ、

力をまし、そして運動のための大きな勢いをえるからである。
それから雲が、大きくなった勢いを止めることができなくなったとき
その力は迸《ほとばし》り、そして驚くべき勢いで空を飛ぶ、
あたかも強力な投石機から打ちだされて飛ぶように。
そのうえまた、小さく滑らかな要素（アトム）からできているため、
それを妨げることは何物にも不可能なのである。
じじつ、まばらな孔に入り、突き抜けるが、それは
多くの邪魔物によって妨げられないからであり、
そのために速い勢いで飛び過ぎるのである。
その次に、すべて重さあるものは当然の掟によって
下に向うし、さらにそれに衝撃が加われば、
その速さは倍加され、その勢いは強くなり、
従って正面《まとも》に止めようとする物をより激しく、より速かに
打ちくだき、その道を進みつづける。
最後に、雷は長く飛ぶゆえ、ますますその速さをまし、
速さは進むにつれて大きくなり、
雷はその力を加え、その打撃を鋭くする。

なぜなら雷の種子（アトム）はすべてまっすぐに、
いわば一点に向って進み、飛んでいるものをみな
その同じコースに投げ込むのだから。

多分空気そのものからも、何か粒子（アトム）を取り去り、
それがその衝撃によって速度を増させるのだ。
雷が多くのものを損わず、傷めず突きぬけるのは
流動性に富んだその火が、孔を突きぬけるからである。
また多くのものを貫くが、それは雷の粒子（アトム）が物の
組織を作っている所で、物の粒子（アトム）に打ち当るからである。
それから青銅をやすやすと溶かし、また金を突然
煮えたたせるが、それは雷の力が小さな
滑らかな粒子（アトム）から細かく作られており、
そのためやすやすと侵入し、入りこむとすぐ、
すべての結び目を解かし、継ぎ目をゆるめるからである。

秋には星のきらめく空の住家も

全大地もよく雷に撃たれる、
そして春の花咲く季節が開くときにも。
じっさい、寒いときには火がないし、暑いときには風が
なく、またそれほど濃い雲がない、
それゆえ、空の季節がその二つの間にあるとき、
その時、雷の生じる色々な原因がみな重なる。
なぜなら季節の移り目は寒さと暑さを入りまじらせ、
そのいずれも雲に雷を作りだすに必要なのだから。
さもなければ、物の間に争いが生ぜず、そして大きな騒ぎとともに
怒り狂った空気が火と風とで騒ぎたつこともないだろうから。
じじつ、暑さの始め、寒さの終り、
その時が春である。それゆえ異なったものが互いに
入りまじって戦い乱れるに違いない。
そして暑さの終りが寒さの始めと入りまじるとき、
秋の名をもつその時、そこでもまた、
きびしい冬が夏と入り乱れて戦うのだから。
それゆえこの二つは季節の移り目と呼ばれるべきであり、

その頃に多くの雷が生じ、激しい嵐が
空に動いても不思議はない。
なぜなら互角の戦いが両者で行われ、
ここからは火が、あちらからは風が水を混えて戦っているのだから。

以上のことこそ火を吐く雷の本性を知ることであり、
雷がいかなる力で、それぞれのことをなすかを見ることである。
エトルリアの書(2)をむなしく拡げてその中に、
神々の隠された心の印しを尋ねてはならない、
火はどこから飛んでき、またここから
どこに行くのか、どのようにして閉ざされた所に
入りこみ、そこを荒してそこを逃げだすのか、
空から落ちてくる雷はいかなる害をなしうるのかと。
もしゼウスが、そしてまた他の神々が、
恐ろしい音をたてて、輝く空の拡がりを揺さぶり、
その心の赴くところに火を投げるならば、
なぜ顔をそむくべき罪を犯した人の、

胸を貫いて電光の焔を吐かせ、
死すべきものへのきびしい見せしめとはしないで、
何一つ恥ずべきことをしてない人を、
焔の中に転げさせ、罪もないのに
空から落ちる渦巻きで突然捕え、火で焼くのか？
またなぜ寂しい所を求めてむなしく労するのか？
それとも腕を習《な》らし肩を固めているのか？
またなぜ大地に父の槍が落ちて鈍るのを許すのか？
なぜゼウス自身それを許し、敵に向っては惜しむのか？
またなぜゼウスは晴れわたった空からは
地上に雷を投げず、雷鳴をそそがないのか？
それとも雲が近づいた時にそれに飛びおりて、
そこからもっと近々と槍の狙いを定めるというのか？
なぜにまた海に雷を落すのか？　なぜ波や
大海や漂う海原をとがめるのか？

（2）エトルリア人の占と雷との書。

さらにまた、もし人に雷の槍先を避けさせようと望むなら、
その飛んでくるのを人目につかせるのを、なぜ躊躇《ためら》うのか？
もし思いがけないときに火で私たちを襲おうと思うなら、
なぜそこから音を響かせ、私たちの避けられるように、
前もって暗闇と轟きと唸りとを引きおこすのか？
そしてまた多くの場所で同時に槍を投げると、
誰が信ずることができようか？　それとも同一時に
多数の槍を投げることは決してない、とあなたは言い争うのか？
しかしたびたび起ったし、また起るに違いないように、
多くの地方で雨が降り嵐が荒れ、
こうして一時に多数の雷が起るのだ。
最後に、なぜ神々の聖なる神殿や
その輝く住居をひどい雷撃で打ち砕き、
そしてまたよく作られた神像を壊し、その像に
荒々しい傷を与えて、その名誉を奪い去るのか？
またなぜ高い場所をよく狙うのか、
山の頂きにその火の跡をなぜ多く見るのか？

それから、以上のことからたやすく理解できるだろう、
プレーステール（竜巻）とギリシア人がそのものの働きから名づけたものは
どのようにして空から海におりてくるかが。
じっさい、時々、下ってくる柱のように空から海に
おりてきて、そのまわりの波が風に
あおられて、ひどくたぎり立つことがある。
その時その混乱に捕えられた
船は危険のただ中にはいることになる。
これが起るのは勢いづいた風の力が、時おり雲を引き裂こうとして
引き裂くことができないで、それを押し下げ、
空から海に柱をおろすように、
少しずつ、上から拳《こぶし》と腕とで何かを押すように
押しさげ、波の上まで伸びさせるときである。
雲が裂けると、そこから海の中に風の力は押しだされ、
そして波の中に大きな沸騰を生じさせる。
じっさい、渦巻きはぐるぐる廻りながら下りてき、そして

撓《たわ》みやすいその雲を同じく押しさげる。
その孕んだ雲を海面まで押しさげるや否や、
渦巻きはただちに水の中にずぶり飛び入り、
凄まじい響きとともに海一面を沸《たぎ》りたたせる。
またある時は風の渦巻きが空気から
雲の種子（アトム）を掠《かす》めとって雲を身にまとい
空からおりてきたプレーステールのまねをする。
これが大地におりて分解すると、
渦巻きと嵐との測り知れない力を吐きだす。
しかしこれは全くまれにしか起らず、地上では、
山々が妨げるに違いないから、海の見晴しのきくところ、
ひろびろとした空に、もっとたびたび現われる。

雲が濃くなるのは、空の高い所で
雲の粗い粒子（アトム）が無数にきっと
飛び集まり、その粒子が互いに
密に組んで離れなくなるときである。

これらはまず初めに小さな雲をつくり、
それからこれらが互いに群がって群れとなり
合わさって濃くなり、風によって運ばれ、
ついに荒々しい嵐が起る。
また空に近い山の頂きが、空に近ければ
近いほど、その高みから絶え間なく黄色い雲の
濃い暗がりを吐きだすことがある。
それは雲ができ始め、まだ
目に見えないで稀薄なうちに風が
山の高い頂きまで運び集めるからである。
じっさい、そこでは大きな混乱が起り、
雲が濃くなって目につき、そして同時にその山の
頂きからアイテールに立ちのぼるのが見える。
じっさい、高い山にのぼるとき、事実そのものと感覚とが高みには
風のよく吹く所が拡がっていることを明らかにする。
それからまた、海全体からも大量の
粒子（アトム）が立ちのぼることを海岸につるされた

衣物が水気を吸いこむとき明らかにする。
それゆえ、なおのこと雲になろうと多くの粒子（アトム）が、
海の塩からいうねりからも立ちのぼっていると見られる。
じじつ、水はみな同じ種類なのだから。
さらにまたすべての川から、そしてまた大地そのものからも
霧や蒸気が立ちのぼるのを私たちは見る。
それらは吐く息のように地上から高く押しあげられ、
その暗がりで空を覆い、そして
少しずつ集っては高い雲をおぎなう。
じっさい、上からは星座を運ぶアイテールの熱が押しており、
いわばそれを濃くして、雲で青い空を覆うてしまう。
また外からこの空中に、空を飛ぶ雲、
密雲を作る粒子（アトム）がくることもある。
なぜなら粒子（アトム）の数は無数であり、深淵の総体は
無限であることを私は教えておいたのだし、どれほど
大きな速さで粒子（アトム）が飛び、どれほど速かに
無限の空間を通ってゆくものか示しておいたのだから。

それゆえ短い時間にしばしば嵐と暗闇が
大きな雲で陸と海とを、
上から覆いかぶせても不思議ではない。
なぜなら、どこにもここにもアイテールの透間を通って、
いわば広大な世界のまわりの気孔を通って、
要素（アトム）の出入りが許されているのだから。

さてそれではどのようにして高い雲の中で、
雨となる水が生じ、大地に注がれて雨となって
落ちるかを説明しよう。まず水の種子（アトム）が多数
雲そのものとともに、すべてのものから
立ちのぼり、そして雲と雲の中の水とは、
ともに並んで大きくなることを認めてほしい。
ちょうど私たちの体が血とともに大きくなり、
汗もそしてまた体の中の水分も同じく大きくなるように。
また雲は吊された羊毛のように
海の水をしばしば大量に吸いこむこともある、たとえば

大きな海の上を風が雲を運ぶとき。
同じようにあらゆる川からも水が
雲の中に立ちのぼる。それゆえ、さまざまな仕方で
水の種子（アトム）が凄く大量に集ってくる。そして、
積み重なった雲は水を二通りに押しだそうとする、
なぜなら風の力が押しだし、そしてまた
大量の雲そのものが密集しすぎたとき、
押しだし、そして上から押え雨を注ぎださせるのだから。
それからまた雲が風のためにまばらとなって、
裂けるとき、上から太陽の熱に暖められて
水を滴らせ、雨をそばえさせる、ちょうど蠟が
熱い火の上で大量にとけて流れるように。
しかし激しい豪雨が生じるのは積み重なった雲が二つの力、
それ自身の重さと風の衝撃とによって激しく押されるときである。
また雨が長く続き、やまないことがある。
それは水の種子（アトム）が多数集まり、そして
積み重なった雲また雲が上から注ぎだし、

至る所に動き廻るときであり、
その時、大地は至る所煙って水を吐きかえす。
その時、太陽が暗い嵐の中に光を送って、
雨雲のしぶきを正面《まとも》に照らすと、
その時、黒い雲の中に虹の色が現われる。

その他上に向って伸び、上において生みだされるもの、
また雲の中で生成されるものすべて、例外なくすべて、
すなわち、雪、風、雹、冷たい白霜
そしてまた氷の大きな力、すなわち大きな水を氷結させ
流れる河をあちこちで引きとめるもの、
これらすべてがどのようにして生じ、なぜ生みだされるかを
発見し、心に悟ることはたやすいことである、
もし要素（アトム）に与えられた能力をよく心得ておくならば。

さてそれでは地震の原因は何であるか説明しよう。
まず大地は下方においても、上方においてと同じように、

至る所風を孕《はら》んだ洞窟にみちており、
多くの湖、多くの沼地、そしてまた岩壁や険しい岩を
腹の中にふくんでいると思ってくれたまえ。
そして大地の背の下には多くの隠された川があって
力強く波を立て、沈んでいる岩を転がしていると考えねばならない。
なぜなら事実そのものが、至る所大地はそれ自身に似ていることを要求しているのだから。
それゆえ、これらの物が下に配置され、繋ぎ合わされているゆえ
下の方で年月のため巨大な洞窟が崩れるとき、
表面では大地が大きな陥没にゆすられてふるえる。
じじつ、山全体が突然大きな衝撃にうたれて
崩れ、そこから震動がひろく伝わる。
それは当然のことである、なぜならたいして重くない荷車が通ると
道のほとりの家はその衝撃で家中がふるえるし、
それに劣らず荷車もとびはねる、もし路上の石が
荷車の鉄の輪のどちらかに打ち当るときは。
また大きな湖、広い沼に大量の土砂が
年老いたため大地からなだれ落ちるとき、

激しい波立ちのため大地さえも揺れ動くことがある、
ちょうど時おり容器が中の水の定まらぬ流れのため、
揺れやまず静かに止りえないように。

さらにまた大地の下のうつろな場所に
風が集って、ある一カ所に向って傾き押し、
大きな力で深い洞窟を押しつける時には、
風の力が押し向う方に大地が傾く、
そのとき地上に建てられた家は
空までも高くぬき出ていれば、それだけひどく
その同じ方向に傾き崩れようとし、
梁は突きでて、今にもはずれそうになる。
それでも人は、広大な世界の本性が最後の時と、
破滅とを待っていることを信じるのを恐れる、
これほど大きな大地の塊が傾くのを見ても！
もし風が息を止めなければ、その終末に向っているものを、
何ものも止めることはできないだろう。

しかし風は交互に息をつき、力を強めるゆえ、
そしていわば力をたくわえ進み直し、撥《はね》返されては退くゆえ
そのため、よりしばしば大地は破壊をもたらすぞと
威すのである。じじつ、大地は前に傾き、後ろに傾き、
そして陥没しては平衡の位置をとる。
それゆえ、この理由によってすべての家が揺れ動く。
棟は腰よりも、腰は土台よりもひどく、土台はごく少し。

この大きな震動にはまた次の原因もある。
すなわち風と、空気の何かあるきわめて大きな力とが急激に、
あるいは外部から、あるいは大地自身から生じ、
大地のうつろな場所に入りこみ、そこでまず、
大きな洞窟の中に混乱を起し、響きをたて、
ぐるぐるめぐり、そのあとで勢いたった風の力が
外に押しだされ、そして同時に
深い大地を裂いて大きな裂け目を作るからである。
それはシリアのシドン(3)で起り、またペロポネソスの

アイギオンでも起り[4]、この風の噴出と
続いて起った地震とが、そこの都市を破壊した。
さらにまた大地の大きな地震によって多くの
城壁が崩れ落ち、また海の底に
市民もろとも多くの都市が沈んでいった。
風が噴出しないとしても、それでも空気の衝撃と
風の荒々しい力とは、大地の密に分布している孔を通って、
あたかも戦慄のようにゆきわたり、それから身震いを惹き起す、
ちょうど寒気が私たちの体を骨まで刺して、
思わず身をふるわせるように。
それゆえ、市中の人々は二重の恐怖におののく。

（3） フェニキアの海岸都市シドンの地震はストラボンに記載されている。

（4） ペロポネソス半島のコリント湾に臨む市。前三七二年の有名な地震によってアイギオンの近くのヘリケとブリスという二つの町が破壊された。オウィディウスの『メタモルポーセス』第十五巻二九三行「もしアカイアの町ヘリケとブリスをたずねれば、波の下に見出すだろう、そして水夫は傾いたその町を沈んだ城壁もろともあなたに示すだろう。」

すなわち上からは屋根が崩れ落ちはしないかと恐れ、
下からは自然が大地の中の洞窟を突然破壊して、
裂けた大地がその裂け目をひろびろとあけ、
その廃墟でそこを満たそうとしてはいないかと心配する。
それゆえ、どれほど天と地とが壊れないものであり、
永遠の生命を与えられていると信じてもよい、
しかしそれでも現にあるこの危険の力が時おり
この恐怖の針をどこかに当てがっているのだ、
足の下から突然大地が遠のいて深淵に陥り、
それに続いて全宇宙が残りなく崩れおち、
世界は混乱の廃墟となりはしないかと。

まず始めに自然はなぜ海の大きさを増さないのだろうか、
そこにはかくも多くの水が流れを注ぎ、あらゆる所から、
川という川が流れこんでいるのにと、人は不思議に思う。
その上、所を定めぬ雨と飛びまわる風とが、
ことごとく海と陸とに水を注ぎふらしているのだ。

また海底にわきでる泉がある。しかしながら、これらすべても
海全体に比べれば、水一滴の量にも足りない。
それゆえ、海がその大きさを増さなくっても不思議ではない。
（六一五）

さらにまた太陽はその熱によって大きな部分を取り去る。
じっさい、私たちは水にぬれた着物が、太陽の
熱い光線でかわくのを目にする。
しかも海は多く広くひろがっている。
それゆえ、一カ所からどれほど少しの
水を海面から太陽が取り去るにしても、
これほど広い海の波からは、豊かに水を取り去るだろう。
（六二〇）

それからまた、風もまた海面を吹き払って、
水の大きな部分を取り去る。なぜなら
風のため一夜にして道がかわき、泥の柔かい
皮が固まっているのを、私たちは度々見るのだから。
（六二五）

さらにまた雲が、海の広い表面から大量の水を
受けとって、自分のものとし、そして地上に雨がふり、
雲が風に流されるとき、大地の面の至る所に、

降り注ぐことを私はすでに示した。
最後に、大地は稀薄な粒子（アトム）からできているため、
そして海面をぐるりと取り巻いて連なっているため、
陸から海に水がゆくように、同じく塩からい
海から陸に水はしみ通るに違いない。
じじつ、にがりはこし取られ、水の素材（アトム）は跡に残り、
そしてみな川の源に流れこみ、そこから
甘い流れとなって地上に帰り、一度うがたれた
その道にそい、清らかな歩みとともに波をあげ流れてゆく。

さてどんな原因があって、アイトナ[5]は山の口から
火を、時おり、激しい渦巻きとともに吐きだすのか
説明しよう。じっさい、並々ならぬ破壊を起し、
焔の嵐はシケリアの土地を荒し廻り、
近くの人々の顔をそれに向けさせる。
その時、人々は空の拡がりに煙がたちこめ、
火花が散るのを見て、自然はどんな新しい変事を

ひき起すのだろうかと、おののく胸を心痛でいっぱいにする。

このことについては、あなたは目を広く深くそそぎ、
あらゆる方面に、目を遠く投げねばならない、そして
物体の総体は無限であることを思いだし、そして、
一つの天空は全宇宙のいかに微小な部分であり、　（六五〇）
いかに細微なものであり、全大地にたいする一個の
人間の割合にも及ばないことを知ってほしい。
そのことを目の前によく置き、よく見て、
はっきりと考えるなら、多くの不思議は消えるだろう。
じっさい、誰かが熱病にかかって、あつい熱が体の中に生じても、
または誰かが体に病気の痛みを受けても、　（六五五）
私たちのうち、誰が驚くというのだろうか?
じっさいすぐに足がはれ、しばしば突きさすような
痛みが歯をおそい、目そのものにまで入りこみ、

(5)　第一巻註(32)参照。アイトナの噴火は前一二二年のものが有名であった。

聖なる火（丹毒）が現われて体をはい、
その襲う所を焼き、体中にはいこむ。
驚くことはない、無数のものの種子（アトム）が存在し、
地も空も病気と苦痛の種子（アトム）をじゅうぶんにもっており、
それから測り知れない病気の力が生れてくるのだから。
それゆえ、このように空と大地は無限の空間から、
すべての種子（アトム）をじゅうぶんに補給されておると考えねばならない、
それに打たれてこそ大地は突然動き、
海と陸とに急激な渦巻きが走りまわり、
アイトナには火が溢れ、空が燃えあがることも可能なのだ。
じっさいこのことは起り、そして空の拡がりは燃える、
そしてまた、もし水の種子（アトム）がたまたまそのように集まれば
より激しい雨の嵐が現われるのだ。
「それにしてもあまりに大きな激しい焔である。」
わかりきったことではあるが、前にもっと大きなものを
見たことのない人には、どの川をとっても巨大に見える。
木や人間についても同じなのだ。あらゆる物についても

見たうちでいちばん大きいものを人は巨大だと思う。
しかしながら、空、海、陸を合わせたものも、
全宇宙に比べれば無にすぎないのだ。

しかしながら、今はかのアイトナの焔がどのような仕方で　（六八〇）
突然かきたてられて広い口から吹きでるのか、説明しよう。
まず山は全部その下がうつろであり
ほとんど玄武岩の洞窟で支えられている。
その上その洞窟にはみな風と空気が入っている。
なぜなら空気が立ち騒げば、風が生ずるのだから。　（六八五）
この風が熱くなり、荒れ狂って、まわりのすべての岩を、
触れるに従って大地を熱くし、それから
すばやい焔を吐く熱い火を打ちだすとき、
火は立ちのぼり、口を通ってすぐに高く吹きでる。
こうして熱を遠くに運び、火花を遠くにまきちらす。　（六九〇）
そして濃い暗闇の煙をむくむくと吐きだし、
同時に驚くほどの重さの岩を投げだす。

この風の力の激しさを疑わないように。
さらにまた海はその山の根本の広い部分にわたって、
波を打ちよせ、また打ち返している。
この海から山の洞窟は深い噴火口の下まで達している、
このことから〈風が波にまじって入りこみ、
たちのぼる〉ことを認めなければならない。
そして広い海から深く突きいり、
そして外に吹きだし焔をあげ
岩を投げとばし、砂の雲をあげるまでになる。
その高い頂きにはじっさい、クラーテール[6]がある。それは
土地の人の命名だが、私たちは喉とか口とかよぶ。

またその原因を一つだけいったのでは十分でないものも少なからず
ある。幾つも数えられるがそのうち正しい原因は一つである。
例えば、ある人が死体となって倒れているのを遠くから
あなたみずから見たとする。ほんとの原因をいい落さない
ためには、死のあらゆる原因をあげねばならない。

なぜなら彼を殺したものが剣であるか、寒さであるか病気であるか、
もしかしたら毒であるか、どれとも確かめられないのだから。
じっさいはこの種のものの何かが彼に関係していることを
私たちは知っている。多くのことについても、やはりこう言わねばならぬ。

ナイル河は夏になると増水し、平野にあふれる
地上唯一の、全エジプトを流れる川である。
この川は、真夏の間いつもエジプトを潤す。
その一つの理由はその季節にエテシアとよばれる
北風が川口に向って吹き、
流れに逆らって吹きとどめ、妨げ
そして水をのぼらせ、淀《よど》ますからである。
じじつ、この風が川に逆らって吹くことに疑いない。
それは北極の冷たい星座の方から吹いてくるのだから。
この川は南の熱い地方から流れてくる、

(6) 酒をまぜ合せる器。

日に焼けた顔の黒人種の中を通り
日の高い南の国の奥から生れて。
また大きな砂山が流れに逆らって
川口を塞ぐことも可能である。
それは、海が風のため動かされ、砂を流しこむときである。（七二五）
そのようにして、川の出口は自由を奪われ、
また流れは勢いと速さとを奪われる。
また多分その季節に大量の雨が川の源に
降ることもあろう。なぜならエテシアの北風が
その時、その地方に雲をみな吹きこむのだから。（七三〇）
日の高い南の地方に集った雲は、
きっとそこで高い山々に突きあたり、
寄り集まり、無理押しに積み重なるだろう。
多分アイティオピアの高い山々の奥から川は生れる
のであろう。そこではすべてを照らす太陽がその光線で（七三五）
白い雪を溶かして平原に流し下すのだから。

さてそれではアウェルヌス(7)といわれる場所や沼は、
どういう性質のものであるか、あなたに説明しよう。
まずアウェルヌスという名前で呼ばれていることは
次の事実、すなわちそこが鳥たちすべてに害をなすこと、
まっすぐにそこに飛んできては
翼は風を切る力を失い、
軟かい首を投げて真逆さまに、もし下がたまたま
地であれば地におち、もしまたアウェルヌスといわれる
沼が拡がっていれば、水の中に落ちることによる。
その場所がキュマイ(8)の近くにあり、山々は鼻をつく硫黄に
みたされ、温泉に富み、煙を吐いている。
また、アテナイの城壁の中、アクロポリスの頂き

(7)　ギリシア語アオルノス（鳥のいない）。イタリアのナポリの西の方の海岸、昔のキュマイの近くにある古い火口湖。いまでもその付近に犬の洞穴という熱い炭酸ガスのでる所があり、犬をそこにつれこむと数秒で気絶するという。
(8)　イタリアのナポリ付近にあった最も古いギリシアの植民市。

恵みふかきパラス・トリトニス[9]の神殿の側にもある。
そこにはしわがれた声でなくからすたちも舞いよらない、
たとえ祭壇から供物の煙が立ちのぼっていても。
それほどまでにかれらの見張りの招いたパラスの烈しい怒り[10]を、
ギリシアの詩人たちが歌ったように、避けているのではなく、
その場所の性質がおのずから、その効果を生みだしているのだ。
シリアにも同じような所が見られるという。
四足獣たちがそこに足を一足ふみ入れる
や否や、その力のため激しく打ち倒される、
あたかも不意に切られて下界の神々に捧げられたように。
これらすべては自然的な理由から起り、
どんな原因から生ずるのか、その元は明らかである。
かりにもこの地方にオルクスへの門があると信じたり、
そこを通ってアケロンの国に魂たちを、下界の神々が
導きくだると、かりそめにも思わないように、
しかも足ばやな鹿が鼻息で蛇の類をその隠れ家から
しばしばおびき出すと考えられているような具合にしてなどと。

それこそ真実の説明からどれほど遠ざかっているかを知りたまえ、
なぜなら今こそ、その真実について私が説き始めようから。

まず私はこのことをいう。すなわち、前にもたびたびいったように、
大地にはそれぞれの種類の物の形（アトム）が存在している、（七七〇）
食物となるものも多数に、養分となるものも多数に、
また病気にかからせ、死を早めるものも多数に。
そしてそれぞれの動物には、それぞれ異なったものが、
その生命を保つのにふさわしいことは先に示した。
それは、それぞれのものの元素の性質が違い、（七七五）

(9)　アテナイの守護神アテナ。女神アテナはあるいい伝えによればアフリカのリビアのトリトニス湖の付近で生れ、山羊の皮をきた三人のニンフによって育てられ、少女のとき遊んでいて誤って遊び友達パラスを殺し、それを悲しんでその名を自分の名前の前につけたという。

(10)　オウィディウス『メタモルポーセス』第二巻五五二行。アテナが幼児エリクトニオスを箱にいれて、ケクロプスの三人の娘にあずけ、中を見てはいけないと禁じておいたのに、娘たちはそれを開いてみた。それを見張っていたからすがアテナに告げ口をすると三人を罰する代りにアテナはからすの色を白から黒にかえ、アクロポリスから追い払った。

その組織、その形が違うからなのだ。
耳によくないものも多く、また多くのものは、
鼻から入って害をなし、ざらざらした感じを与える。
また触わるのを避くべきもの、見るのを
いとうべきもの、痛ましい味を与えるものも少なくない。

次に人間に害ある感覚を与える、いやな耐え難いものが、
いかに多数あるかということも明らかである。
まずある木は、耐えがたい陰を落し、
もしも人がその下の草の上に寝ころべば
しばしば頭痛がするほどである。
またヘリコンの深い山々にある、ある木は
その花の、いやな香りで人を死なすという。
明らかにこれは皆大地から立ちのぼる。
なぜなら多数の物の種子（アトム）をさまざまな仕方で
大地は混ぜ合わせ、別々にもたらすのだから。
また、消えたばかりの夜の明りが、そのきつい香りで

鼻をつくときは、病気で泡を吹きがちな人は、
その場で倒れ昏睡してしまう。
また海狸《かいり》香《こう》のきびしい香りのため、女は気を失って
倒れ、きゃしゃな手から美しい編物を落す、もし
その香りをメンスのときに嗅げば。
さらにまた多くのものは全身をぐったりさせ、
魂をその座の中でふらつかせる。
それから、もし熱い湯に長くつかり
その上満腹していると、熱い湯のたたえてある
湯ぶねの中に、いかにたやすくたびたび倒れることか！
また木炭のきつい力とその香りとは、いかにたやすく脳の中に、
入りこむことか！　もしあらかじめ水を飲んでおかなければ。
それから熱病が体を捕えているそのときは、
葡萄酒の香りは、ほとんど致命的な打撃となる。
あなたは大地そのものから硫黄が生れ、
また、いやな香りのチャンが固まるのを見たことはないか？
最後に人々が、銀や金の鉱脈を求めて掘ってゆき、

大地に深く隠されたものをつるはしで探すとき
スカプテンスラ[11]は下から、どんな臭いを吐きだすことか！
何という毒を金鉱は吐きだすというのか！
人の顔をどんなに歪め、どんな顔色にすることか！
必然の大きな力によって、そのような仕事に縛りつけられた人々が
短い期間の間に、どれほど死んでゆき、生命の力を
どれほど失っていくものか見たり聞いたりしたことはないか？
つまり、これらすべての毒気を大地はたぎりたたせ、
ひろびろとした空に吐きだしているのだ。

このようなふうにアウェルヌスといわれる所も、鳥たちに
死をもたらす力を吐きだし、それが大地から空に立ちのぼり、
空のある所を毒するのである。
そこに鳥が、翼に乗ってやってくるや否や、
その場で目に見えない毒のため捕えられて進めず、
まっすぐに毒気の導く所に落ちてゆく。
そこに落ちると、そこで同じ毒気のその力が鳥の

体のすべてから生命の残りを取り去ってしまう。
じっさいは、初めに、目まいのようなものが生じ、（八二五）
あとになって、毒の泉そのものの中に
すでに落ちてから、そのまわりにたくさんある毒気のため、
生命を吐きだしてしまわねばならなくなるのだ。

また時にはアウェルヌスのこの力と毒気とが、
鳥と大地との間の空気を打ち払って（八三〇）
そこが空虚に近くなることもある。
そこにまっすぐ飛んできた鳥の翼は、
むなしく空を打ってよろめき
双の翼の働きはすべて、裏切られてしまう、
そこに休むことも、翼の上に止まることもできないため、（八三五）
自然はその重さのため、仕方なく、大地に落ちさせる、
そして、ほとんど空虚な所を通って落ちながら

(11) ギリシアのトラキアにあった鉱山。

全身の孔から、最後の息を吐きつくす。
〔欠行〕
それから井戸の水が夏、より冷たくなるのは、
大地が熱のため密度をへらし、熱の種子（アトム）を
もしもっていたとしても、それを空中に放散するからである。
大地が熱を消耗するほど、
大地の中に隠されている水はもっと冷たくなる。
冬には大地はどこも引きしまり、集中し
いわば密度を増すため、そのもっている熱を
井戸の中に押しだすことは明らかである。

ハンモンの神殿[12]の近くには、昼間は冷たく
夜分に暖かい泉があるといわれる。
この泉を人々はひどく不思議がり、一部の人は
夜が大地を恐ろしい暗闇で覆うているとき
きびしい太陽が大地の下から暖めるのだと考える。
これは正しい推論から遥かに遠くへだたっている。

じっさい、太陽が被いのない水に当って
その表面を暖めることができず、
しかも空からの光はきびしい熱をもっているというのに、
これほど密な物体からできている大地の下から、
どうして水を暖め、あつい熱に飽かすことができようか？
とりわけ太陽の光線のあつい熱は、家の
壁にほとんど入りこむこともできないのに。
その理由は何なのか？・きっと泉のまわりの
大地は他の所よりもずっと稀薄であり、
水の近くに火の種子（アトム）が多数あるからであろう。
それゆえ、夜が露をふくんだ流れで大地をおおうと
すぐに大地は深く冷え、引きしまる。

(12) ヘロドトスのときから知られているリビアのキュレナイカにあった泉。Q・クルティウスの記載「そこにも一つハンモンの森があり、その中央に太陽の泉といわれる一つの泉がある。夜明けにはそれはなま温く、太陽の熱の最も強い真昼には冷たく、夕方にかけて暖まり、夜中にはたぎる。そして暁に近づくほど夜の熱をより多く失い、日の出頃にはふつうの温度にかえる。」

このようにして、手で押しつけられたように、
大地は持っていたすべての火の種子（アトム）を泉の中に押しだす、
それが泉の水に暖かい手触りを与え、熱を作りだす。
それから太陽がのぼって、その光線で大地の孔をひらき、
あつい熱をまじえて、それを稀薄にすると、
火の元素は再び元の座にかえり、
水の熱はみな大地の中に退く。
この理由によって泉は昼間冷たくなる。
さらにまた太陽の光線によって、水は叩かれ
日ののぼるとともにゆらめく焔のため稀薄になる。
それゆえもっている火の種子（アトム）をみな放散する。
それは水がしばしばその中に含んでいる寒気を放出して、
氷を溶かし、その結び目をゆるめるのに似ている。
またある泉[13]は冷たいのに、その上に置いた
麻屑はすぐ火をよんで燃えあがり
松明《たいまつ》も同じようにして、波の上に漂いながら

風に吹かれると火を吐いて輝く。
きっとそれは水の中に火の種子（アトム）が大量に
あり、その火の粒子（アトム）が大地の深みから
その泉全体を通ってのぼってきて、
同時に吹きでて空にあがるからに違いない。
しかし大量といっても、泉が熱くなるほど大量なのではない。
その外にある力が、火の粒子（アトム）を散らばったまま
水中を通って押しだし、すぐ上の方に集めるのである。
それと同じように、アドラス(14)の海の中にある泉は甘い水を
豊かに吹きだし、まわりの塩からい波を押しのける。
そして、海は、他の多くの所でも喉の渇いた
船乗りに都合よい便宜を与えている、なぜなら
甘い水が塩からい波の中に吹きでるのだから。

(13) ギリシアのドドナにあった泉。プリニウスによれば「ドドナにあるゼウスの泉は冷たく、その中に松明をつければ消えるが、消したばかりの松明を近づけると火がつく。」
(14) 昔シリアの海岸にあった島。

それゆえそのように、かの泉が中から火の種子（アトム）を吹きだし、
豊かにまきちらすことも可能である。そして種子（アトム）は
麻屑に集まり、または松明にくっつくと、
すぐに燃え上る、なぜなら麻屑や松明の中には
火の種子（アトム）がたくさん隠れているのだから。
またあなたは夜の明りに今消えたばかりの灯心を
近づけると、焔にふれないうちに火がつくのを
見たことはないか、松明もまた同じ具合なのを。
そのほか多くのものが火に触れて火を吸わないうちに、
熱に触れたため、離れていても燃え上る。
それゆえかの泉においても、こうなのだと思うべきだ。

それから、いかなる自然の法則によって、この石は
鉄を引きつけることができるのか論じ始めよう。
それをギリシア人はその国の言葉でマグネシア[15]の石とよぶ、
なぜならマグネシアという地方に産するのだから。
この石を人々は不思議がる。確かにこの石は、

しばしば、輪をつりさげて、鎖を作る。
じっさい、五個、時にはもっと多くのものが次々に
垂れさがって微風に揺れているのを見ることができる。
その時、輪は次々に連なって下にさがり、
順々にその石の吸いつける力を知っている。
それほどその石は、引きつづいて伸びる力をもっている。（九一五）

このことについては、その現象の説明をするまえに、
明らかにしなければならぬことが多くあり、
非常に遠い廻り道をして、それに近づかねばならない。
それゆえ一層耳をすませて、注意するように望む。（九二〇）

まず私たちの目に見える、すべての物からは
たえず粒子（アトム）が流れて、放散され、
そして目と視覚とを打つことは確かである。

(15) 小アジアのリュディアの町。

またある種のものからは、たえず香りが漂いでる、
ちょうど冷気が流れから、熱が太陽から、そして海の
波からは浜辺の岩壁を蝕《むしば》むしぶきが立つように。
さまざまな音も耳に入ることを止めはしない。
最後に、海辺を歩き廻るときには、口の中に塩からい
味の水分がしばしば入ってくるし、にがよもぎを
調合するのを、目の前にみていると苦みがとんでくる。
それほどに、あらゆる物から、それぞれ物が流れでてき、
そしてあらゆる方向、至る所に放散されている。
私たちが絶えまなく感じる所から見れば、それは
ためらうこともなく、休むこともなく、流れでている。こうして
私たちはすべての物を見、嗅ぎ、聞くことができるのだ。

さて物はすべて、どれほど疎《まばら》な物体からできているかということを
わたしは、繰り返していう。それは第一の歌において明らかである。
じじつ、このことは多くのことを知るために大事なこと
ではあるが、今、論じようとすることには特に大事であり、

空虚を中に混えない物体は、私たちに見えるものの中には
存在しないことを明らかにしなければならない。
まず洞窟の中では、天井の岩は水の
汗をかき、水の雫をしたたらせる。
また私たちの全身からは汗がにじみ出で、
また全身から、ひげや髪の毛が生えてくる。
食物はすべて血管に分たれ、体の端々、爪まで養い太らせる。
寒さもまた青銅を貫き、あつい熱もまた
貫くのを私たちは知っている。これらはまた金をも貫く。
そしてまた満たされた杯をもつときわかるように、銀をも貫く。
それから家の石壁を声は突きぬけ、
香りも、寒さも、火の熱も突きぬける、そして
火の熱はまた、鉄の力をもよく突きぬける。
最後に、空の胸当てがかこみとざす所に
〈雲と嵐の種子（アトム）が入りこみ、〉
同時に病気の力も外から入りこんでくる。
そして大地と空とから嵐が起って、

空と大地との中に自然に消えてゆく。
なぜなら、疎《まばら》な物体からできてないものはないのだから。

それに加えて、物から放散されるものことごとくが
同じ感覚をひき起すのではなく、また同じ仕方で
すべての物に適しているわけではない。
まず、太陽は大地をやき、乾かし
氷を溶かし、高い山々に深く
積み重なった雪をその光線で溶かす、
それから蠟はその熱に当って溶ける。
火もまた青銅をとろかし、金を溶かすが
皮と肉とを引きしめ、一つに縮ます。
それから水は火から出た鉄を固くするが
火でかたくなった皮と肉とを柔らかにする。
野生のオリーヴは、髯のある山羊[16]を非常に悦ばせ、
ネクタルにひたされアムブロシアをはきだしていると見えるほどだが、
人間にとって、この葉より苦いものはない。

それからマヨラナを豚はさけ、そして香料はみな嫌う。
なぜなら針毛の生えた豚には、それは激しい毒なのだから。
然るに私たちは、それで元気を取り返すといっていいほどだ。
しかしながら、反対に、泥は私たちにとってたまらなく
いやな汚物であるのに、それが豚には悦びであり、
そこに体ごと寝ころんで、飽くことを知らない。

も一つ、本論に入るまえに
いわねばならないことが残っている。
さまざまな物には多くの孔があるが、
それらは互いに異なっており、それぞれ自分の
性質と通路とをもっているに違いない、
じっさい、動物にはいろいろな感覚があるが、
そのいずれも固有の対象をうけとる。
なぜなら音も汁の味も香りも別々の所から

(16) 神々の食料。蜂蜜を理想化したもの。

入ってくるのを、私たちは知っているのだから。
その上また、あるものは岩を突きぬけると見られ、
あるものは木を、あるものは金を、
あるものは銀やガラスを突きぬけると見られる。
なぜなら像はこれから流れ出、熱はあれから出てき、そしてあるものは、
他のものよりも、同じ道をより速く突きぬけるのだから。
明らかにこれは、さまざまに変化している
道のせいであって、少しまえに示したとおりであり、
それはものの性質と組織の違いにもとづくのだ。

それゆえに、以上のことがはっきり確かめられ、
整理され、すべて用意を調えられていれば、
それから、残っている問題についてたやすく説明が与えられ、
そして鉄の力を引きつけるすべての原因が明らかとなるだろう。
まず始めに、この石から多数の種子（アトム）、あるいは
ある流れが流れだし、それがその石と鉄との
間の空気を打ち払うに違いない。

その場所がからになり、そして中間の多くの
場所もからになると、すぐ鉄の元素が
繋がったまま、その空虚の所に落ちてくる。そして
輪そのものがつづき、まるごと進んでゆく。
ところで、すべての物の中、それを構成する要素の
結合の強さ、絡みあいの固さにおいて、
強い鉄の本性と、その冷たい戦慄とにまさるものはない。
それゆえ、鉄はその要素（アトム）によって導かれるのだから、
多くの粒子（アトム）が鉄からでて空虚の中に入るなら、
輪そのものがそれに続いても不思議はない。
そのことが起り、輪はつづき、その石にまで達する。
そして目に見えない鎖で、それにすがりつく。
このことはどの方向にも生じる、もしそこに空虚があって、
あるいは水平に、あるいは上方に、
隣りの粒子（アトム）がすぐ空虚の中に進むなら。
じじつ、その粒子（アトム）はよそからの衝撃によって動かされ、
それ自身では空中に立ちのぼることはできないのだから。

また上のことが、ずっと可能になるように、次のことが
助けとして付け加わり、そして運動を促す、
すなわち、輪の前面で空気が稀薄になり、
その場所が、遥かに空虚になるや否や、
すぐに背面にあった空気が
うしろから押すようになるということである。
じっさい、空気はいつも物を取り巻き、叩いている、
しかしこのような状態では鉄を押しやることになる。
なぜなら、一つの方向に場所が空虚となり、鉄を吸い込むから。
この、今私がいっている空気は、鉄の中に密に分布している
孔を通って微小な部分にまで、細かく入りこみ、
鉄を押しやる。ちょうど舟を風と帆とが推すように。
ところで、すべての物はその体の中に空気をもっている
はずである。なぜなら皆孔のある物体からできており、そして空気は
すべてのものを取りかこみ、それと並んで存在しているのだから。
それゆえ、鉄の中ふかく隠れている空気は
休みなく、いつも振動しており、その振動によって

輪を打っていることは明らかである。そして内から動かすことも
明らかだ。輪は一度走りかけた方向に運動し、
そして空虚な所に向ってその努力をかたむける。

またこの石から鉄の本性が時おり逃げ、
そして交互に逃げたり近よったりすることもある。
このマグネシアの石を青銅の器の下におくとき
私はサモトラケ[17]の鉄の輪が器の中でおどり、
同時に鉄の屑が狂いまわるのを見たことがある。その激しさは
鉄がその石から逃げだそうとしていると思えるほどであった。
青銅を間にはさんだため、これほどの混乱が生じたのである。
なぜならきっと青銅からでる流れが
鉄の中の通路を先取りし、
あとになって、石からでる流れがきても、鉄の中の道は
みな満たされていて、前のようには通路がないからである。

(17) エーゲ海北部にある島。

それゆえ、その流れは鉄の組織とぶつかるほかはない。
このようにして石は鉄をはね返し、
青銅がなければ、吸いつけたものを青銅ごしには追いまわす。
ところで、この石からでた流れが、他のものを押しやる
ことができなくても、不思議と思うのはやめたまえ。なぜなら、
一部のものは、その重さのため、しっかりとして動かない、たとえば金。
一部のものは稀薄な物体からできているため、流れが
触らないで通りぬけ、押しやることができない、
木材はこの種のものと見られる。
それゆえ、その中間にある鉄は、
青銅の微粒子（アトム）をいくらか受け入れれば、その時は
マグネシアの石から、その流れのため押しやられる。

しかしこれらのものは特殊なもの、類のないものではない。
私はこの種のもの、つまりそれぞれ特別なものと
よく結合するものを、数多くあげることができる。
まず、石はただしっくいだけでくっつけることができる。

雄牛からとった膠《にかわ》は木材を一つにはりつけ、そして
この膠の鎖が、結合力を弱めるよりは
板の木目が誤って離れることの方が多いほどである。
葡萄酒の液は泉の水によくまざるのに
重いチャンや軽いオリーヴ油はまざることができない。
貝からとれる深紅の色は羊の毛をよくそめ、
たとえネプトゥヌスの流れで色を抜こうとしても、
また海全体がその波のすべてをあげて
洗い落そうとしても、落すことは決してできない。
それから、ただ一つのものが金を金に結びつけ
青銅に青銅を、ただ錫《すず》だけが結びつけはしないか？
そのような例がまだどれだけ見つかることか！　一体なぜなのか？
長い廻り道は決して必要ではない。
そしてここで長く私が骨折ることも適当ではない。
ただ、簡単に短い言葉で多くのことを理解した方がよい。
これらの組織は、互いに相手にはまりあっているのである。
すなわち、このもののうつろに、かのものの詰った所がはまり、

かのもののうつろに、このものの詰った所がはまり、最もよい接合を作るのだ。
またいわば輪や鉤によって絡みあい、
互いにつながり、形を保っているものもある。
先の石や鉄はむしろこの場合に適合する。

さて病気の原因は何であり、どこから突然
生れて、病気の力は人類と家畜の群れに、
致命的な破壊をもたらすのか説明しよう。
まず多数の物の種子（アトム）が存在し、あるものは
私たちの生命を養い、また反対にあるものは
病気と死とに導くことは、すでに教えた。
この元素がたまたま生じ、そして
空をかきまわすとき空気が病毒をおびる。
そして病気のすべての力、伝染病は
あるいは雲や霧のように、外部から
空を通ってやってき、あるいは度々大地そのものから
生じて立ちのぼる、たとえば湿気にみちた大地が

度をこえた雨と太陽とに叩かれて腐敗を生じたときのように。
あなたは空と水の新しさのため、祖国や家庭から
遠く離れてきた人が苦しみをなめるのを見たことはないか、
それは環境があまりに違うためなのだ。　（二〇五）
ブリタニア(18)の空と、世界の軸が歩みを乱す
エジプトの空はどこが違うと思えばよいのか？
ポントス(19)の空と、カジス(20)からかけて、顔を日にやかれた
黒人種の住む所までの空はどこが違うのか？
この四つのものは四つの風と空の
方向によって、互いに異なっているとともに　（二一〇）
人間の顔形と顔色もひどく違っており、
病気の種類もそれぞれ違っている。
象皮病というものがある。それはナイルの流れのほとり

(18)　イギリス。
(19)　黒海。
(20)　スペインの南端。

中部エジプトで発生し、その他では決して発生しない。
アッティカ[21]では人々は足を犯され、アカイア地方[22]では
目を犯される。それから他の地方の人々は体や手足の
他の部分を犯される。それは空気の差異に基づく。
それゆえ、たまたま私たちになじまぬ空が動き、
有害な空気が這いはじめると、
それは霧や雲のように少しずつ這い
その進む所すべてをかき乱し、そこに変化をもたらす。
また私たちの空にやってくると、その空気を痛め、
そのものに似させ、私たちに合わなくすることがある。
そしてこの新しい破滅と伝染病はすぐに、
あるいは水の中に落ち、あるいは穀物の中にとどまり、
あるいは他の、人間の食料、家畜の飼料にも入り、
あるいはまた、空中にその力をとどめておく、
そして、それの湿った空気を私たちが吸いこむと、
そのものをもまた、体の中に吸いこまねばならない。
同じようにして、牛の群れにも、しばしば伝染病が、

そしてまた、ものうげに鳴く羊の群れにも病気が訪れる。
私たちが体に合わない土地にきて
空の被いを変えようと、または自然が
みずから私たちに、腐った空気、あるいは何か
私たちのなれないもの、新しく近づいて私たちを
苦しめるもの、をもたらそうと変りはない。　（一一三五）

この種類の病気と死の毒気とが、かつて
ケクロプスの国（アテナイ）をおそって、野を死体でうずめ、
道に人《ひと》けをなくし、都から市民の姿を消した。　（一一四〇）
じっさいこの病気はエジプト地方の奥で発生し、
多くの空気と漂う海原とをわたり、ついに
パンディオンの国（アテナイ）の人々を一人残らず襲うた。

(21)　アテナイを中心とする地方。
(22)　ペロポンネソス半島にあった。
(23)　前四三〇年アテナイをおそった病気。ツキディデスにこの病気の記載がある。第二巻四七—五二。

それから人々は隊をなして、病気と死とに与えられた。
まず、頭が熱で燃えて痛み
二つの目は赤く光って血走った。
黒ずんだ喉の内側は血をにじませた、
そして声の出る道は、腫物で塞がれ閉じた、
そして心をつたえる舌は血をしたたらし、痛みのため
弱り、動かすのも重苦しく、荒い手触りを与えた。
それから、喉を通って腹をみたし、そして病気の力は
病人の悲しんでいる心臓そのものに流れこんだ。
その時ほんとに、生命の閂《かんぬき》は揺るがされた。
息は口から、いやな臭いをはきだした、あたかも地に
投げすてられて腐った死体が悪臭を放つように。
それから、心と体の全部は疲れきって
すでに、死の敷居に横たわった。
たえがたい苦痛に引きつづいて、かみさくような
苦悶と、すすりなきをまじえた悲嘆とが襲うた。
そして、絶えまない吐き気が、夜も昼もたえることなく

筋肉と手足とをけいれんさせ、すでに
疲れきっている者をなおやつれさせ、ずたずたにした。
しかし誰の体の表面にも、皮膚が過度に熱く
なっているのを見ることはできなかった。
ただ、手には生ぬるい手触りを与え、
同時に、潰瘍で焼けたようになって、全身赤らみ、ちょうど、
聖なる火（丹毒）が体中に廻っているようなのを、見ることができた。
人間の体の奥は、きっと骨まで燃えていたのだ。
胃の中で、炉の中のように焔が燃えていたのだ。
その体に役だち、軽くて、軟かいものは
何もなく、ただ風と冷たさだけであった。
一部の人は冷たい流れの中に、病気で燃えている
体をひたし、裸の体を、水の中に横たえた。
多くの人はその口をあけて近より、
深い井戸の水の中に、真逆さまに落ちた。
押えようもなく干上った喉の渇きが体を水中に沈め
大量の水を少しの雫ほどのものにした。

苦痛の休まる暇はなかった。体は疲れきって横たわっていた。
医者は物もいえない恐怖にうたれて、口の中でつぶやいた、
なぜなら、大きく開き、病気のため燃え、
眠りを失った眼を彼らはくるくるさせていたから。
そのほかにまた、その頃死の印しが多く現われた。
悲しみと苦悩のために混乱した心、
陰気な眉、狂おしく、きつい顔つき、
それから、不安な、たえず鳴る耳、
せわしい息、または間遠で深い息、
首のまわりのものすごい汗、
うすく、小さく、黄色く、塩からい痰《たん》が、
喉から、しわがれた咳とともにかろうじて出ること、
手の筋はひきつり、手足はふるえ、
足からは悪寒がはい上ってゆくのを
ためらわなかった。最後に、その最後のときには、
つぶれた鼻の孔、細く尖った鼻先、
くぼんだ目、こけた頬、冷たく固い顔の皮膚、

だらりとひらいた口、はれきった額。
それからまもなく、体は固い死の中に横たわった。
ほとんど八日め、または九日めの太陽の
輝く光の中に、生命の松明《たいまつ》を返した。
病人のうち、じっさいに、死の破滅をまぬかれたものは、
いやな腫物と黒い下痢とのため
おくれて、やはり衰亡と死との待つところとなったか、
または度々の頭痛とともに、大量の
腐った血が鼻からあふれでた。
そして鼻を通って、その人のすべての力と肉さえも流れでた。
それから、腐った血の激しい流出を
まぬかれた人も、その筋肉と手足に病気が
入りこみ、生殖の器官さえ犯された。
そして一部の人たちは死の敷居をひどく恐れ、
ナイフで男性の器官を切りとって命をつないだか、
または手や足をなくして、生きながらえた。
そして一部の人々は目を失った。

それほどに、激しい死への恐怖が彼らを襲うた。
そしてある人々は記憶をすっかり失ってしまい、
自分が誰なのかまでわからなくなった。
そして地上には多数の死体が折り重なり、葬られずに
横たわっていたが、鳥や野獣の群れは、
あるいは、ひどい悪臭をさけて遠く逃げ去ったか、
あるいは、口をつけて遠からぬ死のため弱りきってしまった。
その痛ましい日々の間、ついに鳥はめったに
現われなくなったし、残忍な野獣も森から
出てこなくなった、大部分は病気のため弱って
死んでしまった。とくに忠実な犬たちは
道という道にのびて、痛ましくも息を引きとった。
病気の力がその手足から生命をもぎとったのだ。
葬式は供もなく、淋しく、争って先を急いだ。
誰にも効く、確かな治療法は見つからなかった。
なぜなら、ある人に生命の微風を口で呼吸することを許し、
空の拡がりを見させたものは、

ある人々には破滅となり、死を用意したのだから。
この災いの中で、特に痛ましく心を苦しめることがあった。
それは誰も自分が病気に罹ったと見ると、
死の宣告を受けたかのように
元気を失い、心を痛めて横たわり、きたるべき
死のくるのを望みながら、その場で息を吐きつくしたことであった。
じっさい、いかなる時にも、貪欲な病気の感染は
次から次に、人を捕えることをやめなかった、
あたかも羊や牛の群れを捕えるように。
とくにそのことが死の上に死を重ねていった、
なぜなら、病気の近親をみとることをさけ、
命をむやみに欲しがり、死を恐れていた人が
少しあとになって、恥ずべき不幸な死によって罰をうけ、
見捨てられ、助けもなく打ち棄てられて死んでいったのだから。
またそばにいて、みとりしていた人たちも感染と疲労とによって
死んでいった。恥を知る心と、やつれた人々の、嘆きをまじえた

呼び声とに励まされて、義務をつくしたために。
それゆえ、よき人々もまた、同じような死をとげた。
〔欠行〕
人の上に人をのせ、多くの身内のものを争って葬った、
そして涙と悲嘆とに疲れて帰っていった。
それからすぐ、大部分の人は悲しみのため床にたおれた。
誰一人として、病気か、死か、喪の嘆きかに、
そのころ会わないものはなかった。

それからまた、羊飼、そして牛飼のすべて、
そして、曲った鋤を操る逞《たくま》しい人も、
力を失って、貧乏と病気のために、死にゆだねられ、
その死体は小屋の中に積み重なって横たわった。
時には息たえた子供の上に息たえた親たちの死体を、
また時には、母と父との上に横たわって、子供が
息を吐きつくすのを、あなたは見ることができただろう。
その悲しみの少なからざる部分は、田園から都に、

流れこんだ、疲れきり、死にかかった多数の
農夫たちが、それをあらゆる所からもたらしたのだ。
彼らはあらゆる場所、あらゆる家をみたした。それゆえなおのこと
毒気によって死はその死体を束にして積み重ねた。
多くのものは渇きのため倒れ、道を通って転がり
噴水の側に横たわり、この上もなく
甘い水のため息をふさがれて死んだ。
また公けの広場や、道のあちこちに、
半死の体に、衰えきった手足の多数の人が、恐ろしい姿をし、
ぼろにくるまり、体から流れ出る汚物のため死んでゆく
のが見られたであろう、骨の上に一枚の皮、
腐った腫物と汚物とにほとんどくるまって。
最後に神々のすべての聖なる神殿も、死は
息たえた死体でみたした。そして天上の
神々の神殿はどこも死体で埋まっていた、
なぜなら神殿の守り手はその場所を客人でみたしたから。
今となっては神々への信仰もその威光もたいして

重みをもたなかった。目の前の苦痛がすべてに勝った。
以前はこの人々をいつも葬る習いだった
かの葬らいの儀式さえ都には残らなかった。
じっさい、誰も彼も心を乱して、おののいていたのだから。
そして一人一人、その場の状況に応じて近親を葬った。
多くの急な事情と恐ろしい貧困とがそうさせたのだ。
じじつ、人々は近親の死体を他の人の
つんだ薪の上に、大きな叫びとともに置いて、
松明をその下にあてがい、死体を投げすてるくらいなら、
むしろ、たびたび血をながして争ったのだから。

解説

藤沢　令夫

一　はじめに

ティトゥス・ルクレティウス・カルス（Titus Lucretius Carus）――不思議な詩人である。やがてよりくわしく見られるであろうように、紀元前一世紀前半のローマに生き、ここに訳された『事物の本性について』（De Rerum Natura）六巻のただ一作をのこして、おそらく四十歳台の若さで死んで行ったということのほかは、彼の人物や生涯について、何ひとつたしかなことは知られていない。その知られざる生涯は、いつの頃からか、狂気、媚薬、自殺などの話題にまつわるさまざまの奇怪な風説に包まれるようになって、この詩人のまわりに、何か妖気めいた気配をさえただよわせている。

それに、作品そのものがまごうべくもなくわれわれに感取させる、この暗鬱と憂愁は何であろう。それは一見して注目をひく多彩な想像心像や、つよい熱情や、ときおりの鋭い皮肉や、あるいは吐露される悦びの言葉によってさえもけっして蔽いえない、全篇の深い底流をなしている。たしかに、『事物の本性について』六巻を全体として評価し性格づけようとするとき、ひとはこれを、宇宙とその細部を描き出すにあたって一点の非合理をもゆるすまいとする意図につらぬかれた、その意味において明快な叙述と証明の総体であると言うこともできるであろう。それは一面において、ひとつの科学的自然像としての完結性をもつといってよく、それなればこそまた、古代のギリシア人によって著想された原子論というアイディアを近世の科学に伝えるための、重要な媒体となり通路となることもできたのである。けれどもこのような、世界についての客観的な説明体系としての普遍性は、この詩がもっている個(別)性を――ルクレティウスその人が現にそこにいることを――けっして消し去ってはいない。なるほどルクレティウスは、他とくらべて「インパーソナルな詩人」(ベイリイ)、つまり、作品の中にあまり自己を出さない詩人であるとみなされるのが普通であり、そしてそのことは統計的な意味において事実ではあるが、しかし別のもっと大切な意味においては、逆にこれほど「パーソナルな」詩人はいないともいえるのではないか。自分に課せられた使命について、「祖国の言葉の貧困さ」ゆえに自分の仕事が出会わねばならぬ困難について、にもかかわらず自分を動かす創作の悦びと誇りと期待について、さらには名声への欲望についてさえも自己の内奥を打ち明けるところの、こうしたあまり数多くない箇所(一巻一三六―四五、九二一―五〇、四巻一―二五、五巻三三五―七、その他)が、すでにきわめて印象的であるというだけではない。万物の構造を「客観的」に記述し、「論理的」に証明するやり方そのものが、全く個性的なのであって、われわれがそこに見出すのはまぎれもなく、右のような直接自分を吐露した諸箇所において出会った、その同じルクレティウス以外の何ものでもないのである。そして同じくこの意味において、あらゆる真正の詩が厳密にただその詩人だけの精神の所産であるように、『事物の本性について』の全巻は、まさしくルクレティウスという唯一の個人に所属して、他のどのような説明的散文によっても置換されることを拒む真正の詩である。

他方また、ルクレティウス自身の時代から今日に至るまで、多くの批評家や文学史家は、彼を詩人として高く評価しながら、作品の中にうたい込まれた思想内容そのものについては、あまりその価値をみとめようとしない。「われわれが関心をひかれるのはむろん、その科学的な真理や価値ではなく、その詩としての偉大さであり、われわれの想像力に及ぼす力づよい効果である」という、ルクレティウス学者として業績の多いマンロオの言葉は、そのような見方をよく示している。科学的ないし哲学的な内容に関するかぎり、ルクレティウスの論述はエピクロスの学説のくり返しを出ないとみなされ、したがって彼の功績は、ただエピクロス哲学をラテン語に翻訳し、せいぜいそれを詩のかたちで雄弁に表現したということだけに求められるのが、まず一般の常例といってよいであろう。そこには「創意」というものがなく、「進んでさらに深く自然現象の究明に突き込もうという意欲の欠けているのは、我々に多少もの足りなさを感じさせないでもない」と、わが国におけるこの作品の訳者のひとりも、はなはだ遠慮しながら、しかしまた大へん尤もらしい説明を加えている。

ルクレティウス自身が作中何度も、エピクロスへのほとんど絶対的な傾倒ぶりを告げていること（一巻七二―九、三巻一―三〇、一〇四二―四、五巻一―五四など）、自分がこの仕事にあたって彼の足跡をたどり、彼を「模倣」(imitari・三巻六) しているつもりでさえあったこと、そしてまた、ここで主張されている論点のほとんどが、エピクロスの教説の中にその対応を見出しうるものであること、これらはいずれも疑いのない事実である。しかしながらそのことは、彼の詩の「思想内容」がエピクロスのそれと全く同一であることや、独創性がないことをけっして意味しない。「模倣」についていえば、多くの独創的な思想は、みずからそれと意識はされなくとも、実際上は模倣によって生れているし、それ以前における他の人びとの思想のいずれにも全然対応する論点をもたない哲学などは、およそこの世にありえないだろう。それにそもそも、詩としては価値があるが、思想内容は創意のない二番煎じだというような見方は、それ自体としてばかげているといわねばならぬ。いったい、思想内容の貧弱な詩が、詩として偉大でありうるだろうか。「創意」とは、どういうことであろうか。もしひとがルクレティウスの詩によって、宇宙と事物の本質について自分の想像力が力づよく動かされるのを感じるとしたならば、そのことこそまさに、そこに一つの豊かな思想が確在するということであり、あるいは「科学的な真理や価値」が存在するということでさえあるのではないか。「科学」という言葉によって、何か純粋に抽象的な仕事を思い浮べ、それを詩や文学にとって副次的もしくは無関係のものと考えるのは、科学と文学の両方に対する素朴な偏見にすぎない。科学とは窮極において、あくまでも（具体的な）ものの発見である。そして想像力が生き生きと躍動しているということは、とりもなおさず、ものが発見されているということにほかならない。ギリシアのすぐれた悲劇詩人たちが、伝承された物語を素材にして、そこから全く独立の価値をもった別の世界を創造したのと同じように、われわれは、エピクロスの哲学を「模倣」しようとしたこの詩作品の到るところに、「進んでさらに深く自然現象の究明に突き込もうという意欲」を、まちがいなく見出す。エピクロスの哲学とその教説は、結局、ルクレティウスの『事物の本性について』の素材なのであって、かりに作者自身はそのつもりだったとしても、実際にはけっして、「模倣」がほんとうの模倣であるための、手本ないしモデルではなかったのである。

これらの点は、いずれもうすこしくわしく見られなければならないであろう。しかしさしあたってわれわれは、もう一度はじめに帰って、詩人自身のことや、この作品がもっているいくつかの因子について、解明できるだけのことは順次解明して行くことにしたい。

二　詩人の年代

ルクレティウスの生涯のくわしい点について、確かなことは知られていないと先に述べた。しかし一応、われわれがこの『事物の本性について』を読むにあたって、作者のルクレティウスとはどんな人物であり、どのような時代にどのような生涯をすごした人であるかということについて好奇心を起し、調べるつもりになったとしよう。手近な事典類を引くのが早道かもしれない。おそらく、前九四年—五五年（あるいは九八年—五五年）という年代が与えられてあって、以下それぞれ詳しくあるいは簡単な記事が書かれているであろう。しかし、そうした事典や参考書の記事の出所が最終的にはそこまでさかのぼらなければならないところの、根本資料となる古い時代の文書としては、結局次にかかげる五つばかりの簡単な記事があるだけなのである。

(1)その一つは、四世紀から五世紀にかけて聖書のラテン訳その他数多くの学問的業績で有名な教父、ヒエロニュムスが、エウセビウス（三世紀頃）の手になる『年代誌』の「九四年」の項に加えた次のような書きこみである。

「詩人ティトゥス・ルクレティウス生る。彼はのちに媚薬のために発狂し、狂気の合間合間に幾巻かの書物を書き、キケロが後日これに手を加えた。四十四歳の時、みずからの手によって命を絶った。」

(2)次に、右のヒエロニュムスを教えた四世紀の学者、ドナトゥスの『ウェルギリウス伝』（六）の中の記事。

「ウェルギリウスは、その生涯の始めを成人式のときまでクレモナで過した。その成人のトガ（上衣）を彼は十七歳の誕生日に身に着けたのであるが、それは彼の生れた年の二人の執政官《コンソル》がふたたび執政官であった年である。たまたまこのちょうど同じ日に、詩人ルクレティウスが世を去った。」

(3)『事物の本性について』の原典を伝える古写本の一つ（Codex Monacensis, 十世紀のもの）に、次のような断片的記事が書かれている。

「詩人ティトゥス・ルクレティウスは、ウェルギリウスより二十七年前に……執政官のとき生れた。」

(4)『事物の本性について』のヴェニス版のテクスト（一四九五年）のはじめに、ボルジアという人の手によって、ルクレティウスの生涯の概略が書きこまれてあることが、比較的最近の十九世紀末になって発見された。

「T・ルクレティウス・カルスは弁論家リキニウス・クラッススと神祇官Q・ムティウス・スカエウォラが執政官であったとき（＝前九五年）に生れた。この年は、弁論家Q・ホルテンシウスが広場《フォルム》で演説して、その雄弁の少なからざる栄光の第一歩をはじめた年である。ルクレティウスは四十四年間生きたが、最後によからぬ女の与えた有害な薬のために発狂し、綱で首をくくって自殺した。あるいは一説によれば、剣の上に身を投じ伏したとも言われる。彼はながらく石女《うまずめ》であった母親から遅く生れた。アッティクス、キケロ、ブルトゥス、カッシオときわめて親しい間柄の生活を送った。キケロにはよく近作の詩を見せ、ある時彼から読誦の間に、比喩を使うにあたって慎しみを守るように忠告されて、その手直しに従った。そのような比喩の例としては、特に二つの箇所——「海神《ネプトウヌス》の淵」(neptunni lacunae)と「天空の洞穴」(caeli cavernae)——があげられる。」

(5)最後に、いま名前が出たその当のキケロが前五四年二月、弟クィントゥスに宛てた手紙の簡単な一節を挙げておこう。

「ルクレティウスの詩は、お前が書いているとおり、多くの才能の光にみちているとともに、他方きわめて技巧的である。しかしいずれお前が来た時に」

——さて、与えられたこれだけの記事を手がかりにして、われわれはルクレティウスの生涯について、いったいどれだけのことを知りうるであろうか。根本資料といっても、最後のキケロの書簡をのぞいていずれも後の時代の文書であり、その記事の出所もそれぞれ疑わしい。しかし、そういう資料批判めいたことを別にしても、すでに彼の年代(生年と没年)からして、それぞれの伝えるところがまちまちではないか。(1)のヒエロニュムスによれば、ルクレティウスは前九四年に生れて四十四歳まで生き、五一年に死んだことになる。(ただしこのヒエロニュムスの書きこみは、別の写本では前九四年のところにではなく、前九三年の項になっているのと、さらに別に前九六年のところになっているのとがあるから、ルクレティウスの年代には他に前九三年—五〇年と前九六年—五三年という二つの可能性が加わることになる。)

(2)のドナトゥス『ウェルギリウス伝』の一節は、ウェルギリウスが十七歳の誕生日に成人式を行い、その同じ日にルクレティウスが死んだことを伝えているが、ウェルギリウスの十七歳の誕生日といえば、前五三年十月十五日であるから、その年がルクレティウスの没年ということになる。ところが困ったことには、この前五三年という年代は、同じドナトゥスがすぐ続いて述べている「それは彼の生れた年の二人の執政官が……」うんぬんという言葉と合わない。二人の執政官というのはポンペイウスとクラッススのことで、彼らはウェルギリウスの生れた前七〇年にその役に就任し、二度目に同じ二人がそろってまた執政官となったのは、前五五年だからである。この同一の文章における二年のずれを調整するために、先の「ウェルギリウスの十七歳の誕生日」というのを「十五歳」と訂正して読む案が出され、一般にしばしば断わりなしにこの数字が採用されているが、しかしはっきりと「十七歳の年」(septimo decimo anno)と書かれてあるものを「十五歳」と読み変えようというのは、もともとたいへん無理な話である。それに成人のトガの着用も、十五歳よりは十七歳で行う方が普通であったようである。したがってここでは、ウェルギリウスの成人式とルクレティウスの死の年が、一方では前五三年、他方では前五五年になるというドナトゥスの記事の矛盾を、そのまま矛盾として残しておくよりほかはない。この二つの年代の中では、先の(1)で挙げたヒエロニュムスが同じエウセビウスの『年代誌』の前五三年のところに、「ウェルギリウスがトガをまとう」と加筆をしていることもあって、どちらかといえば前五三年の方が有力である。

次に(3)のミュンヘン写本に書かれている記事によれば、ルクレティウスは、ウェルギリウス（前七〇年生れ）よりも二十七年先に、すなわち前九七年に生れたことになる。さらに(4)のボルジアの手による伝記によれば、前九五年に生れ、四十四年間生きて、前五一年に死んだことになる。

このようにして、もう一度整理してみると、ルクレティウスの年代について、限定された基礎資料から可能性として与えられるのは、(1)前九四年―五一年（もしくは前九三年―五〇年、もしくは前九六年―五三年）、(2)―前五三年もしくは五五年、(3)前九七年―、(4)前九五年―五一年、ということになり、都合七つもの異なった年代が出てきて、これでは全く収拾がつかない。学者たちはいろいろと趣向をこらしてこれらを調整し、自説を提出してみせるが、そうした貴重な努力にかかわらず、結局はすべて不確実な推量の域を出ない宿命にある。前五五年を没年とすることが比較的多く世に行われているが、この年代に多くの疑問の余地があることは、右にその一端がみられたとおりである。ただ、最後にあげたキケロの書簡（前五四年二月）によって、ルクレティウスの死後まだ幾月もたたぬころ、キケロ兄弟が彼をしのんで語り合っているというヒストリカル・イマジネーションをはたらかせ、さらにこれに、(1)のヒエロニュムスにみられる「彼の書物にキケロが後日手を加えた」という記事を関連させることによって、前五五年没という年代がいくらか尤もらしくみえてくるだけである。

ルクレティウスの年代についての考証に、これほどこだわる必要はなかったかもしれない。しかしすべての歴史的事実や人物が、まさに歴史的事実であり人物でありうるためには、まず第一にその年代が、たとえおおよその範囲内においてにせよ推定されることができて、「今から数えて何年前」という時間的位置づけが与えられなければならない。ただ「むかしむかし」だけでは、物語《ミュートス》であることを出ないのである。いまの場合も、完全に満足できる成果とはとうていいえないけれども、とにかく『事物の本性について』の作者が、紀元前九〇年代に生れて五〇年代に死んだということだけは、ほぼまちがいないことが確められた。それはローマ共和制末期の、戦乱時代に相当する。その間には、マリウスとスルラの抗争があり、そのスルラ配下の人々の虐殺があり、カティリナの陰謀事件があり、そしてポンペイウス、カエサル、クラッススの第一期三頭政治がある。それは詩人自身がいみじくも、

「人びとは市民の血によって財産をつくりあげ、欲心にかられては
殺戮に殺戮を重ねてその富を倍加する。
残忍にもその兄弟の悲しい葬式に歓びの声をあげ、
近親たちの食卓をいとい怖れる」　（三巻七〇―三）

とうたったような時代であった。われわれはこの『事物の本性について』の背後に、この

ような世を、ただ「賢人たちの教えによって守られた静かな高台」(二巻七―八)を頼りに沈鬱に堪え、胸中の「ムゥサの女神たちへの甘美な愛」(一巻九二四)にみちびかれて、ひとり「さわやかな夜々を覚めて過す」(一巻一四二)ルクレティウスの姿を思い浮べよう。

三　その他の生活的事実

詩人の正確な生年没年について、決定的なことはついに言えなかったのと同様に、先にかかげた根本資料の幾つかは、彼の人物と生涯に関する他の事柄についても、確実なことはほとんど何ひとつ教えない。媚薬・狂気・自殺といった、人目をそばだてる話題にしても、もとより然りである。ヒエロニュムスの加筆記事(1)は、ルクレティウスが媚薬のために発狂して、狂気の合間合間に書物を書きつづったことを伝える。しかし、他の一切については言わぬとしても、いやしくも『事物の本性について』は全六巻、七千行を優に上まわる大作である。その一行一行はすべて、厳格な長短々(または長々)六脚韻のヘクサメトロス詩形に従い、しかも、しばしば頭韻を用い、事柄の重厚もしくは緩慢な趣きを伝えるには長々のリズム(スポンデイオス)を、速やかな動きを表現するにあたっては長短々のリズム(ダクテュロス)を、いずれも語の入念な選択によって揃えるなど、いたるところにキケロの言う「技巧」(ars)の駆使がみられるのである。はたしてこれだけの詩が、これだけの技法の積み重ねが、これだけの厳格な形式の揺ぎのない連鎖が、「狂気の合間合間」に完成されるというようなことがありうるだろうか。全く反対にひとは、そこに完全なる正気の時間を、意識と精神機能の最も覚醒した状態の長い持続をこそ、想定しなければならないであろう。

媚薬の使用も、自殺も、その時代のローマにおいてそれほど珍らしいことではなかった。したがってルクレティウスも、媚薬を用いたかもしれないし、自殺したかもしれない。あるいはまた、そうしなかったかもしれない。学者たちの間においても、肯定否定いずれの意見もそれぞれ代弁者にこと欠かぬ。要するに、決め手となる証拠がない以上、そうしたいずれの論も、各自の主観に大きく依存するほかはないからである。ただここでは、媚薬・発狂・自殺というこの一連の背徳的で悲惨な出来事を口にしているのは、先にみた遥か後代のヒエロニュムスとボルジアだけであって、それ以外には、同時代のキケロもウェルギリウスも、ルクレティウスを讃えこそすれ、全く何ひとつそのようなことを語らず、匂わせさえしていないこと、さらに、ルクレティウスを不敬な無神論者として攻撃するラクタンティウスやアルノビウス等の、初期のキリスト教側の学者たちですら、もし事実であったならば「天罰」とみたかもしれぬこれらの暗い話題については、一言もふれていないという、これまでになされた調査報告だけを付記しておく。

ルクレティウスがローマの正市民であったことは、まずまちがいない。彼自らが詩の中で語るように、ローマは彼の祖国（patria・一巻四一）であり、ラテン語は彼にとって「祖国の（父祖以来の）言葉」（patrius sermo・一巻八三一）である。エンニウスの流れをくむ高度の作詩技術を身につけ、擬古的な文体と用語を使いこなし、エピクロスをはじめ、エンペドクレス、アナクサゴラスその他、広くギリシアの学問に通暁していた彼は、疑いもなく高い教養と学識の持ち主であった。彼は自分の詩をメンミウスという人物にささげ、作中親しい友としての言葉で呼びかけている（一巻一四〇、その他）が、「メンミウスの声名たかき後裔」（一巻四二）と語られるこの人物は、前五七年に法務官《プラエトル》となり詩人カトゥルスの保護者であった古い家柄の貴族、C・メンミウスにほぼまちがいないと推定されている。こうした交友関係や教育の程度からみて、ここでも異説はあるが、ルクレティウスはかなりの上流階級の人であったと想像するのが、やはり自然であろう。先の資料の幾つかが推量せしめるキケロその他との親交も、同じ方向を指し示している。（彼の名前 Titus Lucretius Carus における Carus という第三名が、奴隷もしくは奴隷出身の市民であることを論じる学者も出たが、やがてけっしてそうでないという反証が提示された。）

以上しかし、ルクレティウスの人物と生涯に関する外的な事実は、さまざまの推量により辛うじて、そのおぼろげな輪郭を浮びあがらせることができるだけである。要するに彼には、ほぼ時代を同じくするカエサルやキケロやウェルギリウスなどの場合におけるほどのくわしい伝記が、伝わっていないということである。しかし思えば、このことがわれわれにとって、どれほどの痛痒であろうか。同じようにわれわれは、ホメロスの生活的事実について何も知らない。だがそのために、『イリアス』と『オデュッセイア』の壮大な美しさは、いささかも減じはしないのである。ルクレティウスの名は『事物の本性について』六巻と完全に結びついて一体となり、後者によって置きかえることができる。かりにわれわれが彼の家柄のことや、彼の女性関係のことなどをくわしく知ったところで、それが何の足しになろう。問題はただ、『事物の本性について』六巻にあるのである。

四　宇宙論詩

さて、その『事物の本性について』全六巻の中でうたわれているのは、宇宙と宇宙内のすべてのものが、どのような原理にもとづいてどのように形づくられ、どのような構造と本性をもっているかということ、一言でいえば、コスモロギアー（宇宙論）である。「事物の本性について」（De Rerum Natura）というラテン語は、ギリシア語の「ピュシス（本性・自然）について」（*Περὶ φύσεως*）を直訳したものであるが、これは初期ギリシア以来の、そういう宇宙論や自然哲学的な労作に対して、慣用的に付せられてきた題名である。（ただしエンペドクレスその他、古い時代の哲学者の多くの著作につけられているこの題名は、比較的後代の人びとが与えたもの。）それらの労作は、自然・万有に関する人間の学問的探求の歴史をかたちづくり、やがて後に、近世以降の哲学と自然科学によって承けつがれて行く。ルクレティウスもまた、同じこの題名のもとに、

「私はあなたのために天空と神々の最高の理法について
　論究をはじめ、万物の根源を解き明かすつもりだ」
（一巻五四—五）

と宣言することによって、この歴史と伝統の中に立つのである。彼の場合、その宇宙論的構想が原子論の立場から展開されていることはいうまでもない。第一巻と二巻において、無からは何ものも生れないという根本原則から出発しつつ、その原子論の基礎が解明され、第三巻と第四巻ではそれにもとづいて、生命と精神と感覚のことがおもに述べられ、第五巻と第六巻では、すすんで「世界」（mundus）と天空地上の諸現象について説明されている。

ところで、詩歌の観念を限られた経験にもとづいてしか心に抱きえないわれわれにとっては、このような、むしろ科学の分野に属してしかるべき事柄が、そもそも詩の主題となりうるということ自体に、一種のとまどいを感じるのではないだろうか。詩歌の女神は思弁の努力を好まない、と考えられがちである。しかしながら、ヨーロッパの本格的な古典文学においては、ルクレティウスの用いた詩形——先述のように、長短短（または長々）六脚韻のヘクサメトロスを使った叙事詩形式——そのものがホメロス以来の最古の伝統をもつのと同様に、この叙事詩形式によって宇宙の成り立ちに関する考察をうたいあげるということもまた、それに劣らず古い伝統をになった光栄ある主題である。われわれがホメロスにつづいて知っている叙事詩人、ヘシオドスの『テオゴニアー』（神統記）は、もとよりその題名の示すように、宇宙に関する学問的な考察というにはあまりに神話的表象にいろどられてはいる。けれども彼がこの作品において行なったところの、伝承された神々を単一の系譜にまとめあげて、神々の出生の順序と次第を物語るという仕事は、それらの神々には大地（ガイア）、天空（ウラノス）、山（ウレア）、海（ポントス）等々の、自然物を表わす名前が多いということもあって、必然的に、現在の宇宙と自然の秩序がどのようにして生じたかを説明するという意味をも持つことになった。その説明自体は神話的であったが、とにかく万有が何からいかにして生じたかという問に先鞭をつけて、次にきたるべき、その問に対してもはや神々の名を用いずに答えようとする学問的探求への道を用意したことは、否定できないであろう。彼は『テオゴニアー』（神統記）のこうした内容を、ムゥサ（ミューズ）の女神から告げられた真実（同書一一八）として展開したが、この「真実（真理）」という言葉は、このようにして、ほかならぬヘシオドスの叙事詩の中でこそ、はじめて世界観的な意味合いを与えられたのである。

紀元前五世紀になって、哲学者パルメニデスが、「死すべき者ども」の住む晦《くら》い臆見（ドクサ）の世界から明るく輝かしい「真理」の世界への超脱を語り、その「真理」の単純雄勁な内容を提示して哲学の歴史に大きな波紋を呼び起したとき、彼はこの「真理」概念を直接ヘシオドスからうけつぐとともに、みずからの思想表現のための形式として選んだのも、同じヘクサメトロスを用いた叙事詩形式であった。彼の哲学は、結果的に自然哲学の根拠を全面的に否定することになったが、しかし同じ詩形式を踏襲したつづくエンペドクレスの壮大な宇宙論詩（いまは断片のかたちでしか残っていない）は、まさにルクレティウスの作品の範型となるものである。さればルクレティウスも、その学説に対しては批判を向けながらも、エンペドクレスその人に対しては尊敬をおしまず、

「まことにその歌が神のごとき彼の胸から出て高く
響きわたり、その崇高な発見を世に示しているさまは、
彼が人間の生れであるとは信じられないほどである」（一巻七三一―三）

とまで讃えている。かのヘラクレイトスのことを、たとえほかにも理由があるとしても、愚か者たちの間で「その暗い（晦渋な）言辞ゆえに明るい（有名である）」云々（一巻六三九）と痛評しているのとくらべれば、たいへんな違いといわなければならぬ。彼の『事物の本性について』という題名も、直接にはエピクロスの書名――先述した『ピュシスについて』――を引くものであるとしても、おそらくはまた、同じ表題で呼ばれるようになっていたエンペドクレスの宇宙論詩を想起させる意図をもっていたとも言われている。

こういう宇宙論詩あるいは自然哲学詩は、エンペドクレス以後にも後継者を持ち、その一人であるアラトゥスの作品は若年のキケロによってラテン詩に翻訳され、ルクレティウスによっても読まれたとおぼしく、その用語や言いまわしの影響が認められている。いずれにせよわれわれは、先に言ったように、こうした自然学的な主題が、われわれのもって

いる詩や文学の観念とは別に、ヨーロッパの古典的文学――文学とは詩のことである――の中に古い伝統を持ち、それゆえにまた、詩人たちの野心をつよく喚起するものであったことを知らなければならないであろう。ルクレティウスの誇りと歓びもそのことにあったし、彼につづくローマの国民的詩人ウェルギリウスその人も、ねがわくば詩歌の女神の力をかりて、天地自然の諸現象の究明を詩の中で行いたいけれども、もし自分にその力がなければ川や森をうたうことで満足しようと言い、そして

「幸いなるかな、万物の原因を知り、
すべての恐怖と非情な運命と
貪欲なアケロン（冥界）の唸り声を足下にふみしいた人は。」

（『農事の歌』二・四九〇―三）

と歌っている。これは一般にルクレティウスへの讃辞であるとみなされているが、すくなくとも、そうした詩の主題そのものへの讃辞であることはたしかである。もし古い時代のことがわれわれにとってなじみがうすいというのであれば、われわれは例えば、E・ポウの『ユウレカ』や、それについて語ったP・ヴァレリイの言葉を想起すればよいであろう。

五　人間の生き方

このようにして、ルクレティウスの詩の主題は、まさにその題名が示すように、宇宙論

であり自然学である。しかしながら、ここで見逃がされてはならぬ重要なことは、そのように万有の形成を問い、構造を解明し、本質を究めるということが、けっしてそのことだけのためにあるのではなく、窮極的には、人間の生き方に確実な基盤を提供し、その指針を与えるという目的のもとになされていることである。学者や評家たちはしばしば、詩の全体の中で倫理観や宗教観などがただ部分的に――あるいは「脱線的に」(!)――しか挿入されていないという理由によって、作品のもつこの性格を軽視する。けれどもたとえば、

「それゆえ精神のこの恐怖と暗黒を追いはらうものは、
太陽の光線でも白日のきらめく矢でもなくて、
ただ自然の形象と理法でなければならない。」

といった言葉だけをとりあげてみても、ルクレティウスがこの作品の中で都合四回(一巻一四六―八、二巻五九―六一、三巻九一―三、六巻三九―四一)も折にふれてはくり返しているこの言葉を、はたしてひとは、たんなる「脱線的」な挿入と呼ぶことができるであろうか。それは全く反対に、ルクレティウスがどれほど一見「倫理観」や「宗教観」とは程遠い原子の構造や運動について、空虚の存在について、あるいは気象や地質について、細かい議論をしているときでさえも、そういう「自然の形象や理法」の究明によって「精神の恐怖と暗黒を追いはらう」という目的こそが、何よりもたえず彼の意識を占めるものであ

ったことを、明瞭にわれわれに告げるものではないだろうか。人間の精神に暗い影を投じて心の平静を脅かし、その生活を攪乱せしめるものは、死の恐怖と宗教的迷信であった。さればルクレティウスが自分の使命として掲げるのは、「まず第一に重大な事柄について教え、宗教の厳しい鎖から人の心を解放する」(一巻九三一―二)ということだったのである。

「ああ、いたましい人間の精神よ、ああ、盲目の心情よ!
生命の何という暗黒のうちに、どれほどの危険のうちに、
生涯というこの瞬間は過ぎ去ることか!」 (二巻一四―六)

人間は、ただ「自然の形象と理法」に関する無知からのみ由来する不安と恐怖を追いはらって、全き心の安定(アタラクシアー)のうちに、与えられた生命を生き抜かなければならない。そして誰よりもまず、ルクレティウス自身が! このようなモチーフはとくに、魂と精神の本質が論じられてのち、第三巻の終りを大きく占める、生と死についての力のこもった説得(八三〇以下)において顕著であり、もはや全篇を支配する本来の意図がどこにあり、自然に関する探求そのものがどのような目的のもとに行われているかについて、疑いをゆるさないであろう。

そして、われわれはここでも、ヨーロッパの古典的精神におけるひとつの、おそらくはすぐれた伝統を認めなければならないであろう。われわれは学問を、精神の行う営みを、

領域や分野によって区別する。倫理学は自然学と別ものである。宗教的悟りは科学的知識とは無関係である。しかしこのような経験の分裂ほど、古典世界における第一級の思想家たちから程遠いものはない。もちろん学問の分野の区別そのものは、すでにアリストテレスに認められるし、エピクロスやストア派の人びとにおいても、論理学・倫理学・自然学の区別は常識である。しかしそれらの分野は互いに緊密な内的関係を保持し、一つの分野は他の分野での思考によって根拠づけられるというようにして、窮極的には一体のものとして把握されている。このような統一性は、近世になってからも、すくなくともデカルトの頃までは維持されていた。もとより古代にあっては、ルクレティウスが直接その教説に準拠したエピクロスが、原子論的自然学をもちながら、本質的にはしかしモラリストであったというだけではない。その原子論をはじめて完成させたデモクリトスにしても、ただ一面的にその種の関心が彼にとってすべてであったのではなく、現に彼の直接の言葉として伝えられているもの（いわゆる「断片」）は、そのほとんどがモラルに関するものなのである。（ただ彼の場合は、奇妙なことに自然学に属するそのような「断片」があまりに数少ないために、彼の思想における両側面両分野の関係の在り方そのものはなかなかとらえがたい。）そのほか、哲学の歴史に名を残しているそれぞれの人について、逐一例証する必要はないであろう。はっきりと「自然哲学者」として性格づけられるのを常とする人びとにしても、彼らが自然への「純粋な」好奇心によって動かされていたということの意味は、誤解されてはならない。「純粋の」自然学的関心をもつということは、その関心の全体が人間の生き方への求道によって支えられていることを排除しない。ヘラクレイトスは「博学は覚識《さとり》を教えず」(断片四〇)と言った。たしかに知識の集積は、それだけでは主体的な智慧を保証しないであろう。しかし「哲学者(愛智者)は実に多くのことを探求しなければならない」(同断片三五)のであって、この「知」の両側面――主体的な智慧と客観的な知識――は、互いが互いを要求し合うのが本来の在り方なのである。

ひとは古い時代における学問の未発達を言い、右のような一体性もしくは未分化は、そのことの当然の帰結にすぎぬと片づけるかもしれない。しかし学問の――ひいては人間の経験そのものの――分裂は、あくまでもけっして望ましい状態ではない。とくに、右のような意味での思想の全一性、知識の包括性の伝統が稀薄であったわれわれにとっては、ルクレティウスの詩が示しているこの点は、心して学ばれるべきではないだろうか。精神の安定、心の平静といっても、それをただ主観的な心術のテクニックによって求めるのではなく、どこまでも自然万有の全体とその極微にわたる、客観的な探求と知識の総体によってこそ基礎づけられなければならぬという、この不思議な渇望と要請、それが哲学(ピロソピアー)というものである。プラトンは、哲学者が死を恐れないということの根拠として、人間の魂が本質的に不死なるものであることを証明しようとした。ルクレティウスは、同じく死の恐怖からの解放のために、人間の魂が本質的に死すべきものであることを証明しようとした。どちらの見方を選ぶかは、各人が自らの探求によってきめなければならぬ。しかしどちらを選ぶにしても、その探求は、宇宙の在り方と物質の構造にまで及ばねばならぬ。

六　原子論

ルクレティウスの詩の中で、そのようにして展開された「自然の形象と理法」の究明は、幾度か触れられたように、原子論にもとづくものであった。古代ギリシアにおける、この原子論というアイディアの最初の著想が、しばしば誇張した仕方で語られるように、レウキッポスやデモクリトスという特定の個人の「天才」といったものに、そのすべてが帰せられるとは思えない。今ここでそれを行う余裕はないけれども、タレス以来ピュタゴラス学派、先述のパルメニデスを巨頭とするエレア学派、エンペドクレスとアナクサゴラス、等々によって提出されてきた自然と宇宙に関する構想を逐一仔細に検討しつつたどるならば、原子論はその後を承けて、当然生れるべくして生れた考え方であるといってよい。その創始者レウキッポスは、むしろこの考えを、自分に先立つ人びとの相異なった立場に対する、調停案として提出したのかもしれないのである。――彼とデモクリトスは、存在概念を拡大して、それまで無と同一視されてきた「空虚」もまた広い意味では「ある」と考え、自然的世界は、完全充実体としての無数の原子と、これらの原子を分けへだて、これらの原子がその中を運動するところの「空虚」から成ると構想する。原子の一つ一つは、「何ものも無から生ぜず無へ滅びない」（nil e nilo, nil in nilum.——本書一巻一四九以下、二一五以下）という根本原則の最初の明確な提示者、パルメニデスの想定した「あるもの」（一なる存在）の性格をそのまま受けついで、それ自体は不変不滅、また色・味・熱さ・冷たさ等の感覚的な性質を一切もっていない。ちょうど、基本となるアルファベットの文字は同じでも、その組合せのいかんによりいろいろの言葉ができるように（この比喩はルクレティウスも何度も使う）、われわれが実際に目にする自然界のさまざまの事物は、そのような原子の結合と集合によって形づくられ、構成要素となっている原子の形や、向きや、組合せにおける排列などの違いによって、副次的にそれぞれ千差万別の性質をわれわれの感官に示す。精神や魂も他のすべての事物と同じように、原子——ただし極度に微細で球状の——から形づくられていて、知覚や思考の働きもすべて原子の運動と接触によって説明される。

　大体こういったところが、レウキッポスとデモクリトスについて伝えられる資料から抽出される、初期原子論の教説における基本的な諸点である。これがエピクロスによって引きつがれるにあたっては、当然細かい点についての修正や発展、全体の整備や統一が行われたと考えられるし、また念頭におかれる直接の目標が、死の恐怖や宗教的迷信から人間を解放すること、心の平静（アタラクシアー）を獲得すること、といった特定のかたちをとるとすれば、それに応じて、教説全体におけるアクセントのおきどころも移動することが当然予想される。われわれはこのルクレティウスの『事物の本性について』の中にも、そういった変様をいろいろと読みとることができるであろう。個々の点についていえば、エピクロスが人間の自由意志の事実を救い、それを説明するために、本来ならば重さや衝突によって必然的に決定される原子の運動に、わずかの逸脱——決められた方向への進路からそれること——を認めたのは、特に有名な修正点である。またその「重さ」にしても、それがレウキッポスやデモクリトスの当初から、形や大きさと同じ資格で原子のもつ第一次的な性格とみなされていたかどうかは、むしろ否定的に考えられなければならない有力な理由がある。

しかしながら、レウキッポスとデモクリトスについて先にみられたような、原子論が原子論としてもっている根本的なものの見方に関するかぎり、それが一貫してかたく保持されていることに疑いの余地はない。それは以後、時代が近世に入ってからも、ながらく「自然科学」と呼ばれる人間の探求と在り方を導きつづけてきたものの見方である。ルクレティウスは、そうした原子論の基本的教説のさらに奥底に働いている一連の具体的なモチーフを、われわれに生き生きとくりひろげてみせてくれる。——ひとは存在と世界の窮極的な拠り所となるもの（principium fundamentum・一巻五七三）として、本能的に軟弱で変動的な（mollis）ものをしりぞけ、もっと何か手触りの確かな、摑みどころのある（tactus）、堅固な（solidus）ものを求めようとする。とすれば、それは固体的物体（corpus）でなければならぬ。「触れたり触れられたりするということは物体でなければできないから」（一巻三〇四）である。事実、われわれが実際に目にする事物は、どれほど固いようにみえるものでも壊滅をまぬかれえない。しかし事物がそのようにどこまでも破壊され分割されて行って、やがて徹底的に無に帰してしまわないためには、右のようないわば完全に固い物体（solidissima corpora）が、微粒子のかたちで事物の構成要素になっていて、分割と破壊を最後的にくい止め、たとえ物がそこまで解体したとしても、それらを基にしてまた別の事物が新しく形づくられて行く、というふうに考えねばなるまい。「空虚」が何の接触も与えない（intactus）無抵抗（concedere）の原理であるのに対して、いわゆる「アトム」とは本来、このように分割を最後的にくいとめるところの「不可分割者」（アトモン）、いわば完全に強力な触覚的抵抗体であり、アトミズムはその基本的性格において、ひとつの触覚的世界像である。

ルクレティウスはしかし、自分の詩の中で、「原子」に当るものを一語で表現するのに、この「不可分割者」（アトモン）を直接うつしたラテン語を使っていない。彼はもっとそれ以前の、より広い連関と一般的な意味合いを持ったさまざまの言葉——primordia・principia・semina elementa・materies・corpora・corpora prima・genitalia corpora etc.——を代りに用いる。そして、よくみるとこれらの語は、「万有のもと（元・基・素）のもの」についてギリシアの古い時代から、探求のさまざまの段階に応じつつ人びとに抱かれてきた観念を表現していて興味ぶかい。その中でおそらく一番起源の古いものは、「セーミナ」(semina「種子」)とか「ゲニターリア・コルポラ」(genitalia corpora)とかいった、「万物を産み出すもの」という観念であり、これにはギリシア語に「スペルマタ」や「ゴニモン」(アナクシマンドロス)などの言葉がある。次に、使用回数(七二回)の上では最も多い「プリーモルディア」(primordia)と、これと全く同義の「プリンキピア」(principia・前者の複数形の属格・与格・奪格形がこの詩形では韻律上使用不可能なため、代りに用いられる)がある。これはギリシア語として広く使われて有名な「アルケー」にあたり、「(万物の)始源・根源」を意味する。先の「種子」におけるような生物的な連想が排除された、もっと普遍的な言葉であるが、しかしここでもまだ、その「始源・根源」が特にどのような性格のものでなければならぬかという、特定の見解は含まれていない。次に「エレメンタ」(elementa)という言葉は、ギリシア語の「ストイケイア」に相当し、アルファベットの字母を意味するところから、固定した術語としてはアリストテレス以来、「要素」「構成要素」の意味に使われるようになった言葉である。同様に「マーテリエス」(materies)も、アリストテレスの基本的な術語「ヒューレー」に相当し、このギリシア語は元来「森」「材木」を意味する日常語であったのが、「素材」「物質」の意味に用いられるようになったものである。これらの elementa や materies になると、先の「万物の根源」が少なくともどのようなかたちでとらえられなければならぬかという、すでにひとつの視点の選択が含まれているというべきであろう。そして、そういう「要素」や「素材」がさらにはっきりと、先にみられたような仕方で、「物体」「物」あるいは「粒子」として把握されたのが、「コルポラ」(corpora・単数形は corpus＝ギリシア語の「ソーマ」)や、「コルポラ・プリーマ」(corpora prima・第一物体)や、「コルプスクラ」(corpuscula・微小物体)である。——なおそのほか、原子論内部の専門用語として、ひとつひとつの原子の「形」を示す「フィグーラ」(figula)が、しばしば原子そのものを指して用いられることがある。

「万物の根源」の追求がこのように幾多の段階をへて到達した古代の原子論は、もっぱら思考と推論と論争が生み出したアイディアであるといえる。そのアイディアの偉大な担い手であったレウキッポスもデモクリトスもエピクロスも、そしてそれに対してこれほどの信頼と熱情をささげたルクレティウスも、自分たちが想定した「原子」が、やがてはるか十幾世紀の後に、実験的定量的に確認され、さらには謂うところの「原子力時代」を招来して、このような破壊力と実効性をもつことになろうとは、夢にも思わなかったであろう。しかしながら原子論は、考え方そのものとしては、古代においてさえも、けっしてしばしば言われるように、自然哲学の「完成」ではなく、その最後の到達点でもなかった。すでにデモクリトスと同時代のプラトンは、そのような「物」や「物体」の観念が果して最後まで維持できるかどうかを疑い、事物の構成要素として同じような微粒子的なものを想定する必要を認めながらも、しかしそれらの微粒子は相互に転換し合うことができること――つまり、そうした微粒子はけっして事物の窮極的な構成要素として安定したものではないこと――を予言している（現代のノーベル賞物理学者ハイゼンベルクは、この点に関してはっきりとプラトンの方に軍配をあげる）。同様に近世以降においても、一八〇三年には安定的に確立されたかにみえたドルトンの化学原子も、やがて同じ世紀の終り頃から、けっして文字通りの「原子」（アトモン・不可分割者）ではないことが知られるようになり、多くのすぐれた頭脳によるあくことなき追求によって、さらに細かい構成要素に分割され、次々と新しい'elementa'（elementary particle＝素粒子）が発見されて行く。そしてそれらの素粒子そのものの性格は、すでに古来の「原子」の性格とは根本的に異なっており、事物を粒子的な構成要素を基本にしてとらえること自体の意味や、その最後的な有効性について重要な問題を喚起し、探求の成り行きはまことに興味しんしんたるものがある。先にも触れるところのあったように、現代においてこの種の探求は、「物理学」という一分野の、さらにまたその特殊部門に実際の推進がゆだねられているが、その仕事の担い手、ルクレティウスのこの方向における今日の後継者たちが、広い歴史理解にもとづく哲学的識見と綜合的視野を併せ持つことを、切に希望する。

七　作風

ルクレティウスは、この原子論に基づく世界観と人間観を「ラテンの詩によって解明する」(inlustrare Latinis versibus・一巻一三六―七)ことを企図し、「祖国の言葉の貧困」(patrii sermonis egestas)を再三なげきながらも(一巻一三九、八三二、三巻二六〇)、しかしそのようにして「晦渋な題材についてかくも明晰な歌をつくり、そのすべてにムゥサ(ミューズ)の女神の魅惑をあたえる」(一巻九三三―四)ことに悦びを見出す。

この仕事にあたって、彼が直接その足跡を踏襲したと告げるエピクロス(前三四一―二七〇年)は、多作をもって有名な哲学者であった。その著作は実に三百巻にのぼったことが報告されているが、しかしその後散逸して失われ、今日残っている彼の書いたものは、ヘロドトス、ピュトクレス、メノイケウスという三人の弟子に宛てた手紙と、『キュリアイ・ドクサイ』(主要教説集)があるにすぎない(いずれも三世紀頃の列伝体哲学史『ディオゲネス・ラエルティオス』の第十巻に所収)。ルクレティウスがエピクロスのこれらの著作の中で、主にどれに依拠したかということについては、それなりに長い研究の歴史がある。第五巻で取りあげられる世界の創生と天体論や、第六巻の気象論は、そうした研究に対して特に困難を提供してきた。概していえば、エピクロスの現存する書き物のなかでは、ヘロドトス宛の手紙の中に、『事物の本性について』の内容と対応する部分が多いので、ひところはこの書簡がルクレティウスの使った資料ではないかと考えられていた。しかし、対応する部分も多いが違う点もまた多いこと、叙述の順序も一致しないことなどが指摘されたりして、すくなくともこの書簡だけをルクレティウスの依拠した唯一の資料とみなすわけには行かなくなっている。しかし、ではその他にエピクロスのどの著作が使われたかということになると、何分にもそれらの著作そのものが残っていないので、ただいろいろと推量をめぐらせることができるだけである。ここでこの問題に、あまりふかく立ち入る必要はないであろう。

エピクロスの著作はいうまでもなく散文で書かれたが、ルクレティウスの詩と内容の重なる点が多い右の『ヘロドトスへの書簡』の散文は、文字通り「散文的」な散文と呼ばれてよく、無味乾燥、その叙述はしばしば錯綜して晦渋である。これと読みくらべるならば、ルクレティウスがほぼ同一の事柄を取りあつかいながら、「晦い題材（*obscura res*）について明るい歌（*lucida* carmina）をつくり、そのすべてにムゥサの女神の魅惑をあたえた」ということを、何びともひとつのまぎれもない事実として承認しないわけには行かないであろう。まず何よりも、詩人の深い感情と情熱によって教説は生気をふきこまれ、その生気はあり余るほどの比喩やイメージを呼び、抽象的な議論は現実の世界での経験的事実によって、具体的に生き生きと例証される。これらの点は、人びとが一致して認めるルクレティウスの特色であって、しばしば 'Lucretian brilliancy of description' という言葉で呼ばれている。古くはキケロが、先にみられたように、ルクレティウスの詩が「才能の光」（lumina ingeni）に充ちていると語り、やや下って二世紀におけるローマの博識の文人、アウルス・ゲリウスが、彼を評して「才能と流暢さにおいて抜きんでた詩人」（『アッティカの夜』一・二一）と言ったのも、おそらくはみな、同じこのような特色点に心を惹かれてのことであったろう。

ただしかしこのようなかたちで明瞭に看取されるルクレティウスの「才能の光」が、他面において、一種の論述の恣意性ともいうべきものを結果せしめていることは否定できない。彼が次々と取り上げて行く話題の選択はかなり奔放であり、飛躍的であって、しばしばわれわれにとまどいを感じさせる。おそらく、はじめてこの書物に接する者は、一つの節から次の節へと読み移ったときに、内容的な連続がとぎれるため、しばらくは何が語られようとしているのかが摑めずに混乱をきたし、それが抵抗となって通読を妨げられる場合も多いのではないか。（この訳書ではそうした点を考慮して、各巻のパラグラフごとの論点を示す一覧表がこの「解説」の後に掲げられている。）とくに、彼のよく使う「それゆえに」(igitur) とか「かくして」(itaque) とかいった言葉には、専門の学者たちもしばしば悩まされる。すぐ前で言われていた事柄との続きからだけ考えれば、何が「それゆえ」であり「かくして」であるのか、皆目わからないことがよくあるからである。このために多くのルクレティウス学者が、作品のほかの箇所から話の合いそうな部分を探してきて、「それゆえ」や「かくして」の前に移したり、あるいは前後に原文の脱落があると想定したりして、論理的な筋道を通そうといろいろ工夫した。もともと、この作品の全体が、かならずしも詩人によって最後的な仕上げがほどこされてはいない状態にあるとみなされるので、このような一見乱暴な操作も、ある程度許容されると考えられたのである。

しかしながら、ルクレティウスの詩作の流儀がさらによく研究され、創作にあたって彼の心を支配していたものが何であるかが摑めてくるにつれて、そのような工夫と操作は多くの場合余計なものであり、あるいは厳密にいって誤謬を犯すものであることが気づかれるようになった。たとえば、テクストの校訂に関連してその点に注意を喚起したベイリイは、ルクレティウスの心性が論理的（logical）であるよりは視覚的（visual）であると言うことによって、この間の事情を説明する。じっさい、ある一つの論点提出とともにルクレティウスの想像はたちまち発動し、それと関連して意識の前景に現われてくるひとつの光景を、彼は熱情をこめて描きはじめる。そしてしばらくは、その心像の絵画をそれ自体として追うことに没頭して、最初のきっかけを与えた論点から、はるかにかけ離れたところまで行ってしまう。こういった想念の彷徨は、いま述べたような、一つの論点に対するさし絵をえがくことによって起ることもあるし、あるいはルクレティウスのみが知る感情の論理が喚び出した、全く別の論点の熱っぽい主張によって起ることもある。いずれにせよその彷徨が一応終ると、彼はいま自分が語り終えた事柄には全然おかまいなしに、結果として間に介入することになったその長い記述をとび越えて、はじめに自分がいたところをはるかにふり返りながら、「それゆえに」「かくして」と承けてふたたび話をはじめる、といった場合がしばしばある。この現象を、ルクレティウスにおける「思考の中断・浮遊」と名づけた人もいた。要するにルクレティウスは、論文を書いているのではなく、詩を書いているということであって、われわれはそのような彼の心像風景を、そのあるがままに追えばよいのである。そしてひとたび慣れ親しむならば、これもまた疑いもなく、ルクレティウスの与えた「ムゥサの女神の魅惑」のひとつであることが知られるであろう。

取り扱う「事柄の新しさ」（rerum novitas）を前にして痛感される「祖国の言葉の貧困さ」（patrii sermonis egestas）も、作品全体をきびしく拘束するヘクサメトロスの韻律と詩形式も、彼をたじろがせはしなかった。精神は、課せられた条件と守らなければならぬ規則が、困難できびしくあればあるほど、自らの行う仕事に対してより意識的となり、かくて生み出された作品は、より堅固なものとなる。「祖国の言葉の貧困」についていえば、ギリシア人たちが幾世代にもわたる探求の蓄積によって形成した学問上の専門用語を、哲学についても自然学についてもそうした伝統をまだ持たない自国の言葉で表現しなければならない以上、その苦心は当然であろう。これは同時代の哲学者キケロによっても共有された困難であったし（cf. De Fin. III. 1. 3）、またわが国の哲学者たちが明治以来、今日に至ってもなお完全に脱け出すことのできない悩みでもある。

ルクレティウスは、こうした事情のために「多くの事柄を論ずるのに新語に頼らなければならぬ」（一巻一三九）と苦衷をうったえているが、しかし実際には、ギリシアの言葉において学術用語的に固定されるに至ったような重要な諸概念に関しては、それを表現するために彼が特別の新語をつくったという例は、ほとんど稀なのではないか。キケロとくらべても、むしろわれわれには、なるべくならばそういう概念を、自国語として普通に使われている自然な言葉で言い表わそうとするのが、ルクレティウスの特色ある態度であったように思われる。事実これはエピクロス（『ヘロドトス宛書簡』三八）が、ギリシア語の範囲内においてではあるが、哲学上の用語について注意し教えていたところでもあった。それでもなお、例えば、石の「重さ」や火の「熱さ」のような恒久的な性質と、人が貧乏であったり金持ちであったりするような永続的とはいえない性質との区別（一巻四四九以下）について、エピクロスの与えたギリシア語、「アイディア・パラコルートゥーンタまたはシュンベベーコタ」と「シュンプトーマタ」は、やはりアリストテレス以来の用語法の歴史がなければ考えられないような、半ば専門語の臭いがするが、これに対してルクレティウスの「コンユンクタ」（「結びついているもの」）と「エーウェンタ」（「たまたま起ったこと」「出来事」）は、ラテン語として完全に普通の言葉であるといってよいであろう。事実、後者の「エーウェンタ」について彼は、「それが来ても去っても事物の本質は無傷のまま存続するようなものを、われわれ（ローマ人）は、エーウェンタと呼ぶ慣わしになっている」とそこで言っている。そもそも彼は、われわれがすでにみたように、原子論においてこれ以上重要な概念はないといえる「原子」（アトモン＝不可分割者）そのものの概念をさえ、直訳的なラテン語を使って術語的に固定しようとはしなかった。げんにキケロの方は、individua とか atomi とかいった専門語をつくって、これにあてているのである。ルクレティウスが代りに用いているいくつもの言葉は、先述のように、もっと広い意味連関をもつものばかりであった。むろんただ一つの専門用語にまとめるということは、学問的思考のためになくてはならない大切な役割を持っているけれども、しかしこの宇宙論詩においてわれわれは、「不可分割者」にかえてそのようないろいろの言葉が使われていることにより、背後に厳然と存在する人間の長い探求の歴史を想いみることができるのを、幸いとしなければならないであろう。

しかしルクレティウスの苦心は、ただギリシアの哲学思想をラテン語にうつすということだけにあったのではない。彼にはさらに、守らなければならぬ詩形式の約束や韻律上の拘束があった。用語の選択もこれによって、かなり規制されることになる。詩人としての彼はしかし、先にも若干ふれたような、頭韻の頻用、類音の積み重ね、古語の使用、特色ある多くの複合形容詞の創造、時に応じての緩急自在のリズム等々、キケロの言う「多くの技巧」(multa ars) を駆使することによって、自分に課せられた詩形式を薬籠中のものとするだけの余裕を示している。(遺憾ながら、訳文の中では不自然を犯さぬかぎり、ラテン語としてのこうした細かい技巧上の特色は、みすみす消え去るよりほかはない。) ギリシアにあって遠くホメロス以来の伝統をもつ、このヘクサメトロスによる叙事詩(エポス)形式を初めてラテン詩に導入したのは、エンニウス（前二三九―一六九年）であった。ルクレティウスは、作中（一巻一一七）「わがエンニウス」と呼んで功績を讃えているこの先輩から、作詩法に関する多くを学び取りながら、ラテン詩の水準を大きく引き上げるのに寄与したといえる。ただヘクサメトロスそのものとして、次に来るウェルギリウスの完全な洗練とくらべるならば、彼の詩は全体としてまだ粗野であり、ときにぎこちなく、後代の詩人の趣味が斥けた破格を犯しているというのが、衆目のみるところであろう。しかしウェルギリウスが彼から学び取ったものも実に多く、具体的な表現の上の模倣も数多くあげられている。ルクレティウスはこの大詩人が現われるための、なくてはならぬ礎石であった。そしてわれわれはここでもう一度、ルクレティウスが取りくんだ原子論的宇宙論という、硬質の題材を想うべきであろう。この硬い題材を扱ってこれだけの作品をつくりあげたことに対して、われわれは――むしろ平凡な――讃歎を禁じえない。

すべてこのようにしてルクレティウスが、エピクロスから受けとった教説を詩の形でうたい、「そのすべてにムゥサの女神の魅惑をあたえ」たことの効果は、けっして彼自身がつつましやかに言うように、ただ口に苦い良薬を甘い蜜で包んだというだけのこと（一巻九三五―五〇）ではあるまい。この稿のそもそもの最初に言ったように、まさにそのことによって「思想」そのものが――他の誰のものでもないルクレティウス自身の宇宙論的思想が――新しく創造されているのを、われわれは見るのである。ムゥサの女神は、それだけの力を持つ。誰もが気づく彼の詩の顕著な特色として先に触れたところの、比喩やイメージや具体的な例証にしても、それらはたんに、あるひとつの論点に対するさし絵としての意味をもつにとどまらないであろう。アトミズムはつねに、知られている大から知られざる小への、目にみえる事物の世界からかくれたる極微の世界への、推測と類推であった。ルクレティウスが一つの論点について、ひとが日常の世界で経験する身近な事実をたえず引合いに出すとき、彼はこのアトミズムにおいて本質的な思考の操作を行なっているのであり、だからこそまたわれわれは、彼の七千数百行の詩が描き出した世界像を、思想そのものとして独創的と呼ぶことをためらわないのである。

——いずれにせよ、古代においてあれほど影響力の大きかったエピクロスの、散文による大部の著作は失われたが、他方彼を「模倣」しようとして生まれたルクレティウスの詩は生きのこった。オウィディウスの、「大地を滅ぼす一日がもしいつかあるとすれば、その日こそルクレティウスの崇高な歌の滅びるときであろう」(『愛の歌』一・一五・二三―二四)という予言はあたったのである。これもまた、ムゥサの女神の力のしからしめるところと言うべきか。自然を主題としたエピクロスのコメディ(日常劇)は、ルクレティウスにおいてトラジディ(悲壮劇)となった、と言われる。それを「悲壮劇」と呼ぶのを特にふさわしくしているもの、われわれが最初にふれた、全篇の底を流れる深い憂愁は、結局何であったろう。動乱の世相を「賢者たちの教えによって守られた静かな高台」に避けて、与えられた生の意味を問い、「自然の理法と形象」をそのすみずみまで探ねながら、無限に広大な「空虚」の拡がりと、はてしない過去から未来へおよぶ全永劫の時間をみつめつづけてうたう人の、実存の憂愁。それはたんに人生論的な実存主義者たちが声高に叫ぶところの、どのような装おわれた憂愁よりも、つよくわれわれの心を動かす。

『事物の本性について』要約

第一巻　物質と空間

序　詞

女神ウェヌスをたたえ、作詩をたすけ世界に平和をもたらすことを祈る（一―四三）
事物の本性を理解するようメンミウスにすすめる。アトムをあらわす言葉（五〇―六一）
エピクロスは人間を迷信から解放する（六二―七九）
迷信のなした悪、アウリスのイピゲネイア（八〇―一〇一）
迷信の恐怖からのがれるには事物の本性を知らねばならない（一〇二―一三五）
作詩の困難（一三六―一四五）

基本原理

基本原理――無からは何物も生れない（一四六―一五八）
その証明一、ものが生れるには種子が必要である（一五九―一七三）
証明二、ものが生れるには種子の会合が必要である（一七四―一八三）
証明三、ものは少しずつ成長する（一八四―一九一）
証明四、生物が大きくなるには水や食物が必要である（一九二―一九八）
証明五、巨人が存在しない（一九九―二〇五）

空虚の存在

物体と空虚の特性と出来事

時間はそれ自身で独立に存在するものではない（四五九―四六三）
物体と空間が存在しなかったらトロイア戦争もありえなかったであろう（四六四―四八二）

アトム

物体はアトムとアトムの結合とからなっている（四八三―四八六）
火、音、熱等は物をつらぬくから緊密なアトムなるものは存在しないように見えるが、それは確かに存在する（四八七―五〇二）
アトムと空虚とは互いに似つかぬものであり、両者は互いに他をふくまない、したがってアトムは緊密で空虚をふくまないものである（五〇三―五一九）
宇宙は全くつまってもいなければ全くからでもない、それゆえ両者を区別するアトムが存在する（五二〇―五二七）
アトムは永久不滅である（五二八―五五〇）
物の破壊には限界がある（五五一―五六四）
アトムと空虚の存在によって軟かいもの、堅いものの存在が説明できる（五六五―五七六）
物の破壊に限界がないとしても、あらゆる種類の事物が生き残ることは不可能である（五七七―五八三）
物にはその種ごとに成長および生存の限界があるゆえ、それぞれ不変なアトムをもっているにちがいない（五八四―五九八）
部分をもたない最小者が密集してアトムを構成しているが、この最小者はそれ自身では存在しないし、物はそれまでは分解できない（五九九―六三四）

他の説の批判

万物は火からできているといったヘラクレイトスは愚かな人々の間で有名である（六三五―六四四）

火の部分が火と同じ性質をもつなら多種多様なものは作りだせない、また空虚なしでは凝集、分散することは不可能だ。火とは似ないある基本物体（アトム）があって、その会合、配列によってさまざまな物を生じるのだ（六四五―六八九）

ヘラクレイトスの主張は感覚に逆らうものである。感覚を信じないのは狂気のさたである（六九〇―七〇四）

その他の一元論者、および多元論者（七〇五―七一五）

エンペドクレスほど光栄ある人はいない（七一六―七三三）

エンペドクレスの誤り、空虚の存在と、物の分割に限界があることを考えなかったため（七三四―七六二）

火、土、空気、水を万物の根源と考えることは不可能だ（七六三―七八一）

火、空気、水、土が互いに変換するならそれは物の根源ではありえない（七八二―八〇二）

土、空気、火、水から生物が成長するが、それは多くのものに共通な多くの元素があり、その元素の結合、位置、運動によってさまざまな物が作られるからだ、ちょうど字母によってさまざまな言葉が作られるように（八〇三―八二九）

アナクサゴラスのホモイオメレイアの吟味、その説の説明とその矛盾（八三〇―八七四）

多く混在しているものが目立つという逃道も間違っている（八七五―八九六）

木がこすり合うと火がでるが、火が木の中に隠れていることはできない、火のアトムが摩擦により集中して炎となるのである。アトムと字母の類似（八九七―九二〇）

宇宙

ムーサにたいする愛と、この教えを詩に書く理由（九二一―九五〇）

宇宙と空間は有限なのか吟味しよう（九五一―九五七）

物の総体（宇宙）は限界をもってない（九五八―一〇〇一）

空間も限界なく拡がっている（一〇〇二—一〇〇七）
アトムの個数は無限である（一〇〇八—一〇五一）
宇宙には中心は存在しない（一〇五二—一一一三）
結論（一一一四—一一一七）

第二巻　アトムの運動と形

序　詞

正しい教えを知っている人の悦び（一—六一）

アトムの運動

物は年代のため細ってゆくように見えるが、全体としてはかわらない、栄枯盛衰があるだけだ（六二—七九）

アトムは絶えざる運動をしており、その運動の仕方によって、鉄とか、あるいは空気を作る。アトムの運動は暗い室にさす光の中の運動から類推できる（八〇—一四一）

アトムの速度は光の速度よりも大きい（一四二—一六六）

神々が人間のために万物を作ったのではない（一六七—一八三）

物は本来その重さのため下に向うが、外力のため上にあがることもある（一八四—二一五）

不定な時間、位置においてアトムはその進路をそらす（二一六—二三四）

空虚の中ではアトムの速度は同じであり、重さだけでは衝突は生じない。垂直からのそれによって衝突が生じる（二三五—二五〇）

アトムがその進路からそれることによって自由な意思が現われる（二五一—二九三）

宇宙の物の密度は不変であり、アトムの運動も不変である（二九四—三〇七）
アトムはすべて運動しているが全体としては静止している（三〇八—三三二）

アトムの形

同一の種にぞくする生物にも差異があるように、アトムの形にも差異がある（三三三—三八〇）
電光と松明の火、光と雨、葡萄酒とオリーブ油の貫通力の違いはアトムの形の違いにもとづく（三八一—三九七）
味の違いもアトムの形の違いによる（三九八—四〇七）
快感を与えるものは滑かなアトムから、不快感を与えるものはざらざらしたアトムからなっている。感覚の違いはアトムの形の違いによる（四〇八—四四三）
金剛石、液体、煙、海水等を作っているアトムの形と結合の仕方（四四四—四七七）
アトムの形の差異は有限である（四七八—五二一）
アトムの形の差異は有限だが、その個数は無限である。象の例、個数が有限だとすると結合できない（五二二—五六八）
生と死は相匹敵して戦っている（五六九—五八〇）
物は幾種類ものアトムからできている。大地には多種のアトムがある（五八一—五九九）
キュベレの祭の儀式（六〇〇—六六〇）
アトムによる物の構成と字母による言葉の構成の類似（六六一—六九九）
アトムのあらゆる仕方の結合が可能なのではない。ある選択が行われ、それによって世界は創成された（七〇〇—七二九）

アトムは二次的な属性をもたない

アトムは色をもたない（七三〇—八四一）
アトムは熱、音、味、香をもたない（八四二—八六四）
感覚のないものから感覚のあるものが生れうる（八六五—九九〇）
二次的属性および感覚にかんする要約（九九一—一〇二二）

世界の創成と滅亡

新理論への前置き（一〇二三—一〇四七）
宇宙には世界が多数存在する（一〇四八—一〇八九）
自然は神々と関係ない（一〇九〇—一一〇四）
世界は創成され、成長し、老衰し、破滅に向う（一一〇五—一一七四）

第三巻　生命と精神

序詞

エピクロスをたたえる（一—三〇）
死の恐怖が人を不幸にする（三一—九三）

心と体

心は体の一部である（九四—一三五）
心と魂とは互いに結合している（一三六—一六〇）
心と魂は物体的なものである（一六一—一七六）
そのアトムは非常に小さく、丸く、滑かである（一七七—二三〇）
魂は風、空気、熱のアトムの外に第四の存在からなっている（二三一—二五七）

その結合の仕方、およびそれらの割合と動物の性質（三五八―三三二）
心と体とは分離できない（三三三―三四九）
物を見るものは目であって心ではない（三五〇―三六九）
魂のアトムは数が少なく、疎に分布している（三七〇―三九五）
精神は魂よりもより強く生命を守る（三九六―四一六）

魂は死すべきものである

前置き（四一七―四二四）
魂のアトムは極めて小さい、動きやすいものであるから、容器たる体がこわれたときひと所に留まりえない（四二五―四四四）
心は体とともに生れ育ち成長し、衰えるゆえ、体が亡べば魂も亡ぶ（四四五―四五八）
心は病気にかかり、医術によって変えられるゆえ、亡ぶ（四五九―五二五）
人が死ぬと感覚がうせてゆくから魂も消滅する（五二六―五四七）
心は一定な場所に位置している（五四八―五五七）
体と精神とは結合してなくては生きえない（五五八―五七九）
魂は体の外にあって生きながらえることはできない、体の中にあってさえ失神などが起るのだから（五八〇―六一四）
心は体の一定の場所にある（六一五―六二三）
体から離れた魂は五感をもつことができない（六二四―六三三）
体を切り離せば魂も切り離される、それゆえ魂は死すべきものである（六三四―六六九）
魂が不死なら前世の記憶をもっているはずである（六七〇―六七八）

魂ができ上った体に入ってくるなら手足の中に拡がり、したがって死ぬ（六七九―七一三）
魂は死体の中に残るなら不死ではありえないし、蛆虫の中に入ることは不可能だ（七一三―七四〇）
魂が動物から動物に移るなら動物は習性をかえるだろう、もし移るとき魂が変化するなら魂は不死ではありえない（七四一―七七五）
動物の体に入るため魂が争うというのはおかしなことだ（七七六―七八二）
不死なるものは死すべきものと結合しえないし、魂は不死なるものに似ていない、それは時には病気をするものだから（七八三―八二九）

死への恐怖

死は人に不幸が寄り集まるのを禁じる（八三〇―八六九）
生きていて死体の行方を悲しむのは愚かなことだ（八七〇―八九三）
死の哀歌（八九四―九一二）
人が死ねば物への渇望もまた消える（九一二―九三〇）
自然は死を悲しむ者を叱る（九三一―九五二）
死を歎く老人を自然は叱り、世代は移りかわることを教える（九五三―九七七）
タンタロス、ティテュオス、シシュポス、ダナオスの娘たちは皆この世にあるもの、ケルベロス、タルタロス等は存在しないもの、であり、この世では罪にたいする罰がある（九七八―一〇二三）
すぐれた人たち、アンクス、クセルクセス、スキピオ、エピクロスらも死んでいった（一〇二四―一〇五二）
心の苦悩の原因を知るには事物の本性を知るべきである（一〇五三―一〇七五）
死は必至であり長命を願うことは無意味である（一〇七六―一〇九四）

第四巻　感覚と恋愛

序　詞

処女地をふむ悦び（一―二五）

視　覚

物からは像が放出され、それが視覚をひきおこす（二六―五三）
蟬や蛇から皮がぬけ落ちるように、物の表面からは元の配列を保ったまま像が放出される（五四―一〇九）
像は稀薄であり、数多く溢れている（一一〇―一二八）
ひとりでに生れる像がある（一二九―一四二）
物の表面から像はあらゆる方向に、無数に、急速に放出されている（一四三―一七五）
像は極めて速く、大陽の光よりも速く進む（一七六―二一五）
物から流れでるものによって味覚、嗅覚が生じるように、物からでる像によって視覚が生じる（二一六―二三八）
物の遠近は物と目の間にある空気の厚さにより分り、像は一つ一つでは見えないが全体として感じられる（二三九―二六八）
鏡の向うに像が見える理由、鏡では右と左が反対になる、数個の鏡によって像を遠くにはこぶことができる、凹面鏡、反射の法則（二六九―三二三）
明るい光はまぶしくて目をやき、黄疸の人には物が黄色くみえる（三二四―三三六）
闇の中から光の中の物を見ることはできるが、逆は不可能（三三七―三五二）
角ある物も遠くからは丸まって見える（三五三―三六三）

影は人を追って進む（三六四―三七八）

錯覚、その例、航行、天体の運動、海中の島、ぐるぐる廻り、日の出、水溜り、川の流れ、柱廊、海の太陽、水中のオールの屈折、雲間の星、目の下を指でおす、夢想（三七九―四六八）

感覚への信頼

すべての感覚は一様に信頼すべきものであり、感覚を信じなければ生命は亡びる（四六九―五二一）

その他の感覚

音は物体的なものであり、そのアトムの形によって音色が違う（五二二―五四八）

人の声は舌と唇とによって言葉になる（五四九―五六二）

一つの声は無数の声に分れる（五六三―五七一）

こだま、パンの笛（五七二―五九四）

音は壁をつらぬき、廻折する（五九五―六一四）

味覚は舌と口蓋にあり、のどから下にはなく、アトムが滑かであれば快い味がする（六一五―六三三）

味はアトムの形と通路とによってきまる（六三三―六七二）

香は物から流れで、ある香はとくにある動物をひきつける。香はのろく、消えやすい（六七三―七〇五）

ある色はある動物をきずつける（七〇六―七二一）

心理と生理

精神は物の稀薄な像によって動かされる。この像は視覚をひきおこすものよりずっと細かく、よく結合してケンタウロスなどの像を作る（七二二―七四八）

この像が心をうつと心は像を見る（七四九―七七六）

心の思いと像の運動、像が稀薄だから心をこらさなければそれを見ることができない（七七七―八二三）

世界

世界には壊滅の可能性がある（九一—一〇九）
日、月、星等は神々ではない（一一〇—一四五）
神々は人間とかかわりをもたない（一四六—一五五）
世界は神々により人間のために作られたのではない（一五六—一九四）
世界は人間を楽しますようにはできてない（一九五—二三四）
世界は死すべきものからできており、死すべきものである（二三五—二四六）
大地は削りとられ、またふとる（二四七—二六〇）
水は湧きだしまたとり去られる（二六一—二七二）
空気は物から生れ物にかえる（二七三—二八〇）
日の光もまた消えゆくものである（二八一—三〇五）
石や岩も不滅ではない（三〇六—三一七）
空もまた生れ死すべきものである（三一八—三二三）
世界はまだ新しく、古いものではない（三二四—三五〇）
世界は不滅なものの性質をもたない（三五一—三七九）
世界の各部分は互いに戦っているのだから不滅ではない（三八〇—四一五）
世界はアトムの集合の結合と運動から生れた（四一六—四三一）
混乱の中からアトムが分離して世界が生れた（四三二—四四八）
大地から空が分かれ、大地の凹みには海が生じた（四四九—四九四）
要約（四九五—五〇八）

天体

天体の運動のいくつかの原因（五〇九―五三三）
大地は空気と結合していて世界の中心に位置している（五三四―五六三）
日、月の大きさは目にみえるとおりである（五六四―五九一）
小さな太陽から大量の光が放出されている（五九二―六一三）
日、月の運行にたいするいくつかの説明（六一四―六四九）
日の出没の説明（六五〇―六七九）
昼夜の長さの違いの説明（六八〇―七〇四）
月のみちかけ（七〇五―七五〇）
日食、月食（七五一―七七〇）

生物

新しい大地は生物を生みだした（七七一―七八二）
植物、動物、人間の発生（七八三―八二〇）
大地も年老いた（八二一―八三六）
奇形のものも生れたが亡んでしまった（八三七―八五四）
動物はその特性、あるいは人間の保護により生きのびた（八五五―八七七）
ケンタウロス、スキルラ、キマイラ等の怪物は存在しなかった（八七八―九二四）

社会の進歩

人類の原始生活（九二五―九八七）
人々の死に方（九八八―一〇一〇）

第六巻　気象と地質

序　詞

気象

地質

地震は地下の空洞が崩れるとき生じる（五三五―五五六）
地下の空洞に風が集って押すときにも地震が生じる（五五七―五七六）
地下の空洞から風が噴出するときにも地震が生じる、シドン、アイギオン（五七七―六〇七）
海の大きさは不変である（六〇八―六三八）
アイトナの火（六三九―六四六）
地上における巨大な現象も宇宙からみれば微々たるものである（六四七―六七九）
アイトナの噴火の説明（六八〇―七〇二）
一つの現象にも多くの原因が考えられる（七〇三―七一二）
ナイル河の増水（七一二―七三七）
有毒な場所、アウェルヌス、キュマイ、アクロポリス等（七三八―七六八）
大地にはさまざまな種類のアトムが含まれている（七六九―七八〇）
有毒な流出物、金鉱（七八一―八一七）
アウェルヌスは毒気、あるいは真空によって鳥が飛べないようにする（八一八―八三九）
井戸の水は夏冷たくなる（八四〇―八四七）
ハンモンの泉は昼冷たく夜暖かい（八四八―八七八）
燃える泉（八七九―九〇五）

磁石

磁石は鉄の輪をつりさげる（九〇六―九一六）
物からはたえず物が流れでている（九一七―九三五）

物の中には空虚がある（九三六―九五八）

物の働きは働きかけられる物に応じて違う（九五九―九七八）

物には孔があって流出物をうけいれる（九七九―九九七）

磁石からでた流れが鉄との間の空気を追い払うと鉄がそこに落ちこみ磁石にひきつけられる（九九八―一〇四一）

サモトラケの鉄の輪（一〇四二―一〇六四）

互いによく結合するものの例（一〇六五―一〇八九）

アテナイの疫病

病気は有毒な空気のためである（一〇九〇―一一三七）

アテナイの疫病、その原因と病状（一一三八―一二二九）

死は死を恐れる人も、よき人をもとらえた（一二三〇―一二五一）

信仰も習慣も消えうせた（一二五二―一二八六）

索　引

(1)　＊印は註がその箇所に付けられていることを示す。
(2)　ローマ数字は巻数を，アラビア数字は行数を示す。

本書は筑摩書房刊『世界古典文学全集21　ウェルギリウス、ルクレティウス』（一九六五年六月十日刊行）のうち「ルクレティウス」の章を文庫化したものである。本文中には、現代の人権意識からは不適切と考えられる表現があるが、訳者が故人であることと刊行時の時代背景を鑑み、そのままとした。

ヨーロッパとイスラーム世界
R・W・サザン　鈴木利章訳
〈無知〉から〈洞察〉へ。キリスト教文明とイスラーム文明との関係を西洋中世にまで遡って考察し、読者に歴史的見通しを与える名講義。（山本芳久）

消費社会の誕生
ジョオン・サースク　三好洋子訳
グローバル経済は近世イギリスの新規起業が生み出した！　産業が多様化し雇用と消費が拡大する産業革命前夜を活写した名著を文庫化。（山本浩司）

図説　探検地図の歴史
R・A・スケルトン　増田義郎／信岡奈生訳
世界はいかに〈発見〉されていったか。人類の知が全地球を覆っていく地理的発見の歴史を、時代ごとの地図に沿って描き出す。貴重図版二〇〇点以上。

レストランの誕生
レベッカ・L・スパング　小林正巳訳
革命期、突如パリに現れたレストラン。なぜ生まれ、なぜ人気のスポットとなったのか？　その秘密を膨大な史料から複合的に描き出す。（関口涼子）

ブラッドランド（上）
ティモシー・スナイダー　布施由紀子訳
ウクライナ、ポーランド、ベラルーシ、バルト三国。西側諸国とロシアに挟まれた地で起こった未曾有の惨劇。知られざる歴史を暴く世界的ベストセラー。

ブラッドランド（下）
ティモシー・スナイダー　布施由紀子訳
民間人死者一四〇〇万。その事実は冷戦下で隠蔽され、さらなる悲劇をもたらした――。圧倒的讃辞を集めた大著、新版あとがきを付して待望の文庫化。

奴隷制の歴史
ブレンダ・E・スティーヴンソン　所康弘訳
全世界に満遍なく存在する奴隷制。その制度のもっとも嫌悪すべき頂点となったアメリカ合衆国の奴隷制を中心に、非人間的な狂気の歴史を綴る。

同時代史
タキトゥス　國原吉之助訳
古代ローマの暴帝ネロ自殺のあと内乱が勃発。絡みあう人間ドラマ、陰謀、凄まじい政争を、臨場感あふれる鮮やかな描写で展開した大古典。（本村凌二）

明の太祖　朱元璋
檀上寛
貧農から皇帝に上り詰め、巨大な専制国家の樹立に成功した朱元璋。十四世紀の中国の社会状況を読み解きながら、元璋を皇帝に導いたカギを探る。

ウィトゲンシュタイン『論理哲学論考』を読む　野矢茂樹

二〇世紀哲学を決定づけた『論考』を、きっちりと理解しその生き生きとした声を聞く。真に読みたい人のための傑作読本。増補決定版。

科学哲学への招待　野家啓一

科学とは何か？　その営みにより人間は本当に世界を理解できるのか？　科学哲学の第一人者が、知の歴史のダイナミズムへと誘う入門書の決定版！

論理と哲学の世界　吉田夏彦

哲学が扱う幅広いテーマを順を追ってわかりやすく解説。その相互の見取り図を大きく描きつつ、論理学の基礎へと誘う大定番の入門書。（飯田隆）

ソフィストとは誰か？　納富信留

ソフィストは本当に詭弁家にすぎないか？　哲学成立とともに忘却された彼らの本質を精緻な文献読解により喝破し、哲学の意味を問い直す。（鷲田清一）

哲学の誕生　納富信留

哲学はどのように始まったのか。ソクラテスとは何者かをめぐる論争にその鍵はある。古代ギリシアにおける哲学誕生の現場をいま新たな視点で甦らせる。

ドゥルーズ　解けない問いを生きる〔増補新版〕　檜垣立哉

ドゥルーズの哲学は、いまという時代に何を問いかけるか。生命、テクノロジー、マイノリティといった主題を軸によみとく。好評入門書の増補完全版！

新版 プラトン　理想国の現在　納富信留

近代日本に「理想」という言葉を生み、未来をひらく力を与えたプラトン哲学。主著『ポリテイア』の核心を捉え、哲学の可能性を示す。（熊野純彦）

西洋哲学史　野田又夫

西洋を代表する約八十人の哲学者を紹介しつつ、哲学の基本的な考え方を解説。近世以降五百年の流れを一望のもとに描き出す名テキスト。（伊藤邦武）

ナショナリズム　橋川文三

日本ナショナリズムは第二次大戦という破局に至るほかなかったのか。維新前後の黎明期に立ち返り、その根源ともう一つの可能性を問う。（渡辺京二）

ちくま学芸文庫

事物《じぶつ》の本性《ほんせい》について――宇宙論《うちゅうろん》

二〇二五年三月十日　第一刷発行

著　者　ルクレティウス

訳　者　藤沢令夫（ふじさわ・のりお）
　　　　岩田義一（いわた・ぎいち）

発行者　増田健史

発行所　株式会社　筑摩書房
　　　　東京都台東区蔵前二―五―三　〒一一一―八七五五
　　　　電話番号　〇三―五六八七―二六〇一（代表）

装幀者　安野光雅

印刷所　株式会社精興社

製本所　株式会社積信堂

ISBN978-4-480-51301-4 C0110